de Gruyter Studienbuch

Peter von Polenz

Geschichte der deutschen Sprache

Peter von Polenz

Geschichte der
deutschen Sprache

10., völlig neu bearbeitete Auflage
von Norbert Richard Wolf

Walter de Gruyter · Berlin · New York

Library
University of Texas
at San Antonio

∞ Gedruckt auf säurefreiem Papier,
das die US-ANSI-Norm über Haltbarkeit erfüllt.

ISBN 978-3-11-017507-3

Bibliografische Information der Deutschen Nationalbibliothek

Die Deutsche Nationalbibliothek verzeichnet diese Publikation in
der Deutschen Nationalbibliografie; detaillierte bibliografische Daten
sind im Internet über http://dnb.d-nb.de abrufbar.

Printed in Germany
Umschlaggestaltung: deblik, Berlin
Druck und Bindung: AZ Druck und Datentechnik GmbH, Kempten

Inhalt

Vorwort und Einleitung zur 10. Auflage

Als ich vom Verlag Walter de Gruyter in Person von Herrn Dr. Heiko Hartmann den ehrenvollen Auftrag bekam, die 10. Auflage der ‚Geschichte der deutschen Sprache' von Peter von Polenz vorzubereiten, ahnte ich nicht, dass diese Aufgabe nicht leicht sein würde: Das Buch von Peter von Polenz ist eine überaus kompakte, in sich geschlossene und immer wieder spannend zu lesende Darstellung der deutschen Sprachgeschichte. In die Beschreibung der sozialen und politischen Aspekte der Sprachentwicklung ist immer die Geschichte des Sprachsystems eingebunden; die Vorgeschichte wird nicht um ihrer selbst willen behandelt, sondern um eine Reihe wichtiger Strukturmerkmale des Deutschen gewissermaßen historisch bzw. prähistorisch zu erklären. An einem solchen Buch Änderungen vorzunehmen oder Ergänzungen anzubringen, ist schon deshalb sehr schwer, weil man die Kompaktheit der Darstellung rezipierend geradezu genießen, aber nur mit Mühe nachahmen kann, zumal jeder Autor sein eigenes wissenschaftliches und darstellerisches Temperament hat.

Ich habe mich deshalb nach vielen und vielerlei Versuchen entschlossen, auch die Neuauflage ein Buch des Wissenschaftlers und Autors Peter von Polenz bleiben zu lassen. An zahlreichen Stellen wurden einzelne Wörter ausgetauscht. An einigen wenigen Stellen wurde die Polenz'sche Darstellung durch neue Passagen ersetzt. An mehreren Stellen gab es schließlich Ergänzungen oder Zusätze, meist dem neueren Forschungsstand oder auch der eigenen fachlichen Meinung entsprechend. Insgesamt aber bleibt festzuhalten, dass die Polenz'sche Sprachgeschichte auch heute noch bewundernswert aktuell ist.

Aus diesen Gründen wurde auch die Gliederung beibehalten. Allerdings wurde Kapitel 4, den anderen Kapitelüberschriften gleich, in ‚Neuzeitliches Deutsch' umbenannt. Peter von Polenz vermeidet, nicht nur in diesem Buch, die herkömmlich Epochenbezeichnungen wie ‚Alt-', ‚Mittel-' und ‚Neuhochdeutsch'; der Bezeichnung ‚Frühneuhochdeutsch' steht er – so lässt es seine Darstellung vermuten – höchst skeptisch gegenüber. Dennoch zeigt sich, dass sein Epochenbegriff in keiner Weise statisch, sondern in

hohem Maße dynamisch ist: Deshalb werden die traditionellen
Marken nicht verwendet, sondern eine historische **Periodisierung**
vorgezogen. ‚Althochdeutsch' ist nicht durch volle Endsilbenvokale zu kennzeichnen, sondern durch das historisch sich ent-
wickelnde Bestreben, die Latinität, die durch die Kulturpolitik und
besonders durch die christliche Staatsreligion im Reich der Karolinger die kulturelle und soziale Führung übernommen hat, in der
‚Volkssprache' zu bewältigen. Im ‚mittelhochdeutscher' Zeit wurden Texte in der Volkssprache geschrieben, weil man den Eigen-
wert des Deutschen erkannt hatte; den literarischen Höhepunkt
bildete die höfische Literatur, in der Laien für Laien schrieben, sich
also ein deutliches laikales volkssprachliches Bewusstsein äußerte.
Dies ist natürlich nicht ein plötzlich eingetretener Zustand, sondern ein langwährender Entwicklungsprozess: In frühmittelhoch-
deutscher Zeit schreiben noch Kleriker Geistliches für Laien; später
wählen sie weltliche Stoffe, auch wenn sie diese in einem heils-
geschichtlichen Kontext sehen und übersetzen sogar einen Text aus
dem Französischen zunächst ins Lateinische, um daraus ein deutsches Werk zu schaffen. Erst die sog. höfische Literatur ist hoch-
artifizielle Sprachkunst, die zudem von einem ausgeprägten laika-
len Selbstbewusstsein zeugt.

Das ‚Frühneuhochdeutsche' ist nicht eine Periode, die von der
Ratlosigkeit der Sprachhistoriker zeugt, sondern durchaus eine
eigenständige und für die Entwicklung der deutschen Nationalsprache wichtige Epoche. Sie beginnt schon ansatzweise um die
Mitte des 13. Jh., als sich Vertextungsnormen ändern: Nicht mehr
der Vers, sondern die Prosa in einer in immer reicherem Maße ent-
stehenden Prosaliteratur sowie verwaltungssprachliche Texte wie
Urkunden und andere Geschäftsliteratur bestimmen den Entwick-
lungsgang. Ungefähr in der Mitte dieser Epoche kommt es durch
die Erfindung des Mainzers Johannes Gutenberg zu einer Medienrevolution, die in wenigen Jahren ein fundamentales Ereignis wie
die Reformation möglich macht. Gleichzeitig wird in verstärktem
Maße überregional kommuniziert, sodass das Bedürfnis nach einer
Einheitssprache immer stärker wird. Das städtische Bürgertum
benötigt für Handel und Gewerbe Menschen mit einer Schulbil-
dung, die die elementaren Kulturtechniken Lesen, Schreiben und
Rechnen beherrschen und keiner lateinisch fundierten klerikalen
Bildung bedürfen. So überrascht es nicht, dass zunächst Pädagogen
eine Einheitssprache fordern und dann pädagogisch motivierte

Grammatiker zu dieser Einheitssprache führen. Damit ist die ‚neuhochdeutsche' Periode erreicht, in der das Deutsche zu zweiten Mal, diesmal mit weit und lange reichender Wirkung, eine außerordentlich kunst- und ausdrucksvolle Literatursprache wird.

Nach dem 2. Weltkrieg ist der deutsche Sprachraum stark verkleinert, innerhalb dessen es aufgrund der elektronischen Medien und der Massenmedien zu einer Massenkommunikation ungeahnten Ausmaßes kommt. In diesem Sinn ist die Medienrevolution, diesmal eingeleitet durch die Möglichkeiten der elektronischen Datenverarbeitung, ebenfalls nur eine konsequente Fortführung schon vorhandener Entwicklungstendenzen wie seinerzeit der Buchdruck. Wir können, zumindest vorläufig, diese letzte Periode ‚Gegenwartsdeutsch' nennen, ohne dass wir sagen können, wie spätere Generationen sie einmal bezeichnen werden.

Es bestätigt sich also der wesentliche Ansatz Peter von Polenz', für den Sprachgeschichte, wie er in seinem einleitenden Kapitel ‚Sprachwandel und Sprachgeschichte' deutlich und eindeutig formuliert, eine „Geschichte des sprachlichen Handelns und Handelnkönnens von Gruppen" ist. In diesem Sinne können sprachgeschichtliche Epochen immer nur dynamisch aufgrund von vorherrschenden Entwicklungstendenzen gesehen werden; und diese vorherrschenden Entwicklungstendenzen muss der Sprachhistoriker herausfinden und definieren.

Auf dieser Basis schien es mir das beste zu sein, das Kapitel ‚Sprachwandel und Sprachgeschichte' unverändert zu belassen; nur die Orthographie wurde, wie im ganzen übrigen Buch, den neuen Normen von 1996/2006 angepasst.

Eine besondere Schwierigkeit lag in der Aktualisierung des Literaturverzeichnisses, das schon Peter von Polenz nur als eine „Auswahlbibliographie" bezeichnet hatte. Neben den nicht wenigen handbuchartigen Darstellungen wurden in der 10. Auflage nur solche Monographien und Artikel in die Bibliographie aufgenommen, die für die Neubearbeitung unmittelbar von Belang waren. Da seit der 9. Auflage, die 1978 erschienen ist, die Forschung in gewaltigem Maße zugenommen ist, ist es unmöglich, im vorgegebenen Rahmen eine nur halbwegs vollständige Zusammenstellung einschlägiger Literatur zu liefern. Hiefür sei vor allem auf die HSK-Bände ‚Sprachgeschichte' in ihrer zweiten Auflage und die üblichen bibliographischen Hilfsmittel verwiesen.

Sprachwandel und Sprachgeschichte

Sprache hat, als ein hörbares Kommunikationsmittel, linearen Zeichencharakter, z. B. im Unterschied zu einem bildlichen Verkehrsschild: Sie existiert nur im Zeitablauf. Das zeitliche Nacheinander der Laute und Wörter muss zwar bis zum Abschluss des Satzes oder einer anderen kleineren Redeeinheit als ein Miteinander gegenwärtig bleiben. Aber schon eine vor fünf Minuten gesprochene Äußerung kann der Vergessenheit anheimfallen; und der einzelne Sprachteilhaber wie die ganze Sprachgemeinschaft wissen in der Regel nicht mehr viel von dem, was sie vor zehn oder zwanzig Jahren gesprochen haben. Sprache ist in hohem Grade immer wieder ein Neuvollzug, bei dem selbst das schon oft Gesagte meist anders gesagt wird. Schon aus diesem Grundcharakter der Sprache – nicht nur aus dem Wandel der Welt und der Menschen selbst – erklärt es sich, dass sich jede Sprache ständig verändert. Zwar kann die schriftliche Fixierung einer Sprache diesen Prozess verlangsamen; und die Gewöhnung an eine geregelte Schriftsprache kann über die Unaufhaltsamkeit des Sprachwandels hinwegtäuschen. Aber stillgelegt wird der Sprachwandel niemals, es sei denn, es handelt sich um eine in Traditionen erstarrte reine Schriftsprache wie das Latein, das von keiner wirklichen Sprachgemeinschaft mehr gesprochen wird und deshalb heute keine Geschichte mehr hat.

Der Sprachwandel wird vom normalen Sprachteilhaber gewöhnlich nicht bemerkt, denn Sprache funktioniert immer nur als unbedingt gültiges **synchrones** Kommunikationssystem einer gegenwärtigen Sprachgemeinschaft, muss also als grundsätzlich unveränderlich erscheinen. Nur demjenigen, der ein außergewöhnliches Erinnerungsvermögen hat oder mit Sprachdokumenten aus der Vergangenheit zu tun hat, ist die **diachronische** Blickrichtung möglich, die den **Sprachwandel** erkennen lässt. Wer nur selten dazu Gelegenheit hat und nur zufällige Einzelheiten des Sprachwandels beobachtet, ist meist darüber verwundert und neigt zu der Ansicht, früher habe man noch ,falsch' gesprochen, oder aber (in sentimentaler oder historistischer Ehrfurcht vor der Vergangenheit): die Sprache der Vorfahren sei noch nicht vom modernen Zeitgeist ,verderbt' gewesen. Schon seit uralten Zeiten sind die Men-

schen über den Sprachwandel und die damit zusammenhängende
Sprachverschiedenheit beunruhigt gewesen. Sie haben das unfass-
liche Phänomen der Wandelbarkeit und Zersplitterung der doch
unbedingte Gültigkeit beanspruchenden Sprache mythologisch
gedeutet als eine Strafe für Sünden, die die Menschen vom göttlichen Ursprung der einen und wahren Sprache entfernt habe (Ba-
bylonische Sprachverwirrung). Die Vorstellung von der göttlichen
‚Ursprache‘ und der Heillosigkeit der Menschensprachen und ihrer
Geschichte wirkt teilweise noch bis in die Zeit der Romantik nach;
und die Klage über den ständigen ‚**Sprachverfall**‘ ist noch heute ein
beliebter Topos in der kulturpessimistischen Sprachkritik, nicht
zuletzt weil man gewohnt ist, die lebende Sprache der Gegenwart
am Vorbild des ‚Klassischen‘ oder des ‚Urtümlichen‘ zu messen.
Seit der Aufklärung werden Sprachwandel und Sprachverschiedenheit mehr und mehr als selbstverständliche Erscheinungen der
menschlichen Sozialgeschichte anerkannt. Moderne Soziolinguistik
meidet die Verabsolutierung des abstrakten Begriffes ‚eine Sprache‘
und sieht ‚Sprachgeschichte‘ mehr als Geschichte des sprachlichen
Handelns und Handelnkönnens von Gruppen.

Nicht alle diachronische Sprachbetrachtung ist schon **Sprachgeschichte**. Die Beschreibung historischer Sprachzustände und
-vorgänge ist zunächst Aufgabe der historischen Grammatik und
historischen Wortkunde. Aber ein z. B. für Etymologie und Textphilologie sehr wichtiger Lautwandel muss nicht auch sprachgeschichtlich relevant sein. Die Sprachgeschichtsschreibung wählt
aus den Ergebnissen dieser Forschungsrichtungen die für die Entwicklung einer Sprache wesentlichen Erscheinungen des Sprachwandels aus und sucht auch nach ihren möglichen außersprachlichen Ursachen oder Wirkungen, sei es im politischen, sozialen,
wirtschaftlichen, religiösen oder geistesgeschichtlichen Bereich, sei
es mit der Frage nach dem Verhältnis zwischen Sprache und Schrift,
zwischen Sprachgemeinschaft und Sprachraum oder nach dem Einfluss von fremden Sprachen. Sprachgeschichte fragt also nach der
historischen Stellung der Sprache in der Gesamtkultur der jeweiligen Sprechergruppen.

Die Geschichte einer Sprache, auch einer modernen Kultursprache, beschränkt sich nicht auf die Sprache der Dichter oder
die Hochsprache der Gebildeten. Sprachgeschichte ist nicht nur
Stilgeschichte der schönen Literatur und der gepflegten Sprachkultur. Auch andere Stilbereiche müssen berücksichtigt werden, von

der Gebrauchsprosa in Wissenschaft, Verwaltung, Politik, Wirtschaft und Technik bis zur spontanen Umgangssprache der verschiedenen sozialen Gruppierungen. **Literatursprache** und **Hochsprache** sind nur besondere Ausprägungen innerhalb einer
Sprache. Sie haben nur eine begrenzte sprachsoziologische Basis;
und es darf nicht vorausgesetzt werden, dass sie den gesamten
Sprachzustand einer Zeit repräsentieren oder dass sie für den allgemeinen Sprachwandel allein ausschlaggebend sind. Die neuere
Forschung legt deshalb besonderen Wert darauf, auch in früheren
Sprachperioden hinter der Zufälligkeit oder Einseitigkeit der
schriftlichen Überlieferung etwas von der sprachsoziologischen
und stilistischen Differenzierung zu erkennen.

Sprachwandel kann sich auf verschiedene Weise im Sprachraum
und damit in den Sprachgemeinschaften vollziehen. Die ältere
Sprachwissenschaft rechnete meist nur mit organischem Wachstum
von einer urtümlichen Einheit zur Vielheit durch Aufspaltung einer
Sprache in Tochtersprachen (‚**Stammbaumtheorie**‘). Seit den sieb-
ziger Jahren des 19. Jahrhunderts wurde man mehr auf die Beeinflussung der Sprachen untereinander durch den Verkehr aufmerksam. Sprachliche Neuerungen können sich von einem Zentrum
her überallhin ‚ausbreiten‘ (Monogenese), sodass sie in manchen
Gegenden früher, in anderen später auftreten. Diese ‚**Wellentheorie**‘
arbeitet mit der abstrakt-dynamischen Vorstellung der ‚Sprachströ-
mung‘ oder ‚Sprachstrahlung‘, muss aber in der sprachsoziologischen Wirklichkeit mit dem Nachahmungstrieb rechnen und mit
einer großen Zahl zweisprachiger Menschen, die eine Neuerung
von einer Sprache in die andere übertragen können. Dabei spielt
das sprachsoziologische Gruppenbewusstsein eine Rolle, das die
Neuerungen einer anderen Sprache sich nicht nur passiv aufdrän-
gen lässt, sondern oft auch – wie in der Mode – den Prestigewert
eines bestimmten Sprachgebrauchs anerkennt und in stillschwei-
gender Übereinkunft einen aktiven ‚Sprachanschluss‘ vollzieht.
Einer allzu einseitigen Anwendung der Wellentheorie tritt neuerdings die ‚**Entfaltungstheorie**‘ entgegen, die viele zeitlich-räumli-
che Unterschiede aus polygenetischer Entwicklung erklärt. Ähnlich wie sich die Baumblüte im Frühling in der einen Landschaft
früher als in der anderen entfaltet, so können auch in der Sprachentwicklung gemeinsame ‚Prädispositionen‘ mehrerer Sprachen
oder Dialekte hier früher und dort später wirksam werden. Die
Einzelerscheinungen des Sprachwandels sind oft nur äußere Symp-

tome, deren Ursachen tiefer liegen (z. B. Akzent, Intonation oder die Entwicklung zum analytischen Sprachbau) und mit oft sehr alten Entwicklungstendenzen der Sprachstruktur zusammenhängen. Es gibt, mindestens im formalen Bereich der Sprache, Kettenreaktionen, die sich über Jahrhunderte und Jahrtausende erstrecken können (vgl. O. Höfler und J. Fourquet).

Die Entfaltungstheorie kommt damit der **strukturalistischen** Richtung in der modernen Sprachwissenschaft entgegen, die – ausgehend von den Sprachtheorien Ferdinand de Saussures, Leonard Bloomfields und anderer Linguisten der ersten Jahrzehnte des 20. Jahrhunderts – Sprache als ein System sich synchronisch gegenseitig bedingender Elemente und deren Relationen zueinander betrachtet (Sprache als ‚langue‘, ‚competence‘). Die Sprachgeschichtsschreibung wird künftig, mehr noch als es heute schon möglich ist, über die vielen Einzelheiten des Sprachgebrauchs (Sprache als ‚parole‘, ‚performance‘) hinaus zu den sprachstrukturellen Wandlungen vordringen müssen. Sprachgeschichte als methodologisch gesicherte wissenschaftliche Disziplin ist eigentlich erst dann möglich, wenn die Unterschiede in den Sprachsystemen verschiedener Epochen, also erst einmal diese Systeme selbst, exakt und vollständig erkannt und beschrieben sind. Dies bedeutet die theoretische Forderung nach dem Primat der synchronischen vor der diachronischen Linguistik. Beim gegenwärtigen Stand des Methodenstreits ist zunächst nur ein Kompromiss möglich. Es muss damit gerechnet werden, dass manche von Forschergenerationen überbewertete Erscheinungen des Sprachwandels – ungeachtet ihrer Bedeutung für herkömmliche philologische Fragestellungen – nur Auswirkungen von Sprachzustands-Regeln sind, noch nicht Sprachveränderungstatsachen. So wie die einzelnen Züge bei einem Schachspiel nur die (regelhaft wiederholbare und variable) Anwendung eines Systems darstellen, nicht eine Veränderung des Schachspiels selbst als System, so sind viele Einzeltatsachen des Sprachwandels oder der räumlichen Sprachverschiedenheit nur Auswirkungen von Regeln innerhalb eines Sprachsystems ohne sprachgeschichtliche Relevanz. Wenn z. B. ein sprachliches Element a eines früheren Sprachzustandes später in der Umgebung x … y stets als b erscheint, in allen anderen Umgebungen aber a bleibt, so ist das diachronische Verhältnis zwischen a und b nur eine Veränderung des Sprachgebrauchs innerhalb des gleichgebliebenen Systems, das synchronische Verhältnis zwischen a und b nur

Angelegenheit ihrer Verteilung (Distribution) auf alle möglichen
Umgebungen. Die Relation zwischen *a* und *b* wird erst dann als
Erscheinung des Systemwandels sprachgeschichtlich interessant,
wenn diese komplementäre Distribution ungültig wird, z. B. *a* und
b in gleicher Umgebung mit einer semantischen Unterscheidung
(in Opposition, ≠) vorkommen können. Dann ist *b* eine für das System relevante Einheit (ein Graphem, Phonem, Morphem oder
Lexem). – Nach der generativen Sprachtheorie (Chomsky, King,
Isenberg) wird u. a. gefordert, Sprachveränderungen zu erklären als
Relationen zwischen Grammatiken, d. h. zwischen Regelsystemen
zur Erzeugung aller zulässigen Sätze, in der Weise, dass eine Menge
diachronischer Regeln (Hinzufügung, Verlust, Umordnung synchronischer Regeln) die Regelsysteme ineinander überführt, wobei
die Veränderungen in Minimalschritten formuliert werden müssen,
um kausale Interpretationen zu ermöglichen.

Gegenüber solchen rein innersprachlich-mechanistischen
Theorieansätzen wird heute von anderen Linguisten das Verhältnis
zwischen Synchronie und Diachronie relativiert (E. Coseriu, s.
auch bei Cherubim): Nur in der Perspektive des Linguisten sind
beide zu trennen; im Objekt Sprache selbst enthält jeder **Sprachzustand** immer schon den **Sprachwandel**: Da erstens menschliche
Kommunikation grundsätzlich dialogisch, intentional, zweck-
gerichtet und in ‚Geschichte' (nicht kausalen Ablauf) eingebettet
ist, muss Kommunikation grundsätzlich als Neuvollzug (nicht
bloße Wiederholung) mit der Möglichkeit zur Innovation (Neuerung) aufgefasst werden, die manchmal von anderen durch Lernen
übernommen wird. Zweitens ist Sprache kein homogenes System,
sondern wird nach Personen, Gruppen, Adressaten, Situationen,
Handlungszielen usw. in ständiger **Variation** vollzogen. So stehen
z. B. Archaismen, Euphemismen, Prestige- oder Stigmaformen
usw. als Varianten im gleichen Sprachsystem nebeneinander, können aber in einseitiger Perspektive als ‚alt' oder ‚neu' aufgefasst
werden. Die vom System bereitgestellten Varianten werden durch
Normen ausgewählt, die sich aber ihrerseits als Gruppen oder
Rollensymptome unmerklich ändern können. Sprachwandel ist
also primär Normenwandel, kaum Systemwandel (Coseriu). Diese
kommunikative Theorie des Sprachwandels wird durch empirische
Untersuchungen soziolinguistischer Variationsforschung bestätigt
(W. Labov, s. bei Dittmar, Klein-Wunderlich, Cherubim). Mit
variationsbedingtem Sprachwandel hängt also die **Polyfunktiona-**

I. Vorgeschichte der deutschen Sprache

Jede ‚Geschichte‘, ganz gleich ob die einer Sprache, eines Volkes, eines Areals ..., beginnt mit dem Einsetzen der Schriftlichkeit. Das, was davor geschehen ist, nennen wir die ‚Vorgeschichte‘. In diesem Sinn können wir formulieren, dass um die Mitte des 8. Jahrhunderts langsam, vom Ende des 8. Jahrhunderts an in immer stärkerem Maße die Geschichte des Deutschen beginnt

Allerdings, ‚Deutsch‘ ist noch lange nicht eine einheitliche Sprache, sondern ein Nebeneinander und ein Miteinander mehrerer ‚Dialekte‘, also regional gebundener Sprachformen, die eben noch nicht von einer Einheitssprache überdacht sind und von denen wir nur schriftliche Realisate kennen.

Dennoch können wir, vor allem durch die Methode des Sprach(en)vergleichs und der Rekonstruktion erkennen, dass Deutsch zur Familie der germanischen und darüberhinaus zur Familie der indogermanischen Sprache gehört. Da diese Sprachfamilie durch eine Reihe gemeinsamer struktureller Eigenschaften gekennzeichnet sind, sollen diese gemeinsamen Züge als ‚Vorgeschichte‘ beschrieben werden.

1. Die indogermanischen Sprachen

Der Terminus ‚Indogermanisch‘ ist eine Sprachbezeichnung: Damit wird eine Gruppe von Sprachen bezeichnet, die miteinander verwandt sind. Die Verwandtschaft kann vor allem anhand von flexionsmorphologischen und lexikalischen Phänomenen festgestellt werden. Diesen Sprachzusammenhang haben Sir William Jones (1786) und Franz Bopp (1816) entdeckt; sie hatten erkannt, dass die seit dem zweiten vorchristlichen Jahrtausend überlieferte Literatursprache der alten Inder, das Sanskrit, mit den meisten europäischen Sprachen verwandt ist.

Der Begriff ‚Indogermanisch‘ ist gleichzeitig eine geographische Bezeichnung: Er setzt sich aus dem Element *Indo-* für die östlichste und *-germanisch* für die westlichste Sprache – im Speziellen wohl das Isländische – zusammen, wobei hier nur die Sprachen in

Europa und in Asien, nicht jedoch die in der Neuen Welt gemeint sind. Das Wort *indogermanisch* wurde 1823 von Julius Klaproth, einem Spezialisten für asiatische Sprachen an der Sankt Petersburger Akademie der Wissenschaften, geprägt.

Im deutschen Sprachraum hat sich der Begriff ‚Indogermanisch' (Idg.) eingebürgert, daneben gab es auch die Bezeichnung ‚Indoeuropäisch', die aber in Zeiten des Kalten Krieges Kennzeichen ‚sozialistischen' Sprachgebrauchs, etwa in der DDR, wurde. In anderen Sprachen wie dem Englischen ist die Bezeichnung ‚Indoeuropäisch' gebräuchlich. Fernzuhalten ist hier die teilweise in der älteren englischen Sprachwissenschaft dafür übliche Bezeichnung ‚Arisch' (Aryan), denn dieser Name für die engere indisch-persische Sprachverwandtschaft (davon der Name *Iran,* aber auch *Armenien, Albanien*) hat durch seine allmähliche Übertragung auf alle Indoeuropäer und schließlich seine Verwendung im Sinne von ‚nichtjüdisch' in der deutschen Rassenideologie des 19. und 20. Jh. Unheil angerichtet.

Die zahlreichen indogermanischen Einzelsprachen lassen sich in folgende Sprachgruppen unterteilen (in alphabetischer Reihenfolge; nach Hettrich 2008):

- Albanisch,
- Anatolisch† (u. a. Hethitisch, Luwisch, Lydisch, Lykisch, Palaisch),
- Armenisch,
- Baltische Sprachen (u. a. Altpreußisch†, Lettisch, Litauisch),
- Germanische Sprachen (u. a. Dänisch, Deutsch, Englisch, Friesisch, Gotisch†, Isländisch, Niederländisch, Norwegisch, Schwedisch),
- Griechisch,
- Indoiranische Sprachen (u. a. Avestisch†, Farsi, Hindi, Kurdisch, Marathi, Pashto, Sanskrit†, Urdu),
- Keltische Sprachen: u. a. Bretonisch, Gallisch†, Irisch, Keltiberisch†, Kornisch†, Kymrisch/Walisisch),
- Italische Sprachen (u. a. Latein†, Sabellisch†), daraus hervorgegangen: Romanische Sprachen (Französisch, Italienisch, Katalanisch, Portugiesisch, Rätoromanisch/Ladinisch, Rumänisch, Spanisch),
- Slawische Sprachen (u. a. Bosnisch/Kroatisch/Serbisch, Bulgarisch, Polnisch, Russisch, Slowakisch, Slowenisch, Sorbisch, Tschechisch, Ukrainisch, Weißrussisch),
- Tocharisch†.

Diese Sprachen bzw. Sprachgruppen haben eine gemeinsame Ausgangssprached, das ‚Ur-Indogermanische'. Diese kann mit der Methode des Spachenvergleichs und der Rekonstruktion erschlossen werden, wobei nicht eine tatsächlich gesprochene Sprache, sondern ein ‚reales (Re-)Konstrukt' das Ergebnis der Arbeit ist. Dass es eine solche Ausgangssprache gegeben hat, kann aus Übereinstimmungen in den heute gesprochenen und den schriftlich überlieferten indogermanischen Sprachen geschlossen werden. Die aussagemächtigsten Übereinstimmungen (vgl. Hettrich 2006) betreffen das Flexionssystem, also Deklination und Konjugation sowie ein bestimmter Grundwortschatz, zu dem man Verwandtschafts- und Körperteilbezeichnungen sowie Ausdrücke für elementare Tätigkeiten wie ‚essen', ‚trinken', ‚gehen' oder ‚stehen' und die niedrigen Zahlwörter.

Aus all dem ergibt sich als ein wesentliches sprachtypologisches Kennzeichen der idg. Sprachen der flektierende oder synthetische Sprachbau. Die syntaktischen Beziehungen der Wörter zueinander werden vornehmlich durch Endungen oder Vorsilben ausgedrückt, die wohl dadurch entstanden sind, dass nach- oder vorangestellte Wörter durch Akzentabstufung mit dem Wortstamm zu festen Flexionsformen verschmolzen, ähnlich wie noch im frühmittelalterlichen Deutsch der anlautende Konsonant des nachgestellten Pronomens ‚du' zum festen Bestandteil der Konjugationsendung der 2. Person sg. wurde (ahd. *gibis*, mhd. *gibest* ‚gibst'). Wie weitgehend dieses Flexionsprinzip z.B. im Sanskrit genutzt wurde, zeigt etwa der Vergleich zwischen einer Verbform wie *dāsyāvahe* (1. Person Dual Futur Medium vom Stamm *dā* ‚geben') und ihrer nhd. Umschreibung ‚wir beide werden für uns geben'. In vielen idg. Sprachen – nicht in allen in der gleichen Weise – hat sich eine Fülle flexivischer Kategorien entwickelt: bis zu 8 Kasus, 3 Numeri, 3 Genera Verbi, 4 Modi, 7 Tempora. Im Innern des Wortstammes wurde die Abstufung und Abtönung des Wortakzents für die Flexion genutzt, die sich später im Germanischen zum System des Ablauts der Wurzelsilbenvokale der starken Verben ausbildete (griech. λείπω – λέλοιπα – ἔλιπου, ahd. *rītan – reit – giritan*).

Einige grammatische Phänomene können als kennzeichnend für
die idg. Sprachen angesehen werden:
(1) Spezielle Endungen sowohl in der Deklination als auch in der
    Konjugation zur Kennzeichnung bestimmter Funktionen,
    etwa der Kasus- oder der Personalformen. Vgl. folgende
    Tabelle (nach Krahe 1954, 9 und 1970, 37):

Personal-form	altindisch	griechisch (dorisch)	lateinisch	gotisch	altslawisch
3. P. Sg.	ás-ti	ἐσ-τί	es-t	is-t	jes-tь
3. P. Pl.	s-ánti	ἐ-ντί	s-unt	s-ind	s-otь
1. P. Pl.	bhár-a-mas	φέρ-ο-μες	fer-i-mus	bair-a-m	ber-e-mь
3. P. Pl.	bhár-a-nti	φέρ-ο-ντι	fer-u-nt	bair-a-nd	ber-o-tь

(2) Der regelmäßige Wechsel des Stammvokals zur Bildung von
    Tempusstämmen der Verben, aber auch zur Wortbildung („Ab-
    laut"):

Sprache	Präsens	Perfekt bzw. Präteritum
Idg.	*uért-e-toi ,er wendet sich'	*ue-uórt-e ,er hat sich gewendet'
Griech.	ἄγω (agō) ,ich führe'	ἦχα (ächa) ,ich habe geführt'
Lat.	agō ,ich handle'	ēgī ,ich habe gehandelt'
Got.	wairþa ,ich werde'	warþ ,ich wurde'
Ahd.	werdan-(ich) wirdu	(ich) ward
Nhd.	(ich) werde	(ich) wurde

Auf der Grundlage des Wortschatzes lassen sich einige wenige kulturelle Eigenschaften erschließen: Es bietet sich „das Bild einer
neolithischen bzw. spätneolithischen bäuerlichen Kultur mit
Ackerbau und Viehzucht" (Hettrich 2006a). Dass Wörter für
Pflanzen, die nur in wärmeren Zonen vorkommen, etwa für die
‚Palme', fehlen, deutet darauf hin, dass die Ursprache in gemäßigten Klimazonen gesprochen wurde. Schließlich könnte ein Wort-
schatzbereich auch Hinweise auf die zeitliche Einordnung des
Indogermanischen geben: Bereits die Ursprache, und davon abge-
leitet die überlieferten Einzelsprachen, verfügt über „eine gut aus-
geprägte Terminologie des Wagens und seiner Teile sowie des Pflu-

ges" (Hettrich 2006b). Man vgl. die beiden Artikel aus Kluge (2002):

Wagen
Substantiv Maskulinum, Standardwortschatz (8. Jh.),
mhd. *wagen*, ahd. *wagan*, as. *wagan* Stammwort. Aus g. **wagna-* m. »Wagen«, auch in krimgt. *waghen*, anord. *vagn*, ae. *wægn*, afr. *wein*. Konkretbildung zu der in bewegen[2] vorliegenden Wurzel. Parallele Bildungen aus der gleichen Grundlage sind ai. *vahana-* n. »Fahrzeug, Schiff«, air. fén »eine Art Wagen« und ohne *n* gr. *óchos*, akslav. *vozu* »Wagen«. Ebenso nndl. *wagen*, ne. *wain*, nschw. *vagn*, nisl. *vagn*.

Rad
Substantiv Neutrum, Standardwortschatz (8. Jh.),
mhd. *rat*, ahd. *(h)rad*, as. *rath*, afr. *reth* Stammwort. Aus vd. **raþa-* n. »Rad«. Aus ig. **roto-* (und andere Stammbildungen) »Rad, Wagen«, auch in air. *roth*, l. *rota*, lit. *rātas* (Sg. »Rad«, Pl. »Wagen«), ai. *rátham*. (»Streitwagen«). Vermutlich zu einem **ret-* »laufen«, das in air. *reithid, rethid* »rennt, läuft« bezeugt ist.
Ebenso nndl. *rad*.

Rad, Wagen und Pflug sind seit etwa 3.500 v. Chr. in gemäßigten Zonen Europas und des westlichen Asien nachweisbar. Daraus lässt sich schließen, dass das Urindogermanische um die Mitte des vierten vorchristlichen Jahrtausends bzw. in dessen zweiter Hälfte noch so einheitlich war, dass es die Bezeichnungen für die neuen Gegenstände aus eigenen sprachlichen Mitteln bilden konnte.

Nach der verschiedenen Behandlung der palatalen Verschlusskonsonanten teilt man das Indogermanische herkömmlicherweise in zwei Hauptgruppen ein. In der östlichen Gruppe (Indisch, Iranisch, Armenisch, Baltisch-Slawisch, Albanisch) ist ein Teil der *k*- und *g*-Laute durch Zischlaute in der Art von *sch* und *ž* (franz. *j*) vertreten, während die westliche (Keltisch, Italisch, Griechisch, Germanisch, Illyrisch, Venetisch) diese Laute unverändert beibehält. Das idg. Wort für ‚hundert' (**kmtó-*) behält also im Lateinischen *(centum,* sprich *kentum),* Griechischen (ἑκατόν), Keltischen (altir. *cēt*) sein *k* unverändert bei, und auch der Anlaut von got. *hund,* ahd. *hunt* ‚hundert' weist auf ein zunächst unverändertes vorgerm. *k* zurück. Dagegen finden wir in der östlichen Gruppe schon von der ältesten Zeit an einen *sch-* bzw. *s*-Laut (altind. *śatám*, altiran. *satəm*, litauisch *šimtas*, altslaw. *sūto*). Diese Unterscheidung in ‚Kentum-Sprachen' und ‚Satem-Sprachen' wurde aber fragwürdig durch die Entdeckung des Hethitischen und Tocharischen, zweier asiatischer Kentum-Sprachen, die räumlich eher zur anderen Gruppe gehören sollten. Auch lassen sich über jene konsonantische Gruppierung hinweg alte engere Beziehungen zwischen Germanisch, Slawisch, Baltisch und Tocharisch nachweisen, während das Verhältnis der beiden Kentum-Sprachen Italisch (Lateinisch) und Griechisch nicht so eng gewesen sein kann.

Innerhalb der westlichen Gruppe stand das Germanische in naher Verwandtschaft zum Italischen. Man denke z. B. an die auffallenden Wortgleichungen lat. *tacere*, got. *þahan* ‚schweigen', *ducere*, got. *tiuhan* ‚ziehen', *paucus*, ahd. *fōh* ‚wenig', *longus*, ahd. *lang*, *com-munis*, ahd. *gi-meini*, *dicare*, ahd. *zīhan*, oder an die Gleichheit des Suffixes in lat. *vir-tus* (Gen. *virtutis*), *senec-tus (senectutis)* und got. *mikil-duþs* ‚Größe', *ajuk-duþs* ‚Ewigkeit'. Da Gründe zu der Annahme vorliegen, dass die Italer ebenso wie die Griechen erst in verhältnismäßig später Zeit von Norden her in ihre historischen Wohnsitze eingedrungen sind, liegt der Gedanke nahe, dass wir in ihnen ehemalige, auch sprachlich nahverwandte Nachbarn der Germanen zu sehen haben.

Auch mit dem Keltischen, das noch in historischer Zeit in Süd- und Westdeutschland benachbart war, ist das Germanische durch eine Reihe von Wortgleichungen verbunden, die aber wenigstens zum Teil den Eindruck sekundärer Entlehnungen machen und also weniger auf ursprüngliche Sprachverwandtschaft als auf zeitweilige kulturelle Beeinflussung hindeuten. Das germ. Wort **rīkaz* (got. *reiks*) ‚Herrscher' kann eine vor der germanischen Lautverschiebung erfolgte Entlehnung aus dem gleichbedeutenden kelt. *rīg* sein, das seinerseits auf einen idg. Stamm **rēg-* zurückgeht (vgl. lat. *rex*, *regis*). Während nämlich idg. *ē* im Keltischen lautgesetzlich zu *ī* wird, hätte es im germanischen Wort, wenn es eine direkte Fortsetzung von idg. **rēg-* wäre, zunächst erhalten bleiben, später aber zu *ā* werden müssen. Altes Lehnwort aus dem Keltischen ist auch ahd. *ambahti* ‚Amt', got. *andbahts* ‚Diener', das genau einem aus lateinischen Quellen bekannten kelt. *ambactus* ‚Diener' entspricht. Andere auffallende Übereinstimmungen, die zum Teil auf Entlehnung, zum Teil auf Urverwandtschaft beruhen mögen, sind germ.

*aiþa- ‚Eid‘, altir. *oeth* (gemeinsame Grundform *oito-), germ. *gīsla- ‚Geisel‘, altir. *giall* (aus *gheislo), germ. *tūna- ‚Einfriedung, befestigte Siedlung‘ (nhd. *Zaun*), gall. *dunum*, vgl. engl. *town*, germ. *marha ‚Pferd‘, altir. *marc*, an. *reid* ‚Wagen‘ (zu germ. *rīðan* ‚fahren, reiten‘), gall. *rēda*. Sehr auffallend ist auch die nahe Übereinstimmung in der keltischen und germanischen Namengebung. Der Sachbereich dieser Entlehnungen und Gemeinsamkeiten deutet auf enge politische und wirtschaftliche Beziehungen zwischen Kelten und Germanen in vorrömischer Zeit. In den frühesten römischen Berichten über die Bevölkerung Mitteleuropas, sogar beim ersten Auftreten des Namens *Germani*, lassen sich Kelten und Germanen kaum voneinander unterscheiden.

2. Das Germanische

Vermutlich erst zu einer Zeit, als die indogermanischen Völker Südeuropas längst in das Licht der Geschichtsschreibung gerückt waren, trat ein sprachliches Ereignis ein, das die idg. Vorstufe des Germanischen zu einer von den übrigen idg. Sprachen getrennten Sondergruppe machte: Die germanische oder erste Laut-/Konsonantenverschiebung, die den Konsonantismus, in Sonderheit die Obstruenten umfassend umbildete:

Indogermanisch		Urgermanisch	
Verschlusslaute		Verschlusslaute	
stimmhaft	*b d g*	stimmlos	*p t k*
stimmlos	*p t k*	Reibelaute	
stimmhaft +		stimmlos	*f þ χ*
aspiriert	*bh dh gh*	stimmhaft	*b d g*

Durch die germanische Konsonantenverschiebung entsteht ein neues Inventar an Obstruenten: Die Zahl der Verschlusslaute wird reduziert, wobei die Reihe des stimmhaften Verschlusslaute schwindet. Demgegenüber entstehen zwei Reihen von Reibelauten. Man vgl. folgende Tabelle mit Wortbeispielen (aus Krahe 1969, I, 82 ff.):

	griechisch	lateinisch	vs.	gotisch	althochdeutsch
b	βαιτή	—		*paida*	—
d	δέμω	*domus*		*timrjan*	*timbran*
	πούς, ποδός	*pes, pedis*		*fotus*	*fuoz*
g	γεύεσθαι	*gustare*		*kiusan*	*kiosan*
	ἔγρός	*ager*		*akrs*	*ackar*
p	πορεύεσθαι	*portare*		*faran*	*faran*
	—	*nepos*		—	*nevo*
t	τρεῖς	*tres*		*þreis*	*drîe*
	—	*vertere*		*wairþan*	*werdan*
k	καρδία	*cor, cordis*		*hairto*	*herza*
bh	φύω	*fui*		*bauan*	*bûwan*
	νεφέλη	*nebula*		—	*nebul*
dh	θύρα	*foris*		*daur*	*tor*
	—	*medius*		*midjis*	*mitti*
gh	—	*hostis*		*gasts*	*gast*
	στείχειν	—		*steigan*	*stîgan*

Das Griechische und das Lateinische stehen für den idg. Zustand, das Gotische und das Althochdeutsche für den Zustand nach der Konsonantenverschiebung.

Im Zusammenhang mit der germanischen Konsonantenverschiebung ist das ‚Vernersche Gesetz' zu sehen: Die neu entwickelten germanischen stimmlosen Reibelaute *f*, *þ*, *χ* und das ererbte *s* bleiben nur dann erhalten, wenn (im Indogermanischen) der Hauptton unmittelbar vorausging. In allen anderen Fällen wurden die Reibelaute stimmhaft und in der Folge im Deutschen zu stimmhaften Verschlusslauten *b*, *d*, *g* bzw. *s* zu *r*.

Auf diese Weise erklärt sich z. B. das Nebeneinander von *Vater* und *Bruder*. Die dentalen Verschlusslaute in beiden Wörtern gehen auf ein indogermanisches *t* zurück, doch die Akzentverhältnisse, wie sie noch im Griechischen begegnen, machen die unterschiedliche Entwicklung erklärlich: griech. πατήρ vs. φράτωρ. Strukturelle Relevanz (bis ins Gegenwartsdeutsche) aber hat das ‚Vernersche Gesetz' vor allem durch den ‚grammatischen Wechsel' bekommen. Es handelt sich hierbei, wenn wir das Althochdeutsche als Beispiel nehmen, um den regelmäßigen Wechsel von /f/ und /b/, /d/ und /g/, /χ/und/g/ sowie /s/ und /r/ vor allem im Flexionsparadigma der starken Verben:

Ahd. Inf.		Ahd. Prät. 1. Pers. Pl.	Nhd.
heffan		*huobum*	
snîdan	vs.	*snitum*	*schneiden – schnitt, geschnitten*
ziohan		*zugum*	*ziehen – zog, gezogen*
kiosan		*kurum*	*(er)kiesen – erkor, erkoren*

Nach diesen Lautveränderungen, die meist nur mit Merkmalswechsel, noch nicht mit einem Systemwandel verbunden waren, stellte das Germanische sicher noch keine selbständige Sprache dar. Die späte Wirksamkeit des Vernerschen Gesetzes zeigt, da noch nach der *ptk*-Verschiebung der freie idg. Akzent herrschte. Doch der Reichtum an Reibelauten (auch Engelaute oder Spiranten genannt), den das Germ. nach der 1. Lv. besaß, muss schon damals ein typisches Merkmal gewesen sein.

Für die Frage nach dem Alter der Lautverschiebung beweist das Wort *Hanf*, dass die Lautverschiebungsvorgänge im 5. Jahrhundert v. Chr. noch nicht stattgefunden hatten oder noch nicht abgeschlossen waren. Dieses Wort (ahd. *hanaf*, ags. *hœnep*, aisl. *hampr*) geht auf einen germ. Stamm **hanap-* zurück, die lautverschobene Form des griech. κάνναβις. Im Griechischen aber ist das Wort, wie uns ausdrücklich bezeugt wird, ein thrakisch-skythisches Lehnwort, das erst zu Herodots Zeiten (Mitte des 5. Jhs. Chr.) eindrang. Die Germanen werden es nicht vor den Griechen kennengelernt haben. Zum Beweis, dass die Lautverschiebung im 3. oder 2. Jh. v. Chr., zur Zeit der ersten Berührungen mit den Römern, abgeschlossen war, hat man auf die Tatsache hingewiesen, dass die römischen Lehnwörter im Germanischen nicht mehr von der Lautverschiebung ergriffen wurden und germanische Namen und Wörter in lateinischen Quellen ausnahmslos verschoben sind.

Ein zweiter, für die Sprachstruktur viel wichtigerer Vorgang war der germanische Akzentwandel. Trotz einiger Parallelen im Italischen und Keltischen ist er durch seine Folgen zu einem Wesensmerkmal der germanischen Sprachen geworden. Er veränderte die konstitutiven Faktoren der Sprache und hat sich nicht nur (wie die Lautverschiebung) im Bereich des rein Lautlichen ausgewirkt. Im Indogermanischen konnte der Wortakzent ebensogut auf irgendeiner Flexions- oder Vorsilbe ruhen: lat. *Róma – Románi – Romanórum – Romanorúmque*. Demgegenüber legt das Germanische den Akzent auf die erste Silbe eines Wortes. Bisweilen kann man lesen, dass der germanische Akzent auf die Stamm- oder Wurzelsilbe eines Wortes festgesetzt wurde. Dass dem nicht so ist, zeigen u. a. präfigierte Substantive, die zur Zeit der Akzentfestlegung schon gebildet waren; die vergleichbaren Verben wurden erst später gebildet und haben deshalb den Akzent auf der Stammsilbe:

Präfixnomina	Präfixverben
ahd. *bî-/bí-spel*, nhd. *Beispiel*	ahd. *bi-fallan*, nhd. *be-fallen*
ahd. *bí-derbi* ‚Nutzen‘; ‚nützlich‘, nhd. *bieder*	ahd. *bi-sprehhan* ‚tadeln, verleumden‘, nhd. *be-sprechen*
ahd. *úr-loub* ‚Erlaubnis‘, nhd. *Ur-laub* ahd. *úr-teil*, ndh. *Ur-teil*	ahd. *ar-/ur-/er-loûben*, nhd. *er-laú-ben* ahd. *ar-/ir-/er-teilen*, nhd. *er-teilen*
ahd. *wider-sprahha*, nhd. *Wieder-spruch*	ahd. *wider-sprehhen*, ndh. *wider-sprechen*

Aus diesem Grund sagen wir heute noch *Urkunde* oder *Antwort*. In der mittelalterlichen Dichtung begegnen eingedeutschte Ortsnamen, deren Form ebenfalls auf die Akzentfestlegung zurückzuführen ist:

> dt. *Bern*   <   rom. *Veróna*
>
> dt. *Raben*   <   rom. *Ravénna*

In der Gegenwartssprache begegnen, teilweise regional verteilt, starker eingedeutsche Fremdwörter neben solchen mit Endsilbenakzent: *Kaffee – Kaffee* oder graphisch unterschieden *Tunnel –* österr. *Tunell.*

Der germanische Akzentwandel ist ferner wichtig für die Entstehung des germ. Stabreimverses (Alliteration). Obwohl der Stabreim als stilistische Figur auch in solchen Sprachen eine Rolle spielt, bei denen die Anfangsbetonung nicht konsequent durchgeführt ist, so konnte er zu seiner überragenden Bedeutung doch nur gelangen durch jene Konzentration von Starkton, Hochton und Sinnton. Die große Anzahl noch heute im Deutschen fortlebender stabreimender Formeln *(Haus und Hof, Kind und Kegel, singen und sagen, gang und gäbe)* dürfen wir demnach als Nachwirkung des germanischen Akzentwandels auffassen. Sie stammen meist aus der altdeutschen Rechtssprache und entstehen gelegentlich neu in Merk- oder Werbesprüchen, Buch-, Film- und Schlagertiteln.

Eine weitreichende Wirkung hatte der Akzentwandel in der fortschreitenden Abschwächung der unbetonten Silben. Da die Ausspracheenergie auf die Anfangssilben konzentriert wurde, hat schon im Altgermanischen der Vokal- und Konsonantenstand der Endsilben Reduktionen erlitten, ein Prozess, der sich später in verschiedenen Stadien der germanischen und deutschen Sprachentwicklung wiederholt. So finden wir z. B. nirgends mehr eine Spur des unbetonten *i*, das im Idg. für den Auslaut der *mi*-Verba charakteristisch war (vgl. griech. τίθημι ‚ich setze‘, ind. *bhárāmi*, ‚ich trage‘ gegenüber ahd. *salbōm* ‚ich salbe‘). Ebensowenig hat sich das *e*, das die zweite Person Sg. des Imperativs auszeichnete, erhalten (lat. *lege*, griech. λέγε ‚lies!‘, gegenüber got. *bair*, ahd. *bir*, ags. an. *ber* ‚trage!‘ usw.). Diese Tendenz zur Abschwächung geht ständig weiter (vgl. III, 2 und IV, 1). Der Akk. Pl. von ‚Tag‘ entwickelt sich von idg. **dhogons*, got. *dagans* über ahd. *taga* zu mhd. nhd. *Tage* und in manchen dt. Mundarten sogar bis zu *dag*. Wenn wir noch in jüngster Zeit beobachten, dass seit dem Ende des 19. Jhs. in vielen Fällen das Dativ-*e* geschwunden ist oder dass in der heutigen Umgangssprache *wir haben* meist zu *wir ham* abgeschwächt wird, so sind das ursächlich keine sprachgeschichtlichen Zeiterscheinungen, sondern noch immer Folgen des germ. Akzentwandels.

Die Akzentballung auf der ersten Silbe ist schließlich auch die tiefere Ursache für so viele Lautwandlungen, die später in den germ. Sprachen in schrittweiser Entfaltung und mit zeitlichen wie räumlichen Phasenunterschieden die Wurzelsilbenvokale umgelautet, gedehnt, monophthongiert oder diphthongiert haben.

Der ‚Umlautung‘ genannte Vorgang ist eine Korrelationswirkung der Schwächung der Endsilbenvokale in der Weise dass der Stammsilbenvokal von der Qualität des Folgesilbenvokals beeinflusst wurde. Schon in altgerm. Zeit entstanden auf diese Weise die Stellungsvarianten (Allophone) *i/e, u/o, iu/eo*, ersteres jeweils, wenn *i, j* oder *u* in der Folgesilbe stand oder wenn Nasal + Konsonant folgte. Den umgekehrten Vorgang (*e, o* statt *i, u*, wenn *a, e, o* in der Folgesilbe) nannte J. Grimm ‚Brechung‘. Dieser kombinatorische Lautwechsel wirkt noch resthaft in dt. Alternationspaaren nach wie *nehmen/nimmst* (ahd. *neman/nimist*), *ober-/über* (ahd. *obar/ubir*) und (veraltet) *fliegen/fleugst* (ahd. *fliogan/fliugist*). Zu eigenen Phonemen wurden diese Allophone erst dann, wenn die den Wechsel bedingenden lautlichen Umgebungsverhältnisse durch Endsilbenabschwächung geschwunden waren (vgl. III, 2 zum *i*-Umlaut!). Über die ersten Monophthongierungen und Diphthongierungen vgl. II, 1 Ende!

Der Endsilbenverfall brachte auch Verluste im Flexionssystem, oder vorsichtiger ausgedrückt: Der für die idg. ‚Ursprache‘ durch Summierung aus den Einzelsprachen abstrakt rekonstruierbare (aber für die nicht überlieferte idg. Vorstufe des Germanischen keineswegs nachgewiesene) Reichtum an Flexionsendungen ist in den germ. Dialekten schon zu Beginn der Überlieferung nicht anzutreffen. Weder der idg. Ablativ und Lokativ noch die Dualformen des Substantivs sind im Germanischen lebendig geblieben, und in der Konjugation sind ganze Formengruppen, wie der im Germanischen durch Optativformen ersetzte Konjunktiv, der Aorist und das Imperfekt, das Futur und das Passiv, bis auf wenige verdunkelte Reste ausgestorben. Auf der anderen Seite entstanden neue Flexionsmöglichkeiten, die zwar zum Teil schon innerhalb des Indogermanischen in Ansätzen vorhanden waren, aber erst im Germanischen zu ausgebildeten grammatischen Kategorien geworden sind. Die *i*- und die *n*-Deklination bilden für das feminine Geschlecht gesonderte Paradigmen aus, die *n*-Stämme auch für das neutrale. Eine Neuerwerbung auf dem Gebiet der Adjektivflexion bildet die Entstehung der schwachen Deklination aus den idg. *n*-Stämmen, die hauptsächlich zur Bezeichnung von Personen und infolgedessen auch zur Bildung substantivierter Adjektiva verwendet wurden. Im Germanischen ist dieser Prozess so weit gediehen, da man von jedem Adjektiv Nebenformen auf *n* bilden konnte. Bei den Verben verzeichnen wir als germanische Neuerungen die Ausbildung des idg. Ablauts zu einem wirklichen System, das die Flexion der starken Verba beherrscht, und die Entstehung eines völlig neuen Typus der Verbflexion, der schwachen Konjugation mit einem Dentalmorphem.

Im allgemeinen und im weiteren Verlauf überwog jedoch der akzentbedingte Flexionsschwund. Der Rückgang oder Untergang flexivischer Kategorien, wie wir es noch in jüngster Zeit beim dt. Genitiv oder Konjunktiv beobachten können, bedeutet aber durchaus nicht so etwas wie ‚Sprachverfall‘ oder ‚Verarmung‘. Der sprachökonomische Abbau flexivischer Mittel wurde meist ausgeglichen durch die Verwendung ganz neuer Mittel: Hilfsverben wie *werden, sein, haben, würde* für Passiv, Futur, Perfekt, Konjunktiv, die sich im Laufe des Mittelalters durchsetzten; oder Präpositionen anstelle von Kasus (z. B. *ich erinnere mich seiner > an ihn,*

Vaters Haus > das Haus von Vater). Auch die Notwendigkeit des Personalpronomens (ahd. *nemames, nemant >* nhd. *wir/sie nehmen*) und die Ausbildung des Artikels (ahd. *gebā, gebōno, gebōm >* nhd. *die/der/den Gaben*) sind neue Mittel, die seit Beginn der Überlieferung allmählich fest werden, um die grammatische Leistung verlorengegangener oder unkenntlich gewordener Flexionsendungen zu übernehmen. Das Schwergewicht der Grammatik neigt von der Wortbeugung mit Endungen immer mehr zur Wortfügung mit Geleitwörtern, wobei oft feinere semantische Differenzierungen entstanden (Aktionsarten, durch Präpositionen ausgedrückte logische Relationen, usw.). Das ist die sprachtypologische Tendenz zum analytischen Sprachbau, die sich im Englischen, Friesischen und Niederländischen noch stärker ausgewirkt hat als im Deutschen. Am weitesten fortgeschritten ist in dieser Hinsicht das Afrikaans, die Sprache der nach Südafrika ausgewanderten Niederländer, heute 1. Landessprache der Südafrikanischen Republik (vgl. Textprobe 11!). Ursache oder zumindest beschleunigender Faktor dieser Entwicklung ist der germ. Akzentwandel.

Auch der Wortschatz, den wir durch Vergleichung der germanischen Sprachen als gemeingermanisch erschließen können, weist dem Indogermanischen gegenüber wesentliche Verschiedenheiten auf. Viele gemeingerm. Wortstämme lassen sich in den anderen idg. Sprachen nicht nachweisen, vor allem im Rechts- und Kriegswortschatz, z. B. *Adel, Dieb, dienen, Ding, Sache, Schwert, Schild* und die germ. ,Kampf'-Wörter *hild-, gunþ-, haþu-, wīg-*, die besonders in Personennamen fortleben, ferner im See- und Schiffahrtswesen, das den germ. Meeresanwohnern nahelag (z. B. *See, Haff, Schiff, Segel, Steuer*), und – damit zusammenhängend – die Bezeichnungen der Himmelsrichtungen, die später auch andere Sprachen wie das Französische aus dem Germ. übernommen haben. Auffällig ist auch, dass so viele germ. Wörter mit anlautendem *p-* (hochdt. *pf-*) sich kaum etymologisch erklären lassen, zumal das lautgesetzlich vorauszusetzende idg. *b-* nur sehr selten vorkommt. Es ist die Frage, ob dieser germ. Eigenwortschatz auf vorindogermanischem Substrat (unterworfene Vorbevölkerung) beruht oder auf eigener Wortschöpfung im Laufe der zwei Jahrtausende, die zwischen der Zeit idg. Gemeinschaft und der ersten Überlieferung germ. Sprache (um die Zeitwende) liegen.

3. Römischer Spracheinfluss

Gleichzeitig mit den ältesten genaueren Nachrichten über Germanien überliefern uns römische und griechische Schriftsteller auch die ersten germanischen Sprachzeugnisse. So finden wir bei Cäsar *urus* ‚Auerochs‘, *alces* ‚Elch‘, bei Tacitus *framea* ‚eine Art Speer‘, *glaesum* ‚Bernstein‘ (mit nhd. *Glas* verwandt), bei Plinius *ganta* ‚Gans‘ und (durch kelt. Vermittlung) *sapo* ‚Schminke‘ (davon nhd. *Seife*). Die engen Berührungen zwischen Römern und Germanen, durch Handel, Gefangenschaft, Hilfsdienst oder Ansiedlung, vor allem im römischen Besatzungsgebiet Germaniens, mussten zum gegenseitigen sprachlichen Austausch führen. Dass der germanische Einfluss auf das Lateinische, vor allem in den niederen Schichten der Bevölkerung, größer war als die literarischen Quellen es verraten, geht aus zahlreichen germanischen Wörtern hervor, die sich vom Vulgärlatein her über das ganze romanische Gebiet (meist mit Ausnahme des Rumänischen) verbreitet haben. Hierher gehören Waffennamen wie altfrz. *brand*, it. *brando* ‚Schwert‘ (an. *brandr*, ags. *brand*, mhd. *brant*), altfrz. *heaume*, it. *elmo* ‚Helm‘, altfrz. *gonfalon*, it. *gonfalone* ‚Fahne‘ aus germ. **gunþ-fanan* ‚Kampffahne‘ (ahd. *gundfano).* Auffallend ist die große Anzahl von Farbenbezeichnungen, die aus dem Germanischen ins Romanische eingedrungen ist, wie it. *bianco,* frz. *blanc* ‚weiß‘, it. *bruno,* frz. *brun* ‚braun‘, it. *grigio,* frz. *gris* ‚grau‘ (etymologisch unserm *Greis* entsprechend), it. *biavo,* altfrz. *blou* ‚blau‘, it. *biondo,* altfrz. *blond* ‚blond‘ (< germ. **blunda,* seit Anfang der Überlieferung nicht mehr bezeugt, im 17. Jh. aus dem Frz. ins Dt. rückentlehnt). Der germanische Einfluss gerade auf diesem Gebiet erklärt sich wohl daraus, dass einzelne Wörter Ausdrücke der Mode waren, wie uns ja ausdrücklich bezeugt ist, dass Römerinnen die rötlichblonden Haare der germanischen Frauen bewunderten und zu Perücken verwendeten. Im übrigen ist darauf hinzuweisen, dass die Kunst, aus einheimischen Pflanzen schöne und dauerhafte Farbstoffe herzustellen, wenigstens bei den Germanen des Nordens noch heute auf einer hohen Stufe steht und aller Wahrscheinlichkeit nach auf uralten Erfahrungen beruht.

Unvergleichlich stärker als der Einfluss des Germanischen auf das Lateinische waren die Wirkungen, die die Bekanntschaft mit den Römern und ihrer Kultur auf die Germanen und ihre Sprache ausübte. Man hat das Lehngut der dt. Sprache aus dem römischen

Latein auf etwa 550 Wörter geschätzt. Bemerkenswerterweise gehören nur wenige Lehnwörter dem Gebiet des **Kriegswesens** an:

> *Pfeil* (aus lat. *pilum*), *Kampf* (*campus* ‚Schlachtfeld‘), *Wall* (*valium*), *Pfahl* (*palus*), *Straße* (*via strata*), *Meile* (*milia passuum*);

ebenso wenige dem **Staats- und Rechtsleben**:

> *Kaiser* (*Caesar*), *Kerker* (*carcer*), ahd. *kōsa* ‚Rechtshandel‘ (*causa*), *Zoll* (vulgärlat. *toloneum*).

Sicher sind es ursprünglich noch viel mehr gewesen, die sich nicht über die Völkerwanderung hinaus erhalten konnten.

Weit größer ist aber die Anzahl der erhaltenen Lehnwörter, die sich auf verschiedene Gebiete des friedlichen Verkehrs beziehen; aus dem **Handel**:

> *kaufen* (lat. *caupo* ‚Gastwirt‘), *Pfund* (*pondo*, Abl.), *Münze* (*moneta*), *Markt* (*mercatus*), *eichen* (*aequare*), *Kiste* (*cista*), *Karren* (*carrus*);

aus dem vorbildlichen römischen **Garten- und Weinbau**:

> *pflanzen, pfropfen, impfen, pflücken, Birne, Kirsche, Pflaume, Pfirsich, Kohl, Zwiebel, Rettich, Kümmel, Wein, Becher, Kelter, Bottich* usw.

Da die Römer den **steinernen Hausbau** in Deutschland eingeführt haben, verdanken wir ihnen auch Wörter wie

> *Mauer, Ziegel, Kalk, Mörser, Pfeiler, Pforte, Fenster, Kamin, Kammer, Keller, Küche*

und viele andere, wie auch Bezeichnungen der römischen **Bequemlichkeit im Innern des Hauses**:

> *Tisch, Schrein, Spiegel, Pfanne, Trichter, Kerze, Kissen* usw.

In west- und süddt. Mundarten lassen sich noch heute viele solcher römischen Überreste entdecken, wobei sich sogar Raumverhält-

nisse römischer Wirtschaftsgeographie in heutiger Wortgeographie
widerspiegeln können.

Wie intensiv man sich die germanisch-lateinische Zweisprachigkeit in den germanischen Provinzen an Rhein und Donau zu
denken hat, zeigt sich darin, dass sogar ein **Wortbildungselement**
entlehnt worden ist: das Suffix *-ārius* (ahd. *-āri*, mhd. *-ære*, nhd.
-er), das noch heute für Personenbezeichnungen aller Art produk-·
tiv ist. Nach Vorbild von Lehnwörtern wie ahd. *zolenari* (lat.
tolon(e)arius ‚Zöllner') ist es bereits im Gotischen zu Neubildungen aus heimischen Wortstämmen verwendet worden (*bōkāreis*
‚Schriftgelehrter'). Die berufliche Spezialisierung der Römer war
den Germanen etwas so Neues, dass sie sich auch das Wortbildungsmittel dafür angeeignet haben (vgl. die Suffixe *-ist, -eur, -eu-
se, -ologe, -ianer* in der Zeit des neuzeitlichen franz. und lat.
Einflusses). Mit dem lat. Wortschatz aus höheren Bereichen römischer Kultur, aus Kunst und geistigem Leben, scheinen die ‚barbarischen' Germanen allerdings kaum in Berührung gekommen
zu sein. *Schreiben* (*scribere*), *Tinte* (*tincta*) und *Brief* (*brevis libel-
lus*) entstammten wohl der alltäglichen Verwaltungs- und Wirt-
schaftspraxis. Von tieferem Eindringen in die religiöse Vorstel-
lungswelt der Römer zeugen jedoch die Wochentagsnamen, die
nicht nur einfach übernommen (engl. *Saturday*, ndl. *zaterdag* aus
lat. *Saturni dies*), sondern geradezu übersetzt worden sind: *Sonn-
tag* aus *dies Solis*, *Montag* aus *dies Lunae*, meist sogar mit sinnvol-
lem Ersatz der römischen Gottheit durch die entsprechende germanische: *Dienstag* nach dem Gott **Thingsus* (lat. *dies Martis*),
engl. *Wednesday*, ndl. *woensdag* nach *Wodan* (lat. *dies Mercurii*),
Donnerstag nach *Donar* (lat. *dies Jovis*), *Freitag* nach der Göttin
Frīa (lat. *dies Veneris*). Das sind Lehnübersetzungen aus lebendi-
ger kultischer Berührung zwischen Römern und Germanen vor
der Christianisierung.

Begreiflicherweise sind die römischen Lehnwörter nicht alle
gleichzeitig zu den Germanen gedrungen. Vielleicht das älteste ist
der Name Cäsars (ahd. *keisar*), der zu einer Zeit übernommen wurde, als lat. *œ* noch als Diphthong, ähnlich dem germ. *ai*, gesprochen
wurde (bis 1. Jh. n. Chr.) und das lat. *c* vor Palatalvokal noch nicht
zu *ts* gewandt war. Viele der aufgezählten Wörter zeigen jedoch
die Spuren jüngerer lat. Lautentwicklung, wie z. B. ahd. *ziagal*, dessen Stammdiphthong nicht die klassische Form *tegula*, sondern ein
nach romanischen Lautgesetzen weiterentwickeltes *tēgula* voraus-

setzt. Von den zahlreichen lat. Lehnwörtern im Gotischen ist eine Anzahl wohl schon zu einer Zeit übernommen worden, als die Goten noch ihre alten Wohnsitze in der Nachbarschaft anderer germanischer Stämme innehatten, also nicht direkt von den Römern, sondern von Germanen im östlichen Deutschland, die sie ihrerseits wieder von westlichen Stammverwandten gelernt hatten. Daraus ergibt sich, dass wenigstens Wörter wie got. *asilus* ,Esel', *pund* ,Pfund', *wein* ,Wein', *mes* ,Tisch' schon zu Beginn des 2. Jahrhunderts, als die Goten ihre Wohnsitze an der Weichsel verließen, über ganz Germanien verbreitet gewesen sein müssen. Das hohe Alter einzelner Lehnwörter im Germanischen ergibt sich auch daraus, dass einige davon an das Finnische zu einer Zeit weitergegeben wurden, als die germanische *a*-Deklination, in die diese Wörter übergetreten waren, ihr auslautendes *a* noch nicht verloren hatte (vgl. finn. *viina* ,Branntwein', *punta* ,Pfund', *kattila* ,Kessel').

4. Die germanischen Dialekte

Wie das Germanische auf der sog. urgermanischen Sprachstufe aussah, davon geben uns keinerlei literarische Sprachdenkmäler Zeugnis. Doch können wir uns eine ungefähre Vorstellung davon machen, nicht nur durch Vergleichung der historischen germanischen Dialekte, sondern auch anhand der germ. Wörter und Namen bei antiken Schriftstellern und der ältesten Runeninschriften, die noch einen ursprünglicheren Lautstand zeigen als die nur wenig jüngere gotische Überlieferung und die späteren germanischen Literaturdenkmäler. Diese Sprachspuren sind dialektisch noch so wenig differenziert, dass es bei einigen unmöglich ist zu entscheiden, ob sie dem späteren Nordischen oder einem westgermanischen Dialekt zuzuweisen sind. Dies gilt vor allem von der bekannten Runeninschrift des Goldhorns von Gallehus (Jütland, um 420):

ᛖᚲ ᚺᛚᛖᚹᚨᚷᚨᛊᛏᛁᛉ ᚺᛟᛚᛏᛁᛜᚨᛉ ᚺᛟᚱᚾᚨ ᛏᚨᚹᛁᛞᛟ

ek hlewagastiR holtingaR horna tawido

[R ist ein aus urgerm. stimmhaftem *s* (geschr. *z*) entstandener Laut, der zu *r* noch in Opposition stand.]

Die Inschrift bedeutet: ‚Ich, Hlewagast aus dem Geschlecht des Holt [aus dem Ort Holt?], machte das Horn'. Wäre uns dieses Sprachdenkmal in gotischer Sprache überliefert, so müsste es lauten: *ik hliugasts hultiggs haúrn tawida* [gg steht im Got. für *ng*, *aú* für kurzes *o*]; in Altisländisch *ek hlēgestr høltingr horn tápa* ['ist im Anord. Längezeichen]; in Altsächsisch: *ik hlēgast holting horn tōida*. In dem durch historische Lautlehre und Etymologie erschließbaren ‚Urgermanisch' hieße es: *ekam hlewagastiz hultingaz hurnam tawidōm* [statt *u* ist auch *o* möglich]. Die Inschrift steht also zwischen Urgerm. und den überlieferten germ. Dialekten des Nord/Ostseeraumes, liegt zeitlich aber näher an den Anfängen dieser Überlieferung (Gotisch: Wulfila-Bibel Mitte 4. Jh.; Altsächsisch: 9. Jh.; Altisländisch: in lat. Schrift ab 12. Jh.). Die Inschrift ist eher ein spätes ‚Gemeingermanisch'. Das aus den Runeninschriften rekonstruierte ‚Urnordisch' ist sehr problematisch. Solche zu kultischen Zwecken in Gegenstände aus Holz, Knochen, Metall oder Stein eingeritzten Inschriften sind von etwa 200 n. Chr. bis ins hohe Mittelalter überliefert, bis etwa 800 in einem Alphabet mit 24 Zeichen (sog. älteres *FUÞARK*), danach mit nur 16 Zeichen, also wesentlich ungenauer. Auf phonetische und grammatische Genauigkeit kam es aber bei dieser Kulthandlung der wenigen Eingeweihten gar nicht an.

Es ist nicht ausgeschlossen, dass die Runenmeister aus alter Tradition noch lange an einer konservativen gemeingermanischen ‚Hochsprache' festhielten (H. M. Heinrichs), während in der nicht überlieferten gesprochenen Sprache des Alltags längst dialektale Differenzierungen eingetreten waren. Erst in der Wanderzeit, als sich die alten sozialen Bindungen lockerten oder lösten, mögen diese Eigenheiten stärker zum Durchbruch gekommen sein, ähnlich wie sich auch in der Neuzeit bei den Auswanderern nach Übersee sehr schnell unterschichtliche Merkmale durchsetzten (vgl. Afrikaans, Kolonialfranzösisch, usw.). Für die Zeit vor Beginn der Völkerwanderung, also vor dem Abzug der Goten aus dem Weichselmündungsgebiet nach Südrussland im 3. Jh., gibt es jedenfalls keine Beweise für eine Gliederung des Germanischen in Dialektgruppen (H. Kuhn).

Die herkömmliche Einteilung in Nord-, Ost- und Westgermanisch darf nicht im Sinne der alten Stammbaumtheorie als säuberliche Aufspaltung verstanden werden. Das sog. ‚Westgermanisch' ist nur eine Abstraktion für Zwecke der historischen Grammatik und Etymologie. Die Verzahnung mit dem Nordgerm. ist besonders in Jütland offenbar sehr eng gewesen. Immerhin zeigen die wgerm. Dialekte dem Urgermanischen gegenüber eine Reihe von gemeinsamen Änderungen, von denen die Konsonantenverdopplung vor *j* und, weniger konsequent vor einigen anderen Konsonanten, vor allem *r*, die auffallendste ist; z. B. anord. *sitja* ‚sitzen', ags. *sitian*, as. *sittian*, ahd. *sitzen*; got. *akrs*, nord. *akr*, ags. *œcker*, as. *akkar*, ahd. *ackar*. Gemeinwestgermanisch ist auch der Übergang von germ. *ð* zum Verschlusslaut *d* (anord. *faðir*, ags. *fœder*, as. *fadar*, ahd. *fatar* ‚Vater'. Eine bemerkenswerte westgermanische Eigentümlichkeit der Flexion ist die Bildung der 2. Person sg. des Präteritums bei den starken Verben, die nicht wie im Gotischen und Nordischen die Ablautstufe der sonstigen Singular-Formen und die Endung *t* aufweist (got. *gaft*, an. *gaft* ‚du gabst'), sondern sich in der Vokalstufe an den Plural anschließt: ags. *géafe*, as. *gābi*, ahd. *gābi*, alles auf wgerm. **gābi* zurückweisend.

Nach Ergebnissen der neueren Forschung werden innerhalb des wgerm. Bereichs folgende drei Dialektgruppen deutlich (in der Benennung nach F. Maurer):

1. Das **Nordseegermanische**, zu dem das Friesische und die Sprache der um 400 aus Südschleswig abgewanderten Angelsachsen gehörten, zu dem aber auch das nördliche Niederfränkische im Küstengebiet und das älteste Altsächsische (Altniederdeutsche) mehr oder weniger starke Beziehungen hatten. Charakteristisch für diese Gruppe ist vor allem der von Ersatzdehnung begleitete Ausfall von Nasalen vor allen stimmlosen Reibelauten (nicht nur vor *h*, wo der Ausfall gemeingermanisch ist): ahd. *finf*, ags., afries. und as. *fīf* ‚fünf', ahd. *uns*, ags., afries. und as. *ūs*, ferner die Assibilierung (Zetazismus) des *k* vor Palatal (engl. *church*, fries. *sziurke* ‚Kirche'), die sich im Mittelalter sporadisch auch in nd. Ortsnamen findet. Es ist eine Streitfrage der neueren Forschung, ob diese Gruppe aus der vorwanderzeitlichen Kultgemeinschaft der Ingwäonen (Tacitus, Plinius) entstanden ist (nach Th. Frings) oder erst nach der Angelsachsenwanderung durch eine Verkehrsgemeinschaft über die südliche Nordsee hinweg (nach H. Kuhn).

2. Das **Weser-Rhein-Germanische**, das sich wohl archäologisch, aber kaum sprachlich fassen lässt, eine von 1 und 3 negativ

II. Frühmittelalterliches Deutsch

1. Hochdeutsch und Niederdeutsch

Als die Römer mit den Wohngebieten der Germanen Bekanntschaft machten, hatten diese ein Gebiet besiedelt, das vom Keltischen im wesentlichen durch den Rhein getrennt war, sich nach Osten ziemlich weit in später slawische und magyarische Gegenden hinein erstreckte und nach wie vor die südlichen Teile von Skandinavien umfasste. Die Völkerwanderung brachte eine Verschiebung dieses Gebietes nach Westen und Süden mit sich, indem sich immer mehr germ. Stämme über die röm. Provinzen in Süd- und Westdeutschland ergossen, die Herrschaft über Gallien und Italien an sich rissen und einen beträchtlichen Teil Englands besetzten, abgesehen von den zu weit ausgreifenden und bald untergehenden ostgerm. Eroberungen im Mittelmeerraum. Dieses große Gebiet des wanderzeitlichen Germanischen konnte nicht länger einheitlicher Sprachraum bleiben, zumal alte Stammesbindungen nach dem Norden abrissen und sich ganz neue ethnische Gruppierungen bildeten. Bei denjenigen wgerm. Stämmen, die am weitesten nach Süden vorgedrungen waren, den Alemannen, Baiern und Langobarden, setzte sich nun ein den größten Teil des Konsonantensystems ergreifender Lautwandel durch, der für die Absonderung des Hochdeutschen von den übrigen wgerm. Dialekten und für das Schicksal des Niederdeutschen entscheidend war: die **zweite oder ahd. Laut-/Konsonantenverschiebung**, die mit der ersten eine unverkennbare Verwandtschaft aufweist und sich phonologisch auch als Folgeerscheinung der ersten erklären lässt. Sie setzt sich aus folgenden Lautübergängen zusammen:

(1) Fortesverschiebung:

(1.1) Nach Vokalen

Nhd. Wort	Ahd. Ent-sprechung	Ahd. Phonem	Vorahd. Phonem	Altsächs. Ent-sprechung	(Neu-)Engl. Ent-sprechung
essen *beißen* *was*	*eʒʒan* *bîʒan* *waʒ*	/ʒ(ʒ)/	/t/	*etan* *bîtan* *hwat*	*eat* *bite* *what*
offen *greifen* *auf*	*offan* *grîfan* *ûf*	/f(f)/	/p/	*opan* *grîpan* *ûp*	*open* *gripe* *up*
machen *brechen* *ich*	*mahhôn* *brehhan* *ih*	/χ(χ)/	/k/	*makôn* *brekan* *ik*	*make* *break* *I* (ae. *ic*)

(1.2) Anlautend, nach Konsonanten und in Gemination

Nhd. Wort	Ahd. Ent-sprechung	Ahd. Phonem	Germ. Phonem	Altsächs. Ent-sprechung	Neuengl. Ent-sprechung
Zunge *Herz* *setzen*	*zunga* *herza* *sezzen*	/ts/	/t/ /tt/	*tunga* *herta* *settian*	*tongue* *heart* *set*
Pfad *helfen* *Apfel*	*phad* *helphan* *aphul*	/pf/	/p/ /pp/	*pad* *helpan* *appul*	*path* *help* *apple*
Korn *Werk* *wecken*	*chorn* *werk* *we(c)chen*	/kχ/	/k/ /kk/	*korn* *werk* *wekkian*	*corn* *work* ae. *weccen*

(2) Lenesverschiebung

Nhd. Wort	Ahd. Entsprechung	Ahd. Phonem	Vorahd. Phonem	Altsächs. Entsprechung	Neuengl. Entsprechung
Tochter	*tohter*	/t/	/d/	*dohtar*	*daughter*
Wetter	*wetar*			*wedar*	*weather*
binden	*bintan*	/tt/	/dd/	*bindan*	*bind*
alt	*alt*			*ald*	*old*
bitten	*bitten*			*biddian*	*bid*
(ge)bären	*peran*	/p/	/b/	*beran*	*bear*
sieben	*sipun*	/pp/	/bb/	*sibun*	*seven*
Leib	*lîp*			*lîf*	*life*
Sippe	*sippa*			*sippia*	ae. *sib*
Gast	*kast*	/k/	/g/	*gast*	*guest*
steigen	*stîkan*	/kk/	/gg/	*stîgan*	ae. *stîgan*
Tag	*tac*			*dag*	*day*
liegen	*likkan*			*liggian*	*lie*

Die Fortis-Verschlusslaute des Germanischen, *p, t* und *k,* werden zu den entsprechenden Affrikaten *pf,* (*t*)*z* und *kch* verschoben, wenn sie im Anlaut eines Wortes, nach Konsonanten oder in der Gemination stehen. In den übrigen Stellungen, d. h. im Inlaut, zwischen Vokalen und im Auslaut nach Vokalen, werden sie zu Reibelauten (Spiranten, Frikativen), nämlich zu *f(f), ʒ(ʒ)* (ein *s*-Laut, der mit dem alten germ. *s* nicht identisch war) und zu *hh/ch*.

Im weiteren Sinne zur 2.Lautverschiebung gehört der Übergang des *þ* zu *d* von Süd nach Nord zwischen 8. und 11. Jh.: frühahd., altsächs. *thing* zu *ding*.

In dieser vollkommensten Ausbildung erscheint die 2. Lautverschiebung bis heute jedoch nur in den südlichsten Dialekten Alemannisch, Schwäbisch, Bairisch und Ostfränkisch, die zusammen das **Oberdeutsche** bilden. Je weiter wir nach Norden gehen, um so geringer wird die Konsequenz und Homogenität des Systems. Das Verhalten der einzelnen Gegenden zu diesem Idealbild der zweiten Lautverschiebung bietet uns ein Gliederungskriterium für die Dialekte des Deutschen: Das **Mitteldeutsche** ist eine Übergangslandschaft zwischen dem Oberdeutschen und dem Niederdeutschen, die Kennzeichen des einen Sprachraumes nehmen nach Norden hin ab, und die Kennzeichen des anderen Raumes nehmen zu.

Das Oberdeutsche und das Niederdeutsche könen mit Hilfe
von Leitformen einander gegenüber gestellt werden. Die mitteldeutschen Mundarten – wenn wir im frühen Mittelalter vom Mitteldeutschen sprechen, meinen wir das Westmitteldeutsche, das
Ostmitteldeutsche gab es noch kaum – zeigen alle Kennzeichen
von Übergangsdialekten (im Anschluss an König 2004, 64):

| Oberdt. | (West-)Mitteldeutsch | | | Niederdt. |
	Rheinfrk.	Moselfrk.	Rip.	
zeit	zeit	zeit	zeit	*tid*
wasser	wasser	wasser	wasser	*water*
schlafen	schlafen	schlafen	schlafen	*schlapen*
machen	machen	machen	machen	*maken*
dorf	dorf	dorf	*dorp*	dorp
das	das	*dat*	dat	dat
apfel	*appel*	appel	appel	appel
pfund	*pund*	pund	pund	pund

Das **Niederdeutsche** – im frühen Mittelalter das Altniederfränki-
sche und Altsächsische – bleibt ohne Anteil an der Lautverschiebung, nach dem heutigen Zustand das Gebiet nördlich der Lautver-
schiebungslinie, die südlich von Aachen an der Grenze des frz.
Sprachgebiets beginnend in einem weiten Bogen Köln umfasst,
unmittelbar südlich von Düsseldorf bei Benrath den Rhein kreuzt
und von da an zuerst südöstlich, dann vom Rothaargebirge an
nordöstlich bis zur polnischen Sprachgrenze weiterläuft (Benrather
oder *maken/machen*-Linie des Deutschen Sprachatlas; die Ürdin-
ger oder *ik/ich*-Linie läuft streckenweise nördlicher).

Die Grenzen dieser Dialekte haben sich z. T. seit der althochdeutschen Zeit verschoben, indem süddeutsche Formen in weitem
Ausmaß nach Norden vorrückten. Die moderne Grenzlinie zwischen Hoch- und Niederdeutsch ist teilweise jüngeren Ursprungs.
Für die althochdeutsche Zeit wird sie im Rheingebiet weiter im
Süden vermutet, und Thüringen hat noch im 13. Jh. nördlich
Erfurt – Jena keine Lautverschiebung. Dasselbe gilt wohl für verschiedene andere Lautverschiebungslinien. Die Ausbildung von
jüngeren Dialektgrenzen steht großenteils in engem Zusammenhang mit der politischen Territorialgeschichte und Verkehrsverhält-
nissen des Spätmittelalters (nach Th. Frings).

Die rezenten westmitteldeutschen Dialekte können mit Hilfe
einer Karte übersichtlich dargestellt werden:

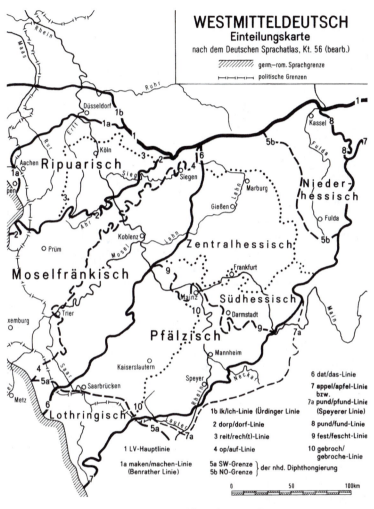

Karte 1: Die westmitteldeutschen Mundarten
(nach Beckers 1980, 469)

Die Grenzen ('Isoglossen') zwischen den einzelnen westmitteldeutschen Dialekten bilden gewissermaßen einen Fächer, sodass
man dieses Isoglossenbündel oder auch das davon eingegrenzte
Gebiet den ,**Rheinischen Fächer**' nennt.

Die Durchführung der althochdeutschen Konsonantenverschiebung ist auch das grundlegende Kriterium für die Einteilung
der deutschen Dialekte:

Karte 2: Der deutsche und der niederländische Sprachraum
(nach Goossens 1980, 446)

Die Konstitution des deutschen Sprachraums können wir auf der
Basis der ahd. Konsonantenverschiebung beschreiben: Das Oberdeutsche ist der eigentlich deutsche Typus, der alle Lautverschie-
bungsformen aufweist. Das Niederdeutsche ist ein eigener Sprachtypus, der ursprünglich keiner Dialektgebiet des Deutschen war,
sondern dies erst durch soziolinguistische Vorgänge in der frühen
Neuzeit zum Dialektareal ,degradiert' worden ist. Das Mitteldeutsche ist ein Übergangsraum zwischen dem Hochdeutschen und
dem Niederdeutschen.

Karte 2 stellt den zusammenhängnenden deutschen Sprachraum um 1900 (also ohne Sprachinseln) dar, dies deshalb, weil um

1900 die erste Erfassung der Dialekte im Deutschen Reich, in Öster-
reich-Ungarn und in der Schweiz durch Georg Wenker erfolgt ist.
Die einzelnen deutschen Mundarten (der Gegenwart) lassen
sich folgenden Gruppen zuordnen:

Westniederdeutsch		Ostniederdeutsch
Nordniedersächsisch		(Niederpreußisch)
Ostfälisch		(Ostpommersch)
Westfälisch		Mecklenburgisch-
		Vorpommersch
		Brandenburgisch
Westmitteldeutsch		Ostmitteldeutsch
Ripuarisch		(Hochpreußisch)
Moselfränkisch		(Schlesisch)
Rheinfränksich		Obersächsisch
		Thürngisch
	Nordoberdeutsch	
	Ostfränkisch	
	Südfränkisch	
Westoberdeutsch		Ostoberdeutsch
Schwäbisch		Bairisch-Österreichisch
Alemannisch		

Das Niederpreußische und das Ostpommersche sowie das Hoch-
preußische und das Schlesische sind in der Liste deshalb eingeklam-
mert, weil aus diesen Gebieten nach dem 2. Weltkrieg die deutsch-
sprechende Bevölkerung ausgesiedelt wurde. In Oberschlesien ist
das Deutsche noch als Sprachinselmundart vertreten.
Die ahd. Konsonantenverschiebung ist einer der meistdis-
kutierten, um nicht zu sagen: meistumstrittenen Prozesse der deutschen Sprachgeschichte: Lange Zeit, streng genommen: immer
noch bestand/besteht keine Einigkeit darüber, ob die verschobenen
Formen des Mitteldeutschen sich vom Süden nach Norden mit
abschwächender Kraft ausgebreitet haben oder ob die Lautverschiebung im Mitteldeutschen autochthon ist (vgl. Wolf 1981,
30 ff.). In jüngerer Vergangenheit wollte Th. Vennemann (1984)
überhaupt nur eine das gesamte Germanische umfassende Lautverschiebung rekonstruieren, die dann ein Hochgermanisch (d.i. nur
das Hochdeutsche) und ein Niedergermanisch (d.i. der Rest der
Germania) ergeben habe (vgl. dazu Wolf 2006, 2007, 2008). Mit der
Bezeichnung ‚Übergangslandschaft' ist hier eine Antwort auf alle

aufgeworfenen Fragen angedeutet: In der Dialektologie kann man
allenthalben beobachten, dass zwischen zwei (dialektalen) Kern-
räumen Übergangsräume entstehen; und auf diese Weise ist das
Mitteldeutsche als ein solcher Übergangsraum zwischen den Kern-
räumen des Ober- und des Niederdeutschen zu interpretieren.

Lautwandelprozesse wie die ahd. Konsonantenverschiebung
vollziehen sich in langen Zeiträumen. Wir können als Richtzahl das
Jahr 500 annehmen, allerdings mit einem Plus und einem Minus
von mehreren hundert Jahren.

Die Auseinanderentwicklung von Hd. und Nd. beruht nicht
nur auf der 2. Lautverschiebung. Die frühmittelalterliche Stufe des
Hd., das Ahd., ist auch durch **vokalische Veränderungen** gekennzeichnet. Im 8. und 9. Jh. sind die germ. Langvokale *ō* und *ē* zu *uo*,
ia diphthongiert worden (ahd. *bruoder* ‚Bruder‘, *hiaz* ‚hieß‘; altsächs. *brōðar*, *hēt*). Umgekehrt sind im **Altniederdeutschen/Altsäch-
sischen**, schon vor Beginn der Überlieferung die germ. Diphthonge
au und *ai* zu *ā*, *ē* gewandelt worden, auch in den Lautumgebungen,
wo diese Monophthongierung im Ahd. nicht eingetreten ist,
weshalb sich noch heute hd. *Baum*, *Stein* usw. von nd. *bōm*, *stēn*
unterscheiden. Auch hat das Altsächs. in der Morphologie schon
Entwicklungen durchgemacht, die es mehr in die Nähe des Angelsächsischen als des Hochdeutschen rücken. Die Personalendungen
der Verben im Plural sind zu einem Einheitsplural zusammenge-
fallen (as. *wi/gi/sia farad* ‚fahren‘, ags. *we/ge/hī farað*; ahd. *wir
farames, ir faret, sie farant*). Beim Personalpronomen der 1. und 2.
Person ist die Unterscheidung zwischen Dativ und Akkusativ aufgegeben worden (as. *mi/thi*, ags. *me/ðe*; ahd. *mir, mich/dir, dich*),
weshalb noch viele der (heute Hochdeutsch sprechenden) Berliner
mir und *mich*, *dir* und *dich* verwechseln. Das Nd. war durch seine
nordseegerm. Bindungen und Einflüsse von Anfang an beim allmählichen Abbau des flektierenden Sprachtypus ein Stück weiter
vorangeschritten als das Hd., das noch heute in dieser Hinsicht die
konservativste unter den germanischen Sprachen darstellt.

2. Entstehung des deutschen Sprachbewusstseins

Seit dem Merowinger Chlodwig (481–511) spielten die **Franken**
nicht nur politisch, sondern, da sie ein umfangreiches Stück römischen Kulturbodens in ihren Besitz gebracht und römische Institu-

tionen übernommen hatten, auch kulturell die weitaus wichtigste Rolle im frühmittelalterlichen Deutschland. Obwohl die Geschäftssprache des Merowingischen Reiches natürlich die lateinische war, fehlt es doch nicht an Anzeichen dafür, dass man sich auch für die frk. Volkssprache interessierte. So wird uns von Chilperich I. († 584) berichtet, dass er das lateinische Alphabet um 4 Zeichen (für *ā, ō, w, th*) bereichert habe, um es zur Aufzeichnung frk. Wörter und Namen tauglicher zu machen. Bei der Niederschrift des frk. Rechts in lateinischer Sprache ('Lex salica') fügte man wichtige fränkische Rechtswörter in Form von Glossen bei. Diese 'Malbergischen Glossen' bilden wegen ihrer Altertümlichkeit eine wichtige Quelle für die frühdt. Sprachgeschichte, doch ist das deutsche Wortmaterial durch romanische Schreiber stark entstellt. Über die karolingische Kodifizierung anderer Stammesrechte und den königlichen Schriftverkehr gelangten frk. Rechtswörter nach Deutschland und verdrängten dort heimische Wörter (z. B. die Wortsippen *urteil-* und *urkund-* gegen die von *tuom-, suon-* und *brief-*). Vorbildliche frk. Wirtschaftsweise an Königshöfen und Klöstern ließ das Wort *Ziege* gegen das alte *Geiß* vordringen. Die Forschungen über den Spracheinfluss der Franken auf das Deutsche, vor allem bei der Ausbildung der westmitteldt. Dialekte an Rhein und Main, sind dadurch erschwert, dass uns das Westfränkische Nordgalliens so gut wie gar nicht überliefert ist.

Die Beziehungen zwischen Franken und Galloromanen waren zwischen Mosel, Schelde und Seine im Merowingerreich so eng wie nie zuvor. Es muss dort eine jahrhundertelange **Zweisprachigkeit** geherrscht haben; und so ist es wohl mehr als ein Zufall, wenn sich gerade um diese Zeit im Deutschen eine Reihe von wichtigen sprachlichen Änderungen eingebürgert hat, die in den romanischen Sprachen ihre genaue Entsprechung haben. Hierher gehört die Entstehung des Substantivartikels, den weder das Gemeingermanische noch das Lateinische kannte; in beiden Sprachgebieten wird für den bestimmten Artikel ein Demonstrativpronomen, für den unbestimmten das Zahlwort für 'eins' verwendet. Auch der Übergang des Wortes für 'Mensch' (lat. *homo*, ahd. *man*) zu einem unbestimmten Pronomen (frz. *on*, dt. *man*) ist beiden Sprachgebieten gemeinsam. In ähnlichen Zusammenhang gehört die Bildung des umschriebenen Perfekts mit 'haben' und 'sein' (frz. *j'ai vu, je suis venu*, dt. *ich habe gesehen, ich bin gekommen*).

Der fränkische Einfluss auf das werdende Altfranzösische hat sich stark auf die Dialektgliederung in Nordfranzösisch und Frankoprovenzalisch/Provenzalisch ausgewirkt. Von der fränkischen Adelsherrschaft und (im Norden) vielleicht auch fränkischen Bauernsiedlung zeugen viele germ. Lehnwörter im Französischen (z. B. *hêtre* ,Buche' zu nd.-ndl. *heester*; *jardin* zu ahd. *garto* ,Garten'; *guerre*, zu altfrk. *werra) und frz. Orts- und Personennamen (die Typen *Avricourt* aus *Eberhardi curtis und *Thionville* aus *Theudonis villa; *Gautier* aus *Walthari*, *Henri* aus *Heinrich*, *Baudouin* aus *Baldwin* usw.). – Wie viel die frk.-gallorom. Symbiose Westfrankens zur Entlehnung lat.roman. Wörter ins Deutsche beigetragen hat, lässt sich schwer feststellen, da in diesem großen Lehnwortschatz nur schwer zwischen spätrömischem Vulgärlatein, Galloromanisch und dt. Mönchslatein zu unterscheiden ist. Die zahlreichen Lehnwörter in rheinischen und niederländischen Dialekten zeugen jedenfalls von einer Kontinuität provinzialrömisch-westfränkischer Kultur.

Der germ.-rom. Gegensatz in Westfranken führte schließlich zur allmählichen Ausbildung einer festen frz.-dt. **Sprachgrenze** (bis um 1200), nicht durch einen politischen Sprachenkampf, sondern durch einen unmerklichen örtlichen Ausgleich, der unabhängig von politischen Grenzen die Zweisprachigkeit zugunsten der einen oder anderen Sprache beendete.

In der germ.-roman. Mischzone Westfrankens scheint sich auch zuerst das neue Sprachgemeinschaftsbewusstsein entwickelt zu haben, das schließlich den Begriff ,**deutsch**' hervorbrachte. Die Franken nannten ihre Sprache anfangs *frenkisk* (so noch Otfrid v. Weißenburg um 865), die ihrer rom. Nachbarn *walhisk (nach dem kelt. Stammesnamen *Volcae*; später *welsch*). Daneben gab es für den Gegensatz zwischen Latein und Volkssprache (*sermo vulgaris*) ein Wort *þeudisk (ahd. *diutisc*, von germ. *þeuda ,Volk', vgl. *Dietrich, deuten*), das aber vom Anfang (786) bis um 1000 (Notker v. St. Gallen) nur in der mittellatein. Form *theodiscus*, Adv. *theodisce*, auch mit -*t*-, überliefert ist. Auf westfrk. Entstehung dieses Wortes deuten die Lautform (*eo* statt *iu*), das nordfrz. Wort *tieis* (seit 11. Jh. belegt) und das fläm. Wort *dietsch* (seit 12. Jh.; vgl. engl. *Dutch* ,niederländisch'); nach L. Weisgerber, Th. Frings.

Da nun im zweisprachigen Westfranken der politische und der sprachliche Begriff ,fränkisch' sich nicht mehr deckten, seit sich auch die Romanen ,Franken' nannten (vgl. frz. *France*, *français*), setzte sich hier für den sprachlichen Gegensatz zu *walhisk das Wort *þeudisk durch. Da im ostfrk. Reich kein Anlass zu einem Bezeichnungswandel bestand, stellte sich dieser hier erst später ein, vielleicht nach westfrk. Vorbild. Ganz allmählich wandelte sich damit bei *theodisce/diutisc* die Bedeutung von ‚volkssprachlich‘ über ‚germanisch‘ zu ‚deutsch‘ (als Sprache der germ. Stämme des Ottonenreiches). Als politischer Begriff, der auch Land und Leute, einschließt, begegnet *diutsch* erst im ‚Annolied‘ von 1080.

3. Anfänge deutscher Schreibsprache

Etwas von dem erwachenden deutschen Sprachbewusstsein zeigt sich in den **Bildungsreformen Karls des Großen** und des fränkisch-angelsächsischen Gelehrtenkreises an seinem Aachener Hof. Zur Verwirklichung seiner Idee des *imperium christianum* gehörte es, das Schreiben in einer Schriftform (karolingische Minuskel) zu vereinheitlichen, den Gebrauch des verwilderten Lateins nach klassischem Vorbild zu reformieren und die antiken Texte in Kirche und Wissenschaft philologisch überarbeiten zu lassen (karolingische Renaissance). Dazu kam auf der unteren kulturpolitischen Ebene eine Reform des Kirchen- und Schulwesens. Die große Kluft zwischen Latein und Volkssprache und damit zwischen Geistlichen und Laien musste überbrückt werden. Der Frankenherrscher selbst hat mit seinen Anweisungen an Bischöfe, Äbte und Priester die Volkssprache aufgewertet, wie z. B. im Beschluss der Frankfurter Synode von 794, in dem festgestellt wird: *ut nullus credat, quod nonnisi in tribus linguis* (d. h. Hebräisch, Griech., Lat.) *Deus orandus sit, quia in omni lingua Deus adoratur et homo exauditur, si iusta petierit.* Diese Forderung klingt dann auch in der ersten deutschen Buchdichtung, Otfrids Evangelienbuch, nach, wo der Dichter in frk. Nationalstolz sein Wagnis deutschen Dichtens mit der leidenschaftlichen Frage rechtfertigt:

> *Wanana sculun Frankon / einon thaz biwankon,*
> *ni sie in frenkisgon biginnen / sie gotes lob singen?*

„Warum sollen denn die Franken allein davon ablassen, auf Fränkisch das Lob Gottes zu singen" (wenn andere Völker es in ihrer Sprache längst mit reiner Kunst getan haben)?

Karls persönliches Interesse für seine frk. Muttersprache ist
uns von seinem Biographen Einhard überliefert. Zwar ist sein Plan,
eine deutsche Grammatik zu verfassen, wohl nicht zur Ausführung
gekommen, und die von ihm veranlasste Sammlung dt. Heldenlie-
der ist verloren, so dass als einziges konkretes Denkmal seiner Förderung der Volkssprache das Verzeichnis der von ihm festgelegten
germ. Namen der Monate und Winde übrig bleibt, ein erstes Zeugnis für staatliche Sprachregelung. Von höchster Bedeutung aber ist
die Tatsache, dass sich unter ihm und seinen Nachfolgern und im
Zusammenhang mit der von ihm so kräftig geförderten kirchlichen
Bildung der **Beginn der deutschen Literatur** vollzieht. Zwar gab
es schon vorkarlische Anfänge im irisch-langobardischen Kulturkreis Süddeutschlands, z. B. im Freisinger ‚Abrogans‘, dem ersten
dt. Buch. Aber das war nur ein gelehrtes lat.-dt. Wörterbuch zur
Erlernung eines gekünstelten Lateinstils. Das Interesse am Deutschen um seiner selbst willen kommt erst im angelsächsischen Mis-
sionskreis und von daher in Karls Bildungspolitik zum Durchbruch. Dadurch dass Karl in seinen im ganzen Reich verbreiteten
Erlassen forderte, dass das Volk in seiner eigenen Sprache mit den
Lehren des Christentums vertraut gemacht werde, wurde das
Bedürfnis nach dt. **Übersetzungen** der wichtigsten kirchlichen
Texte zu einer sozusagen offiziellen Angelegenheit. Es entstehen
gerade in dieser Periode in allen Teilen des dt. Sprachgebiets Übertragungen des Vaterunsers, der Glaubensartikel, der Beichtformu-
lare, daneben natürlich auch zusammenhängende Übersetzungen
aus der Bibel, dt. Predigten, auch eine oder die andere Bearbeitung
gelehrter theologischer Schriften. Daneben steht eine große Zahl
von Arbeiten, die offenbar dem Unterricht in den Klosterschulen
dienten, z. B. lat.-dt. Vokabularien sowie Übersetzungen, die unter
Vernachlässigung dt. Sprachgewohnheiten Wort für Wort dem Original folgen (Interlinearversionen) und auf diese Weise zum lateinischen Original führen sollen.

Auch einzelne Übersetzungen weltlicher Texte, wie etwa die
Bruchstücke einer Verdeutschung des salischen Gesetzes, dürfen wir
mit den Bestrebungen Karls auf dem Gebiet der Verwaltung in
Zusammenhang bringen. Vor allem aber ist wichtig, dass eine ganze
Reihe der ältesten uns erhaltenen dt. **Dichtungen** in direkten oder
indirekten Beziehungen zu Mitgliedern des karolingischen Hauses
stehen. Der altsächs. ‚Heliand‘ verdankt seine Entstehung vielleicht
dem Glaubenseifer Ludwigs des Frommen, der die Lehren des

Christentums den neubekehrten Sachsen nahezubringen wünschte; das Evangelienbuch Otfrids ist Ludwig dem Deutschen gewidmet, und das ‚Muspilli‘, ist in ein Gebetbuch eingetragen, das sich im Besitz desselben Fürsten befand. Das Ludwigslied verherrlicht einen Sieg Ludwigs III. von Frankreich, gleichfalls eines Karolingers.

Angesichts dieser Tatsachen ist es nicht zu verwundern, wenn man sich die Frage vorlegte, ob denn nicht diese unverkennbare Beeinflussung der ältesten dt. Literatur durch das Karolingerhaus sich irgendwie in der Gestaltung der frühdt. Schreibsprache widerspiegle, und dass man diese Frage gelegentlich dahin beantwortet hat, es habe eine ‚**karolingische Hofsprache**‘ gegeben, die als Vorbild über den einzelnen Dialekten gestanden habe. Anlass zu dieser Vermutung gaben die orthographisch und inhaltlich ausgezeichnete Isidorübersetzung und das Monseer Matthäusevangelium, für die literarische Beziehungen zum Aachener Hofkreis Alkuins zu erschließen sind. Die Sprachform dieser Texte ist eine Mischung aus Mittelfrk. und Rheinfrk. mit unsicheren alem. Spuren. Neuere Forschung sieht darin die Ausgleichssprache einer mittelfrk. Oberschicht, die sich stark dem Rheinfrk. annäherte. Das Zentrum der karolingischen Hausmacht lag im Gebiet zwischen Aachen, Metz, Mainz und Speyer. Einhard kam aus dem Maingebiet und der Fuldaer Klosterschule nach Aachen. Auch die ahd. Wörter und Eigennamen bei Einhard, in den frk. Reichsannalen, ferner die Straßburger Eide und das Ludwigslied fügen sich in dieses Bild. Karl hat die Benennung der Monate und Winde sicher nicht nur gegenüber dem Romanischen geregelt; auch die Vielfalt der frühdt. Stammesdialekte mag Anlass dazu gegeben haben.

Statt an eine ‚Hofsprache‘ ist aber eher nur an gewisse **gemeinsprachliche Tendenzen** zu denken. Die ahd. Überlieferung bietet nach neuerer Ansicht alles andere als ein getreues Bild von wirklich gesprochenen Stammesdialekten. In vielen Klöstern wurde keineswegs die erschließbare Mundart der Umgebung geschrieben. Die Mönche kamen oft von weither und wurden ausgetauscht. Zwischen den Klöstern wurden Bücher versandt, wie wir z. B. aus Otfrids Widmungen an Personen in Mainz, Konstanz, St. Gallen und von der bezeugten Ausleihe eines Exemplars nach Freising wissen. Die Sprache der Helianddichtung ist nicht das ‚Echtaltsächsisch‘ gewisser niederer Quellen, sondern ein in Einzelheiten dem Fränkisch-Hochdeutschen leicht angenähertes Literaturidiom, hinter dem vielleicht eine überlandschaftliche Ausgleichssprache des

frankenfreundlichen Teils des sächs. Adels steht. Gegenüber dem
einzigen Zeugnis wirklicher ahd. Alltagssprache, den ‚Altdt.
Gesprächen‘ einer Pariser Handschrift, wirken die klösterlichen
Übersetzungstexte und Dichtungen fast wie eine gepflegte Hochsprache. Anhand von Urkundenprotokollen aus St. Gallen wies
Sonderegger nach, dass in der Reinschrift bei den ahd. Eigennamen
viele grobmundartliche Eigenheiten zugunsten konservativer Ein-
heitsschreibungen gemieden wurden. Die bairischen Dialektmerkmale *es* und *enk* (2. pl. Nom. Akk. des Personalpronomens), Reste
germ. Dualformen (vgl. got. **jut, igqis*), die sich bis heute erhalten
haben, erscheinen erst Jahrhunderte nach dem Beginn der bair.
Überlieferung in der Schrift (*ez, enc* ab 1280 vereinzelt).

Solche frühen Anzeichen sprachsoziologischer Schichtenbil-
dung brauchen nicht zu verwundern. Die Anfänge großräumigen
Schriftverkehrs in Staat und Kirche und damit der Beginn gelegent-
licher Verschriftlichung dt. Sprache leiten – ähnlich wie später die
Erfindung des Buchdrucks – eine neue sprachgeschichtliche Epoche ein. Der Zwang zur schriftlichen Fixierung wichtiger und
schwieriger Gedanken trug an die wildwachsenden Sprechdialekte
schon etwas von den neuen Maßstäben der Einheitlichkeit und
Richtigkeit heran. Die Anfänge dt. Schreibens und Lesens in der
Karolingerzeit waren aber nur ein erster, schwacher Ansatz dazu,
der in der Ottonenzeit wieder in Vergessenheit geriet. Notker von
St. Gallen, der sich um 1000 aufs Neue (wie Otfrid) für sein Wagnis
mit der ‚barbarischen‘ dt. Sprache bei einem Bischof entschuldigte,
hat von seinen karolingischen Vorgängern nichts gewusst. Noch
viele Jahrhunderte lang blieb das Latein die eigentliche Schrift- und
Bildungssprache der Deutschen.

4. Christianisierung des deutschen Wortschatzes

Die Voraussetzung für den Beginn der Schreibkultur in Deutschland, das Christentum, brachte nun auch im Wortschatz eine geistige Umwälzung. Nach Deutschland gelangte der neue Glaube auf
verschiedenen Wegen. Unter den **römischen Kolonisten** am Rhein
oder an der Donau gab es natürlich auch Christen. In Trier ist sogar
eine christliche Kontinuität von der römischen Zeit zur fränkischen
nachzuweisen. Aus dem Sprachgebrauch solcher Gemeinden dürf-
ten einige durch ihre Lautgestalt (z. B. 2. Lautverschiebung) als

sehr altertümlich erwiesene Lehnwörter ins Deutsche gelangt sein, z. B. *Kirche* aus vulgärgrch. κυρι(α)κόν, *opfern* aus lat. *operari*, *Bischof* aus grch. ἐπίσκοπος, *Samstag* aus vulgärgrch. σάμβατον (grch. σάββατον). Soweit es sich dabei um grch. Herkunft handelt, können diese Wörter über Gallien ins Deutsche gedrungen sein, denn unter den christlichen Bewohnern der röm. Provinzstädte an den Grenzen des dt. Sprachgebiets gab es nachweislich auch viele Griechen. Teilweise ist an der Lautgestalt vulgärlat. Vermittlung solcher Wörter zu erkennen (*Bischof, Samstag*).

Einige grch. Lehnwörter im Bairischen verraten aber **gotischen** **Einfluss**: *Ertag* ‚Dienstag' (grch. ἄρεως ἡμέρα ‚Tag des Gottes ἄρης'), *Pfinztag* ‚Donnerstag' (grch. πέμπτη ἡμέρα ‚5. Tag'), ahd.-bair. *Pherintag* ‚Freitag' (grch. παρασκευή ‚Rüsttag'). Und wenn den dt. Wörtern *taufen* und *fasten* im Gotischen die vollkommen entsprechenden Wörter *daupjan* und *fastan* gegenüberstehen, oder wenn für ‚Heidin' im Gotischen das Wort *haiþno* auftritt, so lässt sich wohl kaum der Schluss vermeiden, dass die dt. Wörter, wenn sie auch schon früher im Sprachschatz vorhanden gewesen sein mögen, ihre spezifisch christliche Bedeutung durch got. Einfluss angenommen haben. Bezeichnend ist auch, dass das dt. *Pfaffe* in seiner Bedeutung nicht mit lat. *papa* ‚Papst' übereinstimmt, sondern mit got. *papa* ‚Priester' (grch. πάπ ας), welches Wort seine Bedeutung wiederum mit den östlichen Formen teilt, auf die das russ. Wort *Pope* zurückgeht.

Eine von der älteren Forschung vermutete got. Missionstätigkeit in Süddeutschland ist unwahrscheinlich, denn die got. Christen waren als Arianer sehr tolerant, also kaum missionsfreudig. Außerdem war das bair. Herzogshaus seit der Mitte des 6. Jh. katholisch. Vielleicht haben die Baiern schon im 5. Jh. in Pannonien got. Christentum oberflächlich kennengelernt. Da aber auch das Alemannische z. T. diese Wörter kannte (*Pfaffe*), ist auch an eine Vermittlung durch die bis ins 8. Jh. arianischen Langobarden Oberitaliens zu denken. Dass sich einige dieser Wörter bis in die frk.-katholische Zeit erhalten konnten, hängt vielleicht damit zusammen, dass die **iroschottischen** Missionare in Süddeutschland vorgefundene Ansätze eines deutschen Kirchenwortschatzes bestehen ließen.

Eine durchgreifende Christianisierung und Kirchenorganisation ist jedoch erst den **Angelsachsen** gelungen, die unter dem Schutz der Karolinger und mit päpstlichem Auftrag in Deutschland wirkten. Auch die angelsächsische Mission hat in der dt. Sprache ihre Spuren hinterlassen. So ist es wahrscheinlich, dass die Übersetzung von *spiritus sanctus* durch *heiliger Geist* auf angelsächsischem Einfluss beruht. In alten süddt. Quellen wird nämlich dieser Begriff durch *der wīho ātum* ‚der heilige Atem' wiedergegeben, und erst später dringt die dem ags. *sē hālga gāst* entsprechende Formel *der heilago geist* auch im Süden durch. Für *evangelium* kennt das Ahd. in einigen Texten *gotspel* ‚göttliche Rede, Botschaft', eine im Ags. umgedeutete Lehnübersetzung *gōdspel* ‚gute Rede, Botschaft', die im Ahd. **guotspel* lauten müsste. Viele der dem lat. Vorbild nur annähernd nachgebildeten ags. Kirchenwörter konnten sich aber gegen die genaueren Entsprechungen der süddt. Kirchensprache des iroschottischen Missionsbereichs auf die Dauer nicht behaupten. Für lat. *misericordia* standen sich im Ahd. ein nördliches und ein südliches Wort gegenüber: *miltherzi* (ags. *mildheort*) und *armherzi* (got. *armahaírtei*). Ähnlich verhält es sich mit *huldi* und *gināda* für *gratia*, oder mit *ōdmuoti* und *deomuoti* für *humilitas*. Die erstaunliche Lebenskraft und Überlegenheit des süddt. Kirchenwortschatzes erklärt sich wohl daraus, dass die Angelsachsen zwar die erfolgreicheren Organisatoren eines geordneten Kirchenwesens waren, die Iroschotten aber in tiefer Frömmigkeit und Gelehrsamkeit ein strengeres Verhältnis zum missionarischen Sprachproblem hatten. Die fuldisch-ags. Lehnbildung *ōdmuoti* (ags. *ēaðmōd*) ist eine Ableitung von ahd. *ōdi*, ags. *ēað* (‚leicht, angenehm, freundlich, gern'), kam also mit ihrem Sinn ‚freundliches Wohlwollen' oder ‚Bereitwilligkeit', dem lat.-christlichen *humilitas*-Begriff nicht so nahe wie das süddt. *deomuoti*, das zu got. *þius* ‚Diener', ahd. *dionōn* ‚dienen' gehört und eine dienende Haltung, eine Unterwerfung unter die Allmacht Gottes andeuten konnte.

Die Christianisierung des frühdt. Wortschatzes vollzog sich überhaupt mehr im Bereich der ‚Lehnprägungen', d. h. mit Hilfe von Bestandteilen des dt. Wortschatzes. Man unterscheidet (nach W. Betz) folgende Arten von **Entlehnung im lexikalischen Bereich**:

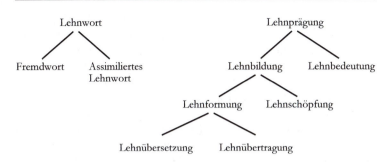

Die Zahl der direkten Wortentlehnungen aus dem Lateinischen oder Griechischen war nicht allzu groß. Sie erstreckte sich in erster Linie auf äußerliche Sachbereiche des kirchlichen Lebens: *Kirche, Kapelle, Glocke, Priester, Propst, Bischof, Pfründe, Kloster, Münster, Zelle, Mönch, Abt, Regel, Messe, Kreuz, segnen, opfern, predigen, Pfingsten*, usw. Für die Begriffe der Heilslehre und des Glaubenslebens sind dagegen in der Regel heimische Wörter verwendet oder neugebildet worden: *Gott, Schöpfer, Heiland, Gnade, Glaube, beten, Seele, Demut, Beichte, Buße, Gewissen, Erlösung*, usw.

Es ist kaum zu ermessen, wie weitgehend bei der Entwicklung des dt. Wortschatzes im seelisch-geistigen Bereich die lat. Wörter der Kirchensprache Pate gestanden haben, als Vorbilder für neue Wortbildungen (**Lehnbildungen**) oder für Bedeutungsveränderungen alter Wörter (**Lehnbedeutungen**). Man hat den Anteil der Lehnwörter im frühahd. Gesamtwortschatz auf etwa 3 % geschätzt, den der Lehnbildungen auf 10 %, den der Lehnbedeutungen auf 20 % (W. Betz). Manche Lehnbildungen sind direkte Übersetzungen des lat. Wortes (z. B. *ubarfleozzida* ,Überfluss' nach lat. *superfluitas*), manche freiere Übertragungen (z. B. *hōrsamī* ,Gehorsam', von *hören* ,hören', nach lat. *oboedientia*), manche ganz freie Nachschöpfungen ohne direkte Anlehnung an Form oder Inhalt des lat. Wortes (z. B. *unmezwizzo* ,unmäßig viel Wissender' für lat. *philosophus*). Eine Lehnbedeutung hat z. B. das Wort *Gott* angenommen. Ahd. *got*, got. *guþ* war im Germanischen ein Wort für ein göttliches Wesen, das neutrales Geschlecht hatte und im Plural vorkommen konnte. Lat. *deus* gab ihm das Maskulinum und zugleich die christlich-monotheistische Bedeutung.

Die Auseinandersetzung der deutschschreibenden Mönche mit dem lat. Wortschatz und dem christlichen Weltbild war mühevoll

und erforderte immer wieder neue tastende Versuche. Allein für
temptatio sind im Ahd. 10 verschiedene Lehnprägungen versucht
worden: *freisa, corunga, kaspanst, (ir)-suochunga*, usw. Noch im
Mhd. standen mehrere Wörter dafür nebeneinander; erst seit
Luther hat sich *Versuchung* endgültig durchgesetzt. Immerhin hat
Notker v. St. Gallen, der große Begriffszergliederer, schon den lat.
substantia-Begriff mit *wist* wiedergeben können, einem Vorläufer
der Mystikerwörter *daz wesen (sīn), die wesenheit*, und zwischen
lat. *prudentia, sapientia* und *scientia* im Deutschen zu unterscheiden gewusst (*fruotheit, wīsheit, wizzentheit*). Auch wenn von den
frühdt. Lehnbildungen und Lehnbedeutungen nur etwa ein Drittel
noch im Mhd. begegnet, während die übrigen wieder in Vergessenheit gerieten, so war die Mühe der frühdt. Übersetzer doch ein erster, fruchtbarer Anfang **deutscher Wissenschaftssprache**, wobei
mindestens mit mündlicher Überlieferung vieler Fachwörter beim
inoffiziellen Deutschsprechen im Schulunterricht und theologi-
schen Gespräch gerechnet werden darf. Die bis zur Gegenwart
ständig zunehmende Bildung von Abstraktsubstantiven begann mit
den Suffixen *-heit, -tuom, -unga, -ida, -ī* schon mit beachtlicher
Fülle in der kirchlich-theologischen Prosa der frühdt. Zeit. Auch
die syntaktische Bezeichnung logischer Unterordnung in verschiedenen Arten von Nebensätzen wurde nach lat. Vorbild angebahnt.
Für das sprachinhaltliche Hineinwachsen der dt. Sprache in die
antike Geisteswelt wurden mindestens auf fachsprachlicher Ebene
damals die ersten Schritte getan.

III. Hoch- und spätmittelalterliches Deutsch

1. Veränderungen des Sprachraumes

Wenn man die einzelnen kontinentalgermanischen Dialekte des frühen Mittelalters als Vorstufen des Deutschen, eben als Althochdeutsch und Altniederdeutsch (zu dem zu dieser Zeit auch das Altniederländische zu rechnen ist) bezeichnet, dann kann man formulieren, dass das deutsche Sprachgebiet im Laufe der frühalthochdeutschedn. Zeit zunächst eine beträchtliche Verkleinerung. erfahren, indem das westfränkische Reich größtenteils zu einem einsprachigen romanischen Gebiet wurde. In der Übergangszone vom Elsass über Lothringen, Luxemburg und Brabant bis Flandern ist die germanisch-romanische Sprachgrenze bis heute nicht mit den politischen Grenzen identisch geworden. In der Zeit der Ottonen begann eine nach Osten gerichtete Eroberungs- und Siedelbewegung, die schon durch ihre ersten großen Vorstöße von Bayern aus den dt. Charakter der Donauländer bis zur March und Leitha endgültig sicherte, wodurch die bis heute eng zum Bairischen gehörigen österreichischen Dialekte entstanden. Der Eingliederung westslawischer Gebiete östlich von Elbe, Saale und Böhmerwald in das Reich der Ottonen folgte die bäuerliche und städtebürgerliche **deutsche Ostsiedlung**, aber erst seit dem 12. Jh. im Zusammenhang mit einem wirtschaftsgeschichtlichen Strukturwandel (Landesausbau, Geldwirtschaft). Zugunsten der territorialherrschaftlichen Steuereinkünfte entstanden überall (auch im Altreichsgebiet) planvoll neue Rodungssiedlungen und Städte. Neusiedler und Neubürger aus den alten dt. Stammesgebieten einschließlich der Niederlande zogen im 12. und 13. Jh. in die Ostgebiete, wo ihnen neue Erwerbsmöglichkeiten und Freiheiten winkten, bis nach Ostpreußen und Schlesien und in größeren oder kleineren Siedlungsinseln bis nach Siebenbürgen. Auf diese Weise entstanden durch Siedlermischung und Sprachausgleich große neue Dialektgebiete des Deutschen: Mecklenburgisch-Vorpommerisch, Ostpommerisch, Nieder- und Hochpreußisch (ein ostmd. Dialekt im südwestlichen Ostpreußen), Brandenburgisch, Obersächsisch, Schlesisch und Sudetendeutsch. Die Entstehung vor allem des ostmd. Sprachraums

(z. T. Thüringisch, hauptsächlich Obersächsisch und Schlesisch)
war dann sehr wichtig für entscheidende Entwicklungen der neuzeitlichen dt. Sprach- und Literaturgeschichte.

Die westslawischen Dialekte dieser Gebiete sind im allgemeinen im Laufe des Spätmittelalters untergegangen. Dem Tsche-
chischen ist dieses Schicksal erspart geblieben, da die deutsche
Siedlung in Böhmen und Mähren sich auf Randgebiete und Sprach-
inseln beschränkte und die Tschechen von vornherein ein hohes
Maß an politischer Selbständigkeit innerhalb des mittelalterlichen
Reiches behielten. Reste **slawischer Sprache** erhielten sich aber
auch bis ins 18. Jh. im Hannöverschen ‚Wendland' um Salzwedel
(Dravänopolabisch) und bis heute in der Lausitz um Bautzen und
Cottbus (Sorbisch). Die Kaschuben im östl. Hinterpommern, die
Masuren im südl. Ostpreußen und die Polen im östl. Oberschlesien
waren noch im 20. Jh. größtenteils zweisprachig. Diese ostwärtige
Ausweitung des dt. Sprachgebiets ist über viele Jahrhunderte in
aller Stille vor sich gegangen. Sprachpolitische Konflikte gab es im
allgemeinen erst seit dem 19. Jh., in Böhmen allerdings schon zur
Zeit der Hussitenkriege (1419–1436).

Von der einstigen slawischen Bevölkerung Ostdeutschlands
zeugen noch zahlreiche Orts- und Familiennamen (*Stettin, Berlin,
Pankow, Cottbus, Leipzig, Chemnitz, Dresden, Bautzen, Görlitz,*
usw.; *Noske, Jahnke, Nuschke, Porsche, Nowak, Mucke, Kretsch-
mar,* usw.) und **slawische Lehnwörter** in ostdt. Mundarten (z. B.
obersächs. *Kummet* ‚Halsjoch', *Dese* ‚Backtrog', *graupeln* ‚hageln',
Kretscham ‚Wirtshaus'). Von den in die nhd. Schriftsprache einge-
gangenen slaw. Lehnwörtern stammen die meisten jedoch nicht aus
dem slaw. Substrat Ostdeutschlands, sondern sind im Spätmittelalter aus den benachbarten slaw. Sprachen bis zum Russischen hin
übernommen worden: *Droschke, Grenze, Gurke, Halunke, Jauche,
Peitsche, Preiselbeere, Petschaft, Quark, Säbel, Schmetterling, Tra-
bant, Zeisig.* So sind auch *Kutsche* aus dem Madjarischen und *Dol-
metscher, Husar* über das Madjarische aus dem Türkischen bzw.
Serbokroatischen ins Deutsche gekommen.

2. Phonologische und morphologische Veränderungen

Noch während der althochdeutschen Periode sind im Vokalismus des Hochdt. Veränderungen eingetreten, die den Übergang vom Althochdeutschen zum **Mittelhochdeutschen** kennzeichnen. Ein sehr unscharfes zeitliches Kriterium ist der **i-Umlaut.** Er besteht darin, dass ein *i* oder *j* der folgenden oder der Endsilbe eines Wortes die Fähigkeit hat, den Vokal der vorhergehenden Stammsilbe dem Lautcharakter des *i* anzunähern. So wird *a* schon im Ahd. zu *e* (got. *satjan:* ahd. *setzen,* got. *gasteis* [spr. *gastīs*]: ahd. *gesti* vs. Sg. *gast*). Bei den übrigen umlautfähigen Vokalen zeigt sich der Umlaut erst in mittelhochdeutschen Texten. Doch sprechen verschiedene Anzeichen dafür, dass auch hier der Umlaut schon während der althochdeutschen Periode eintrat (als *i, j* überall noch erhalten war) und dass er nur deshalb in der Schrift nicht bezeichnet wurde, weil er phonemisch noch nicht relevant war. Es wird also *ā* zu *œ* (ahd. *māri* ‚berühmt': mhd. *mœre*), *o* zu ö (ahd. *mohti* ‚möchte': mhd. *möhte*), *ō* zu *œ* (ahd. *skōni* ‚schön': mhd. *schœne*) *u* zu *ü* (ahd. *suntea:* mhd. *sünde*), *ū* zu *iu* (sprich; *hūti* ‚Häute': mhd. *hiute*), *uo* zu *üe* (ahd. *gruoni:* mhd. *grüene*), *ou* zu *öu* (ahd. *gouwi* ‚Gau': mhd. *göu*). Da sich der *i*-Umlaut auch in anderen germ. Sprachen schon von früher Zeit entfaltet hat und vielleicht noch als Auswirkung des germ. Akzentwandels zu betrachten ist (vgl. I, 2), kann er für die zeitliche Abgrenzung von Perioden der dt. Sprachgeschichte kaum benutzt werden. Auch haben sich die Buchstaben *ä, ö, ü,* die in den normalisierten Schreibungen unserer mhd. Grammatiken und Textausgaben üblich sind, erst viel später (aus *á, å* usw.) durchgesetzt, z. T. erst im 16. Jh. Immerhin kann geltend gemacht werden, dass sich vom Ahd. zum Mhd. ein phonologischer Systemwandel vollzogen hat: Die Umlautvokale waren im Ahd. noch bloße Stellungsvarianten mit komplementärer Distribution, nämlich je nach dem Vokal der Folgesilben (ahd. *festi* ‚fest', Adj., neben *fasto*, Adv > nhd. *fast;* ahd. *skôni* ‚schön' neben ahd. *skôno*, Adv. > nhd. *schon*), während sie im Mhd. bereits bedeutungsunterscheidende Lautwerte (Phoneme) waren (*veste*, Adj., gegen *vaste*, Adv., nhd. *fest, fast; schœne*, Adj., gegen *schône*, Adv.).

Eine ähnliche Phonemisierung von ursprünglichen Stellungsvarianten (Allophonen) war schon in vordt. Zeit vor sich gegangen

beim Verhältnis von germ. *e* und *i*, *o* und *u*, *eo* und *iu* (vgl. I, 2 über
‚Brechung'). Vor der Phonemisierung müssen solche Allophone bei
der Aufstellung des Lautinventars von den Phonemen unterschieden werden. Das **althochdeutsche System der Hochtonvokale**
bestand also (nach W. G. Moulton) aus 16 Phonemen:

i	*u*		*i:*	*u:*		*iu*	*io*	*ie*	*uo*
e	*o*		*e:*	*o:*				*ei*	*ou*
	a			*a:*					

Durch den *i*-Umlaut hatten aber die Phoneme *a, o, u, a:, o:, u:, iu, uo,*
ou Allophone, die in der Schrift noch nicht bezeichnet zu werden
brauchten: *ä, ö, ü, æ, œ, ü:, iü, üö, öü.* Die Phonemisierung muss
zuerst beim sog. ‚Primärumlaut' (z. B. ahd. *setzen, gesti*) vor sich
gegangen sein, da sich hier das umgelautete Allophon phonetisch
dem alten *ë* genähert hatte und es sogar bis zu stark geschlossenem *e*
‚überholte'. Während nun der sog. ‚Sekundärumlaut' (z. B. mhd.
mägede), eine unter kombinatorischen Bedingungen stehengeblie-
bene Stufe *ä*, im Alternationsverhältnis zu *a* verblieb, schloss sich
das Primärumlauts-*e* als Allophon dem alten Phonem *ë* an (ohne mit
diesem zusammenzufallen) und wurde deshalb als erster Umlauts-
vokal in der Schrift bezeichnet. Nach der Abschwächung bzw. dem
Verlust der umlautbewirkenden *i*-Laute der Folgesilben (*fasto, festi*
zu *faste, feste*) wurde die funktionelle Belastung der Opposition
nichtumgelautet ≠ umgelautet zu groß, sodass die 10 Umlauts-Allo-
phone allmählich zu eigenen Phonemen wurden. Das System des
Mittelhochdeutschen enthielt also – nach dem Zusammenfall von
iü mit   (noch *iu* geschrieben) und *io* mit *ie* (*ie* geschrieben) – nun 24
Phoneme statt der 16 des Ahd. (nach Moulton):

i	*ü*	*u*	*i:*	*ü:*	*u:*	*ie*	*üe*	*uo*
e	*ö*	*o*	*e:*	*œ*	*o:*	*ei*	*öu*	*ou*
ë								
ä		*a*	*œ*		*a:*			

Für die Entstehung dieses auffällig reichhaltigen Vokalsystems war
jedenfalls die Endsilbenreduzierung die Ursache, nicht primär der
zunächst allophonische Palatalisierungsvorgang des *i*-Umlauts.
    Auch die **Abschwächung unbetonter Vokale** ermöglicht
keine genaue Periodisierung der Sprachentwicklung. Die für das

Ahd. noch typischen ‚vollen‘ Vokale *a*, *i*, *o*, *u* der tieftonigen Vor-, Mittel- und Endsilben erscheinen im Mhd. meist nur noch gleichförmig als *e* wie im Nhd., allerdings phonetisch als Indifferenzvokal (‚Schwa-Laut‘) ə; z. B. ahd. *zeichanunga*, mhd. *zeichenunge*; ahd. *gibirgi*, mhd. *gebirge*. Diese vom germanischen Akzentwandel ausgelöste Entwicklung findet sich jedoch in ersten deutlichen Spuren bereits in der sprachlichen Unterschicht des frühen Ahd. (St. Galler Vorakte, das sind Urkundenkonzepte; nach St. Sonderegger) und ist auch im Spätmhd. in den Handschriften nicht überall ganz abgeschlossen; ja, es gibt noch heute Mundarten am Südrand des Schweizerdeutschen, in denen noch vielfach die vollen Endsilbenvokale des Ahd. unterschieden werden (Höchstalemannisch, besonders die Walserdialekte im Monte-Rosa-Gebiet). Obwohl sich also dieser Lautwandel, im ganzen gesehen, in der gesprochenen Sprache über mehr als 12 Jhh. erstreckt hat, ist er doch im Schreibgebrauch der meisten Quellen für den Übergang vom Ahd. zum Mhd. kennzeichnend. Es lässt sich für diesen schreibsprachlichen Übergang aber kein Zeitpunkt angeben, sondern nur ungefähr die Zeitspanne von der Mitte des 11. bis zur Mitte des 12. Jh., die man das ‚Frühmittelhochdeutsche‘ nennt.

Die Folgen dieser Vokaleinebnung zeigen sich in der Formenlehre, z. B. bei den schwachen Verben, wo der ahd. Unterschied zwischen Verben auf *-en*, *-ōn* und *-ēn* aufgehoben wird (mhd. *-en*) oder das Adverb oft mit dem Adjektiv gleichlautet (ahd. *reino – reini*, mhd. beides *reine*), was dann zum Untergang des Adverbs als flexivischer Kategorie führte. Bei der **Substantivflexion** führte die Endsilbenabschwächung zu einer Neugliederung der Flexionsklassen, abgesehen von der nun verstärkten Rolle des Artikels und der attributiven Adjektive als Träger von Flexionskennzeichen. Im **Althochdeutschen** kann man die Klassen in Anlehnung an die traditionelle Klassifizierung nach ie. Themavokalen (*o*, *ā*, *i*, *u*; germ, *a*, *ō*, *i*, *u*) noch nach den größtenteils in den Kasus unterschiedenen Endungsvokalen klassifizieren; als Beispiel die starken Maskulina:

	a-Dekl.	*ja*-Dekl.	*wa*-Dekl.	*i*-Dekl.
Sg. NA	*tag*	*hirt-i*	*sēo*	*gast*
G	*tag-es*	*hirt-es*	*sēw-es*	*gast-es*
D	*tag-e*	*hirt-(i)e*	*sēw-e*	*gast-e*
I	*tag-u*	*hirt-(i)u*		*gast-(i)u*
Pl. NA	*tag-a*	*hirt-ale*	*sēw-a*	*gest-i*

G	tag-o	hirt-(i)o	sēw-o	gest-(i)o
D	tag-um	hirt-im	sēw-um	gest-im

Durch die Abschwächung der Endsilbenvokale lassen sich die Flexionsendungen innerhalb der Flexionsklassen und zwischen ihnen im Mhd. kaum mehr unterscheiden. Der ahd. Bestand an Flexionsendungen insgesamt schmilzt auf etwa ein Drittel zusammen. Statt der sieben althochdeutsche Endungsvokale gab es nun nur noch das <e> bzw. [ə], und die Zahl der in Flexionsendungen der Substantive möglichen Konsonanten wurde durch den Übergang des -m zu -n (schon während der ahd. Zeit) auf s, n, r reduziert. Dass dabei der Instrumentalis als Kasuskategorie ganz unterging, versteht sich von selbst, war aber für das System unerheblich. Die Folgen des Flexionsschwundes können mit der rein diachronischen Tatsache des Zusammenfalls von Endungen nicht erkannt werden; es kommt auf die relevanten Unterscheidungen innerhalb des synchronisch gesehenen neuen Sprachzustandes des **Mittelhochdeutschen** an. Dieser sah für die starken Maskulina so aus:

	Ia	Ib		IIa	IIb
Sg. NA	tac	stil	hirte	gast	apfel
G	tag-e-s	stil-s	hirte-s	gast-e-s	apfel-s
D	tag-e	stil	hirte	gast-e	apfel
Pl. NA	tag-e	stil	hirte	gest-e	epfel
G	tag-e	stil	hirte	gest-e	epfel
D	tag-e-n	stil-n	hirte-n	gest -e-n	epfel-n

Von Mischklassen wie z. B. bei *nagel* und *zaher* kann hier abgesehen werden. Als Kasusmorpheme sind also im Mhd. nur noch die Konsonanten -s und -n relevant, während das nicht mehr als Unterscheidungsmerkmal fungierende e der Endungen nur noch eine bei bestimmten Lexemen übliche Stammerweiterung darstellt, deren Verteilung Subklassen bildet, wobei die Stammerweiterung bei den a-Subklassen im Nominativ und Akkusativ sg. gleich Null ist. Dass dieses -e im Auslaut keine eigentliche Flexionsendung mehr war, zeigt sich daran, dass gerade diese -e später (vgl. IV, 5) sehr gefährdet waren, aber trotz Schwund oder fakultativer Variation (Dat. sg.) das Flexionssystem nicht beeinflussten. Der Übergang von der Relevanz des Endungsvokals im Althochdeutschen zur mittelhochdeutschen Irrelevanz stellt eine Verschiebung der Morphemgrenze dar (H. Stopp – H. Moser). Die Klassen I und II unterscheiden sich nach Umlaut oder Nichtumlaut im Plural. Auch das ist eine Tatsache des Systemwandels. Der Umlaut wurde nach seiner Phonemisierung frei für eine neue, eine morphologische Funktion, auch bei Wörtern, die ihn einst nicht hatten (z. B. *vogel, stap*). Unterscheidungsmerkmal zwischen starker und schwacher Substantivdeklination war jetzt das Genitiv-*s* im Singular der starken gegenüber dem *-(e)n* der schwachen. Dieser ganze Systemwandel lässt das Mhd. enger zum Nhd. gehören, das die damit eingeleitete Entwicklung nur weiterführt. Zwischen Ahd. und Mhd. liegt infolge der Endsilbenabschwächung ein entscheidender Schritt, der das Deklinationssystem vom indogermanischen Prinzip wegführt.

Auch in der **Wortbildung** wirkte sich der Endsilbenverfall aus. Alte Suffixe werden durch die Abschwächung der Vokale unkenntlich und müssen durch deutlichere ersetzt werden: ahd. *skōni* ‚schön‘, *skon-î* ‚Schönheit‘, beides mhd. *schœne,* weshalb der Typus *schœn-heit* notwendig wurde; oder ahd. *geba* ‚Gabe‘, *geb-o* ‚Geber‘, mhd. beides *gebe,* weshalb der Typus *gebære* zunahm. Männliche und weibliche Personen- und Tierbezeichnungen konnte man im Ahd. noch mit der direkten Opposition zwischen zwei Endungsparadigmen unterscheiden: *hērro* ‚Herr‘, *hērra* ‚Herrin‘. Als die Endung nur noch *-e* war, hatte man eine andere Unterscheidung nötig. Man fand sie und baute sie in immer neuen lautlichen Verstärkungen zu einem System aus mit dem Suffix *-in, īn, -inne* (*herr-in, vriund-în, weber-inne*). Die Suffixe gab es schon vor der Endsilbenabschwächung, aber ihr Gebrauch stieg danach sehr an. Diese movierten Feminina stehen in privativer Opposition zu den entsprechenden männlichen Wörtern (X + Ø ≠ X + *in*); sie täuschen damit bis heute vom Formalismus des Sprachsystems her eine sprachliche Zweitrangigkeit des weiblichen Geschlechts vor, auch da, wo es von der Sache her gar keine männliche Entsprechung gibt (*Wöchnerin, Oberin*).

Die vokalische Endsilbenreduzierung hatte auch eine Auswirkung auf die dichterische Stilistik. Schon Otfrid v. Weißenburg hatte im 9. Jh. für seine Evangeliendichtung statt des germanischen Stabreimverses (noch im altsächs. ‚Heliand‘) den **Endreimvers** eingeführt. Aber bei der Vielzahl der Endsilbenvokale im Althochdeutschen blieb die Zahl der Reimmöglichkeiten sehr begrenzt, sodass man sich oft mit Nebentonreim begnügen musste (*rédinà : óbanà, hórtà : wórtò*) oder mit bloßen Assonanzen (*irdeílit: gimeí-*

nit). Die Einebnung aller unbetonten Silben auf den Vokal *e* eröff-
nete nun der deutschen Dichtung ein Vielfaches an Reimwörtern.
Typische Reime der mhd. Klassik wie *minnen: sinnen* wären im
Althochdeutschen noch nicht möglich gewesen (*minnôn, sinnan*).
Jetzt erst war im Deutschen die strenge Kunst des reinen Reims
möglich geworden, die von Heinrich v. Veldeke an für die höfischen Dichter verbindlich war und bis heute die höchste Form poetischen Versschmuckes geblieben ist.

3. Ritterliche Dichter- und Standessprache

Der Beginn einer neuen Epoche der dt. Sprachgeschichte zeigt sich
weniger im Lautwandel als vielmehr in außersprachlichen Einwirkungen auf die sprachsoziologischen Verhältnisse. Auf das frühmittelalterliche Deutsch mit seiner schwachen Oberschicht mön-
chischer Schreibsprachversuche folgt das hochmittelalterliche
Deutsch mit einer vom Adel getragenen Sprachkultur. Als eine
neue Art von Aristokratie, die über die alten kriegerisch-politi-
schen Standesprivilegien hinaus nach geistig begründeter Ethik und
gepflegter Geselligkeit strebte, brach das höfische Rittertum der
staufischen Zeit das Bildungsmonopol der Geistlichkeit. Um die
Mitte des 12. Jh. begegnen uns als erste Vorboten des ritterlichen
Epos zwei Übersetzungen altfrz. Gedichte, nämlich des ‚Rolandlie-
des‘ und eines ‚Alexanderromans‘, beides Werke mit stark religiöser
Tendenz, aber doch in der Hauptsache weltlichen Inhalts. In der
zweiten Hälfte des Jahrhunderts beginnt dann mit voller Kraft der
Einfluss des französischen Rittertums einzusetzen, der nicht nur
die Lebensformen und die Literatur des mittelalterlichen Deutschland entscheidend umgestaltet, sondern auch auf die Sprache tiefgehende Wirkungen ausgeübt hat.

Äußeres Anzeichen der neuen Richtung ist die große Zahl
französischer Lehnwörter, die um diese Zeit über die ritterliche
Standessprache ins Deutsche dringt (im 14. Jh. waren es etwa 2000),
von der aber nur ein kleiner Teil noch heute fortlebt: *Abenteuer,
Harnisch, Lanze, Plan, Preis, Rotte, Tanz, Turnier, pirschen, Turm,
Juwel, Rubin, Kristall, Flöte, Posaune, Reim*. Wie tiefgreifend der
Einfluss der frz. Sprache damals war, geht u. a. daraus hervor, dass
nicht nur einzelne Wörter, sondern auch zwei frz. Suffixe, nämlich
mhd. *-îe* > nhd. *-ei* (z. B. *prophezîe, vilanîe* ‚unhöfisches Beneh-

men') und *-ier(-en)* aus der frz. Infinitivendung *-ier* (z. B. *parlieren, loschieren* ,herbergen', *regnieren* ,herrschen') übernommen und bald auch zur Ableitung neuer Wörter aus dt. Wortstämmen verwendet wurden (*jegerîe, buoberîe, zegerîe* ,Zaghaftigkeit'; *hovieren, stolzieren, halbieren*). Beide Suffixe sind noch im Nhd. produktiv: *Auskunftei, Wortklauberei, buchstabieren, lackieren*. Auch das Suffix *-lei* ist zu dieser Zeit aus altfrz. *loi* ,Art' entlehnt worden (*mancherlei, allerlei*). Die wichtigsten höfischen Standeswörter sind Lehnprägungen nach frz. Vorbild: *hövesch* nach *courtois, ritter* nach *chevalier, dörper* nach *vilain*. So ist damals auch die Anrede in der 2. Person Plural (mhd. *irzen* ,ihrzen') Mode geworden, die jahrhundertelang die Höflichkeitsform des Deutschen blieb; das ,Siezen' setzte sich erst seit dem 16. Jh. allmählich durch.

Eine wichtige Vermittlerrolle bei der Übernahme der ritterlichen Kultur haben die Niederlande gespielt, die infolge alter Bindungen an Frankreich als Übergangsland besonders geeignet waren. Neben den höfischen Fremdwörtern frz. Herkunft lässt sich daher auch eine kleine Gruppe **niederländischer Lehnwörter** im Mittelhochdeutschen nachweisen, die sämtlich leicht als Wörter der ritterlichen Standessprache zu durchschauen sind, wie z. B. mhd. *wāpen* (davon unser *Wappen*, ursprünglich die nd. Entsprechung von hd. *Waffe*), *ors* (nd. und ndl. Nebenform von *ross*), *dörper* (,Dorfbewohner', ,Unhöfischer', davon nhd. *Tölpel*). Aus dem Nordwesten des Reiches stammen auch die höfischen Epitheta *klâr, kluoc, gehiure, wert*, wie auch *Kleid* und *traben*, die bis ins 12. Jh. dem Hochdeutschen fehlen. Auch an der Lautgestalt einiger frz. Lehnwörter lässt sich der Weg über die Niederlande erkennen. Frz. *dance* ist nicht als *danz ins Mhd. übernommen worden, sondern in der ,verhochdeutschten' Form *tanz* (ndl. *d* durch hochdt. *t* ersetzt), also mit einem hyperkorrekten Mitbringsel vom Überschreiten der Lautverschiebungsgrenze. Das *vlœmen* (,flämisch sprechen') galt aber sonst den dt. Rittern als vornehm. Die höfische Kultur Nordfrankreichs hatte sich im Gebiet der reichen flandrischen Städte zuerst entfaltet, ehe sie zusammen mit der neuen epischen Dichtung im übrigen Reich Eingang fand. Der Limburger Heinrich v. Veldeke galt schon den Zeitgenossen (z. B. Gotfrid v. Straßburg) als Vorbild und Beginn höfischer Dichtung in dt. Sprache, durch den vornehmen Geist seines Werkes ebenso wie durch seine verfeinerte dichterische Formkunst. Der andere Weg, von der Provence nach Süddeutschland, war nur für den Minnesang wichtig, der bezeichnenderweise auch weitaus geringeren frz. Spracheinfluss zeigt als der aus Nordfrankreich kommende höfische Roman.

An das Hauptwerk Heinrichs v. Veldeke (die ‚Eneit') knüpft sich auch die Frage nach dem Bestehen einer mhd. Schriftsprache oder, besser gesagt, einer den Verkehr zwischen den ritterlichen Kreisen verschiedener Gegenden vermittelnden **Gemeinsprache**. Es lässt sich nämlich bei Veldeke die Beobachtung machen, dass er in seinen kleineren, offenbar nur für einen engeren Kreis berechneten Dichtungen vor ausgesprochen niederrheinisch-limburgisch gefärbten Reimen nicht zurückscheut, dass er hingegen in der ‚Eneit' so gut wie alle Reime vermeidet, die bei einer Einsetzung hd. Dialektformen unreine Reime werden würden. Er reimt also z. B. *tīt* ‚Zeit' auf *wīt* ‚weit', aber niemals auf *wīz* ‚weiß'; oder er bindet *līden* mit *snīden* und *rīden* ‚reiten' mit *tīden* ‚Zeiten', aber nie *līden* mit *rīden*, weil dieser ndl. Reim bei der Übertragung ins Hochdeutsche unrein wäre (*līden*, *rīten*). Aus der gleichen Rücksicht auf hd. Leser erklärt es sich, dass er spezifisch niederfrk. Ausdrücke, wie z. B. das Adjektiv *blīde* ‚froh', die er in seinen lyrischen Gedichten unbedenklich gebraucht, in der ‚Eneit' vermeidet. Allerdings ist festzuhalten, dass es sich nicht um Ansätze zu einer Gemeinsprache handelt, sondern um eine Literatursprache, im Falle Veldekes maasländisch-westmitteldeutsch-thüringischer Prägung (Gabriele Schieb), die bestrebt ist, ein möglichst breites Publikum im Norden des Sprachraums zu erreichen.

Dass Heinrich v. Veldeke sehr daran gelegen ist, von seinem Publikum verstanden zu werden, zeigt sich auch darum, dass er im Gebrauch der Fremdwörter verhältnismäßig sehr zurückhaltend ist, wohl in der richtigen Erkenntnis, dass die frz. Elemente im Hochdeutschen noch nicht so bekannt waren, sodass er bei wahlloser Verwendung der ihm geläufigen Fremdwörter beim hochdeutschen Publikum leicht Anstoß hätte erregen können. Mit einem Wort, er schrieb seine ‚Eneit' in einer gewissermaßen neutralen Sprachform, die den Anforderungen niederrheinisch-niederländischer und hochdeutscher Leser in annähernd gleichem Maß entsprechen konnte. Bemerkenswert ist jedoch, dass er nicht nur die ihm zunächstliegenden deutschen Dialekte, die rheinischen, im Auge hatte, denn unter den von ihm vermiedenen Reimtypen finden sich auch solche, die in diesem Sprachgebiet ebensowenig Anstoß erregt hätten wie in seiner Heimat, sondern dass sich seine Rücksichtnahme wohl in erster Linie auf das ritterliche Publikum

Thüringens erstreckte, wo er längere Zeit gelebt und gedichtet hat. Und in einzelnen Fällen lässt sich seine Reimauswahl nur dann verstehen, wenn man annimmt, dass er auch manche Eigentümlichkeiten der oberdeutschen Dialekte kannte und berücksichtigte.

Dass die höfischen Dichter sich bewusst vor **provinziellen** Reimen hüteten, ist uns von dem aus dem Niederdeutschen stammenden, aber hd. dichtenden Albrecht v. Halberstadt ausdrücklich bezeugt. Solche Erscheinungen lassen sich bei einer ganzen Reihe mhd. Dichter nachweisen. Ein Alemanne, der etwa den bequemen Reim *kam: nam* oder *gân: hân* verwendete, musste auf die Kritik bairischer Leser gefasst sein, in deren Dialekt *kom: nam, gên: hân* nur einen höchst unreinen Reim ergab. So sehen wir denn bei Hartmann v. Aue, dass er die *kam*-Reime anfangs unbedenklich verwendet, sie aber später mit Konsequenz meidet. Auch sonst sind primäre Mundartmerkmale, die sich vom Ahd. bis zur Gegenwart nachweisen lassen, in der höfischen Dichtung gemieden worden. So lässt sich für Hartmann oder für Walther v. d. Vogelweide an keinem sprachlichen Merkmal etwas über ihre engere landschaftliche Herkunft feststellen. Es hat den Anschein, dass die höfischen Dichter ganz bewusst ihren Sprachgebrauch reflektiert und dem intendierten Publikum angepasst haben.

Von der weiträumigen Geltung der mhd. Dichtersprache zeugen die Dichtungen, die auf dem Boden des heutigen **Niederdeutschland** entstanden sind oder doch nd. Dichter zu Verfassern haben. Ähnlich wie Veldeke vermeiden auch sie spezifisch nd. Reime; im Gegensatz zu ihm finden sich jedoch bei ihnen sehr häufig Reime, die nur im Hochdeutschen, nicht in ihren heimatlichen Dialekten als rein gelten konnten. Damals muss auf nd. Gebiet an den Fürstenhöfen viel Hochdeutsch gesprochen oder verstanden worden sein. Es zeigt sich also, dass die Zurückdrängung der nd. Dialekte durch das Hochdeutsche sich schon im Mittelalter anbahnte. Berthold v. Regensburg erwähnt in einer seiner Predigten, dass Niederdeutsche im Verkehr mit ‚Oberländern‘ es sich vielfach angelegen sein ließen, in der Sprache der letzteren zu reden.

Wenn sich schon bei Kanzleischreibern des dt. Mittelalters nachweisen lässt, dass sie sich in vielen Fällen nach der ‚Sprache der Anderen‘ richteten (vgl. R. Schützeichel, H. M. Heinrichs), so darf erst recht bei den höfisch-ritterlichen Dichtern und ihrem Publikum vorausgesetzt werden, dass sie in weitem Umfang von den Eigenarten verschiedener Dialektgebiete Kenntnis hatten, denn

innerhalb des im Vergleich zur Gesamtbevölkerung wenig zahlreichen Ritterstandes gab es lebhafte Verkehrsbeziehungen der verschiedensten Art. Auf Reichstagen und Kriegszügen, bei Hoffesten
und Turnieren pflegten Ritter aus den verschiedensten Teilen des
Reiches zusammenzutreffen, verwandtschaftliche Beziehungen
wurden angeknüpft, und im Gefolge solcher Ereignisse ergab sich
häufig der Fall, dass ein Ritter Lehen und Besitztümer erwarb, die
von seiner ursprünglichen Heimat weit entlegen waren. Der
Niederfranke Heinrich v. Veldeke, die Süddeutschen Wolfram v.
Eschenbach und Walther v. d. Vogelweide haben am Thüringer Hof
geweilt, der damals jene literarische Blüte erreichte, von der uns der
später gedichtete, ‚Sängerkrieg auf der Wartburg' und die daran
knüpfenden Sagen eine Vorstellung geben. Und Walther, der sich
mit politischer Spruchdichtung zuweilen auf der hohen Ebene stau-
fischer Reichspolitik bewegte, hatte sein Publikum am Wiener Hof
der Babenberger ebenso wie in Thüringen, beim Bischof von Pas-
sau oder am Staufer- und Welfenhof. Die Stauferzeit war von der
universalen Reichsidee beherrscht. Partikularistische Tendenzen
und provinzielle Enge waren gerade dem staufischen Reichsritter-
tum fremd. Die Voraussetzungen für einen gewissen überland-
schaftlichen Ausgleich im Sprachgebrauch des Adels waren also
gegeben. Dass dieses höfische Mittelhochdeutsch nicht nur in der
Schrift existierte, dass es eine lebendige, wirklich **gesprochene
Standessprache** darstellte, zeigt sich darin, dass die frz. Lehnwörter nicht etwa aus der frz. Vorlage der jeweiligen Dichtung übernommen worden sind, sondern aus dem mündlichen Sprachgebrauch. Sie sind nicht nach dem Buchstaben, sondern nach dem
Hören eingedeutscht worden, mit regelrechten Lautsubstitutionen
(z. B. *loschieren* mit *sch* aus frz. *logier*) und mit z. T. erhaltener frz.
Betonung (*-ieren, -ie*). Selbst wenn man nicht so weit gehen will,
bleibt die Tatsache bestehen, dass die mittelhochdeutsche Dichtung
in erster Linie **vorgetragene Dichtung** war, als mündlich präsen-
tiert und lautlich rezipiert wurde.

    Das ‚klassische Mittelhochdeutsch', das uns die ‚normalisier-
ten' Schreibungen der meisten Texteditionen der philologischen
Tradition K. Lachmanns nahelegen, hat es natürlich nicht gegeben.
Es gab allenfalls Ansätze zu einer überregionalen Tendenz, die allmählich zu einer dt. Spracheinigung von der Oberschichtsprache
her hätte führen können, wenn diese Ansätze nicht nach dem Ende
der staufischen Kulturblüte verkümmert wären. Es muss auch

beachtet werden, dass das Deutsch der höfischen Dichter nicht nur
zum rein räumlichen Ausgleich neigte. Es war auch auf dem Wege
zur **Hochsprache** im Sinne von ‚gehobener Sprache‘. Vulgarismen,
wie Schimpfwörter und Obszönitäten oder die Adjektivabstrakta
auf *-ede* (ahd. *-ida*), die sich doch sonst vom Ahd. bis in heutige
Mundarten nachweisen lassen (*lengede* ‚Länge‘, *wermede* ‚Wär-
me‘), wurden gemieden. Das höfische Mhd. war ein stilistisch eli-
tärer Soziolekt bzw. ein gruppengebundener literarischer Funktio-
lekt mit einem erlesenen Wortschatz. Eine Menge alter Ausdrücke,
die im Heldenepos noch kräftig fortleben, treten in der hoch-
höfischen Dichtung deutlich zurück: *recke, degen, wîgant* ‚Held‘,
balt ‚kühn‘, *ellentrîch* ‚tapfer‘, *mære* ‚berühmt‘, *gemeit* ‚fröhlich‘,
dürkel ‚durchbohrt‘. Ähnlich ablehnend verhält sich das höfische
Epos in seiner reinsten Ausbildung gegen stilistische Eigentümlichkeiten der heimischen Dichtungstradition wie die Stellung des
attributiven Adjektivs nach dem Substantiv (*der helt guot*). Dafür
zeigt sich in der höfischen Dichtung eine starke wortschöpferische
Neigung, vor allem in der großen Zahl neuer Komposita, die sicher
nicht alltagssprachlich waren: *herzemære, minnekraft, minnenmu-
ot, trügevreude, wortheide, wunschleben, herzebœre, hôchgemüe-
tic, lachebœre, minnenblint, trûresam, durchzieren, entherzen,
überzaln*. Das Wortfeld ethischer Werte war mit differenzierten
Abstraktbildungen reich ausgebildet: *sœlde, triuwe, stœte, mâze,
zuht, vuoge, hôher muot*. Esoterische Bildungen wie *edelez herze*
in Gotfrids ‚Tristan‘ lassen sich nur mit literatursprachlichen Prä-
gungen wie der *schönen Seele* der Empfindsamkeit des 18. Jh. vergleichen. Eine preziös-euphemistische Stiltendenz zeigt sich in der
Vorliebe für unpersönlichen Ausdruck, *man*-Sätze, Passivkons-
truktionen und untertreibende Litotesformeln (*dô was lützel trûren*
‚da herrschte wenig Trauern‘ d. h. ‚große Freude‘).
   In solchen Eigenheiten ist, ebenso wie in den höfischen Anreden und Grußformeln, etwas vom gepflegten Umgangston der
höfischen Gesellschaft zu spüren, von der *hovesprâche, die man
in dirre küchin nit vernimet*, wie es die Mystikerin Mechthild v.
Magdeburg einmal nannte. Die ersten Schritte von der spontanen
Umgangssprache zur auswählenden Bildungssprache sind also
schon damals getan worden. So etwas hat es im Deutschen – nach
der jahrhundertelangen Herrschaft von Latein und Französisch an
den Höfen und bei den Gebildeten – erst im 18. Jh. wieder gegeben.
Eine Kontinuität von der feudalistischen Standessprache zur

modernen Hochsprache (wie in England) hat es im Deutschen
nicht gegeben.

4. Sprachliche Leistung der deutschen Mystik

Auf dem Wege zur sprachinhaltlichen Verfeinerung und Vergeistigung der dt. Sprache ist im Spätmittelalter im Sonderbereich der
mystischen Literatur noch ein bedeutsamer Schritt getan worden,
der für das neuere Deutsch wohl fruchtbarer geworden ist als die
Nachwirkungen des ritterlichen Deutsch. Viele Mystiker und Mys-
tikerinnen, vor allem in der Frühzeit, stammten aus dem **Adel**,
brachten also für ihr kontemplatives Ringen mit der deutschen
Sprache gewisse Voraussetzungen mit von der Sprachkunst und
dem geistig-seelischen Wortschatz der höfischen Dichter (Mechthild v. Magdeburg, Meister Eckhart, Tauler). Diese neue Hinwendung zur dt. Sprache in einer Thematik, für die bisher das Latein
zuständig war, hatte gewisse aristokratisch-antiklerikale Züge und
ist mit der sprachsoziologischen Emanzipation der höfischen Dichter verwandt. Im Gotteserlebnis der dt. Mystiker kehrten mitunter
metaphorisch die Vorstellungen des höfischen Lebens und des Min-
nesangs wieder: Die mystische Entrückung der Seele in der Vereinigung mit Gott ist bei Mechthild eine *hovereise,* Gott ist der *hôhe
fürste,* der im *himelischen hof* residiert, wo man *ze hove dienet* und
die *hovesprâche* spricht. Die Seele ist *minnesiech, minnewunt,* sie
ist die *brût,* die den himmlischen *gemahel triutet.* Das waren aber
nur äußerliche stilistische Zutaten der frühen Mystik, die später in
der mehr bürgerlichen Richtung zurücktraten.

Die eigentliche Leistung der Mystiker für die dt. Sprache ergab
sich aus ihrer ernsthaften, unerbittlichen Auseinandersetzung mit
dem Problem des ‚**Unsagbaren**'. Was im Latein zuvor hundertfach
gesagt und geschrieben und terminologisch festgelegt worden war,
genügte jetzt nicht mehr für das sprachliche Umkreisen der *un-
begrîfelichkeit* Gottes. Was *unûzsprechelich* oder *wortelôs* erschien,
musste dennoch sagbar gemacht (*gewortet*) werden durch immer
neues Anderssagen, und das konnte man nur in der Muttersprache.
In immer neuen Versuchen rangen die Mystiker darum, ihre
Gedanken und inneren Erlebnisse verständlich zu machen. Das
Ergebnis dieser Bemühungen war die Bereicherung der dt. Sprache
um eine so große Anzahl von neuen Wörtern und Wendungen, dass

es uns noch heute kaum möglich ist, über Gegenstände der Philosophie oder Psychologie zu sprechen, ohne Ausdrücke mystischen Ursprungs zu verwenden. Besonders charakteristisch sind die Abstraktbildungen auf *-heit, -keit, -unge* und *-lich*, z. B. *enpfenclicheit, geistekeit, unwizzenheit; aneschouwunge, schuolunge, înbildunge; anschouwelich, enpfindelich, wesenlich, bildelich.*

Das erkennende, erlebende Verhältnis des Menschen zu Gott war das Hauptproblem der Mystik. Die Gottheit ,drückt sich dem Menschen ein‘, ,fließt in ihn ein‘, ,leuchtet ihm ein‘, der Mensch hingegen soll sich von der Welt abwenden, ,eine Einkehr tun‘, ,sich Gott lassen‘, um so schließlich der Gottheit ,einförmig‘ oder ,gleichförmig‘ zu werden. Es genügt, diese wenigen Beispiele aus der mystischen Gedankenwelt anzuführen, um begreiflich zu machen, dass unsere Wörter *Eindruck, Einfluss, einleuchten, Einkehr, gelassen, einförmig, gleichförmig* in diesem Vorstellungskreis ihren Ursprung haben, oder wenigstens durch den mystischen Vorstellungskreis hindurchgegangen sind, ehe sie ihre heutige abstrakte Bedeutung erlangten. Auch ein so gebräuchliches und heute so abgeblasstes Wort wie das Adverb *bloß* (= ,nur‘) verdankt ohne Zweifel der Mystik seine Abzweigung von dem Adjektiv *bloß* (= ,nackt‘, ,unbekleidet‘). Der Wunsch, die Gottheit ,bloß‘ zu schauen, kehrt in den mystischen Schriften unablässig wieder.

Bei den Mystikern begegnen schon kühne **Substantivierungen**, die man auf den ersten Blick für typische Neubildungen moderner Philosophen halten möchte: *selbesheit* (,Selbstheit‘), *ichheit* (,Ichheit‘), *dînesheit* (,Deinheit‘), *nihtheit, geschaffenheit, gewordenheit, genantheit, daz niht* (,das Nichts‘), *daz wâ* (,das Wo‘), *daz al* (,das All‘). An den drei letzten Beispielen zeigt sich, dass die Mystiker sich eines neuen Wortbildungsmittels des analytischen Sprachbaus bedienten: Lexeme (kleinste relevante Wortschatzeinheiten) nicht nur durch Anfügen von Suffixen (*-heit, -ung*) zu substantivieren, sondern durch deren bloße Verwendung in einer Satzgliedrolle, die normalerweise für die syntaktische Klasse des betreffenden Lexems nicht zugänglich ist (Konversion im Sinne der Wortbildungslehre). Auf ähnliche Weise wird vor allem der substantivierte Infinitiv, den Sprachkritiker für eine Erscheinung moderner ,Substantivitis‘ halten, von den Mystikern schon häufig benutzt: *daz wesen, daz sîn, daz tuon, daz hœren, daz anehaften, daz minnen* – bezeichnenderweise meist mit dem unbestimmten Artikel *ein*. Sogar der philosophische Satzinfinitiv (*das*

An-und-für-sich-Sein) ist schon angebahnt, wenn auch noch ohne Bindestrich und z. T. mit Nachstellung der Ergänzungsgruppe: *ein aller ding vergessen, ein sīn selbs vermissen, ein wol wārnemen des menschen inwendigkeit.* Solche abstrakten Wortbildungen und Fügungen entstehen nicht als ‚Sprachmode' oder aus der Eigenwilligkeit eines einzelnen, sondern spontan aus den Anforderungen des höheren Denkens an die Sprache.

,Abstrakta' in diesem Sinne sind nicht Wörter mit einer abstrakten Semantik, etwa durch Übertragung von Konkretem auf Geistig-Seelisches (z. B. *entrücken, Entrückung*), sondern kontextbedingte syntaktische Hilfsmittel zur Wiederaufnahme eines bereits Gesagten oder Vorausgesetzten in anderer Satzgliedrolle in einem neuen Satz (Abstrakta als ‚Satzwörter' nach W. Porzig und H. Brinkmann). Das ‚Abstrahieren' ist hier ein formalgrammatischer Vorgang: Die von der Valenz (Wertigkeit) des Verbs bedingten ‚Mitspieler' (Satzergänzungen wie Subjekt, Objekte, Adverbiale) können bei der Wiederaufnahme im Verbalabstraktum auf der Ausdrucksseite weggelassen werden, während sie auf der Inhaltsseite impliziert sind (G. Stötzel), z. B.:

> *Ez ist zweierleie wizzen in disem lebene des êwigen lebens: daz ein ist, daz ez got dem menschen selber sage oder ez im bî einem engel enbiete oder mit einem sunderlîchen liehte bewîse; daz geschihet selten und wênic liuten … Aber daz sagen möhte getriegen und waere lîhte ein unreht lieht …*
>
> (Meister Eckhart, Die rede der underscheidunge)

Hier wird das Prädikat *sage* des zweiten Satzes im dritten Satz unter Weglassung von *got* und *dem menschen* in der substantivischen Form *daz sagen* als Satzsubjekt wiederaufgenommen, ein typisches Beispiel für syntaktische Notwendigkeiten dieser Art von Substantivstil in der Sprache des geistigen Lebens.

Es ist deshalb fraglich, ob die Sprache der Mystiker Vorbereitung oder nur frühe Parallele der modernen deutschen Wissenschaftssprache war. Wenn auch mit einer direkten Verbindung von der Mystik zum Neubeginn philosophischer dt. Prosa im 18. Jh. kaum gerechnet werden kann, so hat doch die sprachliche Leistung der Mystiker wenigstens über die Predigt und die Bibelübersetzung bis auf Luther und damit auf die nhd. Hochsprache gewirkt. Die mystische Predigtliteratur, vor allem die Werke Taulers, hat Martin

Luther bekanntlich geschätzt, und aus einer von ihm selbst bearbeiteten und herausgegebenen mystischen Schrift, deren Verfasser als ‚der Franckforter' bezeichnet wird, hat er nach eigener Angabe mehr gelernt als aus irgendeinem anderen Buch, mit Ausnahme der Bibel und der Schriften Augustins.

5. Anfänge deutscher Gebrauchsprosa

In der mittelhochdeutscher Zeit hat sich auch eine selbständige deutsche Prosa entwickelt. Der Gedanke, sich bei der Abfassung literarischer Originalwerke der ungebundenen deutschen Rede zu bedienen, war für die damalige Zeit nicht so selbstverständlich, wie es uns heute scheinen könnte. Einerseits der alte Gelehrtenzwang, lateinisch zu schreiben, andererseits die große und weitverbreitete Fertigkeit der Zeit im Reime-Dichten machten dem Gebrauch der Muttersprache in der literarischen Prosa zunächst gefährliche Konkurrenz. Die Verfasser des noch dem 12. Jh. angehörigen ‚Elucidarius' heben ausdrücklich hervor, dass sie ihr Werk gern in Reimen abgefasst hätten, wenn nicht ihr Auftraggeber, Herzog Heinrich von Braunschweig, sie veranlasst hätte, auf jeden poetischen Schmuck zu verzichten, „denn sie sollten nichts schreiben als die Wahrheit". Und einige Jahrzehnte später berichtet der Verfasser des ‚**Sachsenspiegels**', Eike v. Repgow, dass er sein Werk zunächst lateinisch abgefasst habe und dass es ihm anfangs allzu schwer erschienen sei, es ins Deutsche zu übersetzen. Erst auf die Bitte seines Gönners, des Grafen Hoyer v. Mansfeld, habe er sich an diese Arbeit gewagt.

Nachdem aber diese ersten Versuche einen vollen, uns durch die große Zahl erhaltener Handschriften bezeugten Erfolg errungen hatten, fanden sie zahlreiche Nachahmung. Damit war der deutschen Sprache ein überaus wichtiges neues Verwendungsgebiet gewonnen. In die gleiche Periode fallen die ersten Werke, in denen deutsche Prosa zu geschichtlicher Darstellung benutzt wird. Auf niedeeutschem Gebiet geht eine Eike v. Repgow zugeschriebene ‚Weltchronik' voran, auf hd. folgen erst zu Beginn des 14. Jh. ein bayerischer Fortsetzer Eikes und, ungefähr gleichzeitig mit ihm, der St. Galler Chronist Christian Kuchimeister und der Verfasser der sogenannten ‚Oberrheinischen Chronik'. Alle diese Werke machen den Eindruck beträchtlicher Sprachgewandtheit und unter-

scheiden sich von der ahd. Übersetzungsprosa vorteilhaft durch
das Fehlen undeutscher, dem Lateinischen nachgebildeter Wendungen und Konstruktionen. Seit den 20er Jahren des 13. Jh. gibt es
auch dt. Prosabearbeitungen von Reimdichtungen, wie wir an dem
Bruchstück eines Lanzelotromans erkennen.

Die deutsche Predigt wird seit dem 13. Jh. mit besonderem
Eifer gepflegt und erreicht ihren ersten Höhepunkt durch Berthold
v. Regensburg. Die Stellen, an denen Berthold Personen aus seinem
Zuhörerkreise redend einführt, sind wohl, abgesehen von den ‚Altdeutschen Gesprächen' (s. II, 3), die ersten Stellen der dt. Literatur,
die wir als die Wiedergabe wirklich gesprochener Alltagssprache
gelten lassen können.

Der Gebrauch des Deutschen in **amtlichen Schriftstücken**,
von denen sich in älterer Zeit nur wenige Spuren finden, macht in
dieser Periode gleichfalls große Fortschritte. Im Jahre 1235 wird
zum erstenmal ein Reichsgesetz, der sogenannte ‚Mainzer Land-
friede', in deutscher Sprache ausgefertigt, allerdings zusammen mit
einer lateinischen Version; auch in diesem Fall zeigt die deutsche
Version an zahlreichen Stellen formale Unabhängigkeit von lateinischen Vorbild. Die Gewohnheit, Urkunden lateinisch abzufassen,
wird schon während des 13. Jh. in den verschiedensten Gegenden
Deutschlands immer häufiger durchbrochen. Vom 14. Jh. ab werden dann die dt. Urkunden sehr zahlreich.

Unter Ludwig d. Bayern (reg. 1314–1347) geht die kaiserliche
Kanzlei endgültig zum Deutschen über, mit Ausnahme des Verkehrs mit der Kirche. In diesem amtlichen Übergang vom Latein
zur Volkssprache darf man aber durchaus nicht eine mutige Initiative der Reichsgewalt sehen. Der kaiserliche Schreibgebrauch ist
vielmehr einer längst von unten her eingeleiteten Entwicklung
nachgefolgt. Auch handelt es sich nicht um eine sprachpolitische
Bewegung, etwa gegen den Machtanspruch der Kirche. Das Latein
war ja nicht nur Kirchensprache, sondern auch unbestritten die
Amtssprache des universalistischen Reiches, weshalb die Herrschaft des Lateins in Deutschland im Ganzen länger andauerte als
in Frankreich oder England. Selbst der deutscher Dichtung so
zugetane staufische Adel dachte gar nicht daran, auch im amtlichen
Schriftverkehr zur Volkssprache überzugehen. Das Bedürfnis nach
dt. Urkunden und Geschäftssprache kam von der unteren Ebene
her, von den kleinen Kanzleien der Städte und Territorien. Den
Anfang machten, noch ganz vereinzelt, die Kölner Schreinsurkun-

den seit 1135. Seit den 20er Jahren des 13. Jh. finden sich dt. Urkunden in der Schweiz und im Oberrheingebiet, dann in Bayern, später im Mittel- und Niederrheingebiet, in Ost- und Norddeutschland.

Der Beginn im Südwesten hängt mit dem **Aufblühen der Städte** und des Frühkapitalismus zusammen. Das Beieinanderleben von tausenden von Menschen unterschiedlicher Herkunft und Tätigkeit in den engen Mauern der hoch- und spätmittelalterlichen Stadt, wie auch der Fernhandel und die neue Geldwirtschaft, machten es notwendig, einen großen Teil der vorher mündlich geregelten öffentlichen Angelegenheiten zu verschriftlichen, weshalb bald auch feste Familiennamen verlangt wurden. Zu alledem genügten die traditionellen Formulare des lat. Urkundenstils und der Wortschatz des Kirchenlateins nicht mehr. Ganz neue sozioökonomische Lebensbereiche verlangten nach schriftlicher Aufzeichnung. Die deutsche Sprache hat sich hier nicht so sehr auf Kosten und gegen das Latein durchgesetzt als vielmehr neben dem Latein (L. E. Schmitt). Dieser Vorgang ist auch nicht bildungssoziologisch in der Weise zu verstehen, dass etwa eine bestimmte Bevölkerungsschicht, der niedere Adel oder das Bürgertum, nicht mehr so gut Latein gekonnt hätten. Dies lässt sich eher vom hohen Adel nachweisen. Die enge Verflechtung von adligen, geistlichen und bürgerlichen Stadtbewohnern, von geistlicher und weltlich-literarischer Bildung, Schule, Politik, und Verwaltung zeigt sich deutlich an Herkunft und Tätigkeit der einflussreichsten Kanzleibeamten, die meist zugleich Protonotare, Scholaster (Lehrer), Schriftsteller und Sammler höfischer Dichtung waren (mhd. Sammelhandschriften!). Das war der Typus des *homo litteratus*, des allround-Gebildeten, der seinen geistlichen Titel nur noch formal führte (vgl. engl. *clerk*, ndl. *klerk* ,Schreiber' aus lat. *clericus* ,Geistlicher'). Nur drei Namen, die für die vielen bekanntgewordenen Beispiele stehen mögen: Heinrich v. Klingenberg in Konstanz, Michael de Leone in Würzburg, Rudolf Losse in Erfurt (vgl. L. E. Schmitt).

Dies alles geht einher mit der Übernahme des römischen Rechts in das ,deutsche' Geschäfts- und Alltagsleben: Das römische Recht als gelehrtes Recht verlangt nach der schriftlichen Fixierung nahezu aller Lebensbereiche; der immer wieder genannte Handschlag zur ,Besiegelung' von Geschäften genügt nicht mehr (auch wenn er heute noch rechtswirksam sein kann), es muss alles beurkundet (*verbrieft* < *brief* ,Urkunde'), mit *Brief und Siegel* versehen werden. Und das in den Städten agierende Personal ist in keiner

Weise daran interessiert, Latein zu lernen und lateinisch zu ,handeln'.

Damit wird auch eine gewisse Kontinuität von der mhd. Dichtersprache zur Kanzleischreibe für die frühere Zeit wahrscheinlich gemacht. Die entstehende nhd. Schriftsprache war nicht allein ein Produkt der Kanzleien. Sie formte sich zugleich auch in den städtischen Schulen, in denen die Kanzleibeamten lehrten. Ihr Einfluss auf die dt. Sprache ist also im Zusammenhang zu sehen mit dem der späteren Schulmeister und Gelehrten der normativen Grammatik (vgl. IV, 5). Im 14. und 15. Jh. steigerte sich der Bedarf an Schriftverkehr allerdings so sehr, dass eine Verwahrlosung von Schrift, Orthographie und Stil unausbleiblich war. Man ging von der kunstgewerblich kalligraphisch geübten Buchschrift (Textura, Fraktur, gotische Schrift) zur Geschäftskursive über, einer freien Weiterentwicklung zum Schnellerschreiben. Deren schwerleserliche Ausprägung im 16. Jh. wurde – trotz der humanistischen Schriftreform, die mit der sauberen Antiqua wieder auf die karolingische Minuskel zurückgriff – zum Vorbild für die bis ins 20. Jh. national gepflegte sogen. ,deutsche Schrift' (zuletzt bis in die 40er Jahre als ,Sütterlin-Schrift', nach dem Grafiker Ludwig Sütterlin, 1865–1917, der 1911 im Auftrag des preußischen Kultur- und Schulministeriums eine Schulvariante der deutschen Schreibschrift entwickelte). Seit Ulmann Stromer in Nürnberg die erste deutsche Papiermühle betrieb (um 1390), konnte man auch in Deutschland vom Pergament zum billigeren Schreibstoff übergehen; davor war man auf Importe aus Italien angewiesen. Das Beschreibmaterial war nicht mehr Luxusgut für wenige Privilegierte.

Diese städtische Sozialisierung der Bildung hatte auch einen literarischen Geschmackswandel zur Folge (spätmittelalterlicher ,Realismus' oder ,Naturalismus'), der uns ganz neue Bereiche des deutschen Wortschatzes in der Überlieferung zugänglich macht. Abgesehen davon, dass nun gelegentlich auch Wörter des niederen Alltagslebens, Redensarten, Flüche und Obszönitäten zu Papier gebracht werden (besonders im ,grobianischen Zeitalter' um 1500), begegnen im ausgehenden Mittelalter zunehmend Wörter aus **Sondersprachen** und aus **Fachwortschätzen** der verschiedensten Berufe. Wirtschaftliche Wandlungen hatten die berufliche Spezialisierung gefördert, und das starre spätmittelalterliche Standes- und Zunftwesen war die Voraussetzung zur Entstehung von sich absondernden Gruppensprachen. So tauchen gerade in der Zeit vom 14.

bis zum 16. Jh. die ersten Quellen für die Bergmannssprache, die Kaufmannssprache, die Waidmannssprache, für die Geheimsprache der Gauner und Vaganten (Rotwelsch) auf und damit die ersten Belege für viele uns noch heute geläufige Wörter. Immer wieder begegnet es in der Geschichte der dt. Sprache, dass Ausdrücke aus Fach- und Gruppensprachen in den Wortschatz der Allgemeinheit gelangen, wobei sie regelmäßig ihre ursprüngliche Bedeutung verändern, durch metaphorische Übertragung oder dadurch, dass der Nichtfachmann gewöhnlich nicht imstande ist, sie genau in ihrem technischen Sinn zu verstehen und anzuwenden.

Sozialgeschichtlich sind solche Wörter von ähnlicher Bedeutung wie die Entlehnungen aus fremden Sprachen: sie sind ein sicheres Zeichen dafür, dass die betreffenden Subkulturen, denen sie entstammen, zur Zeit ihrer Aufnahme in die Gemeinsprache eine wichtige (z. T. oppositionelle) Rolle im soziökonomischen Zusammenhang gespielt haben. Aus der Bergmannssprache stammen Wörter wie *Ausbeute*, *Fundgrube*, *Schicht*, *reichhaltig* (ursprünglich ‚reich an wertvollem Erz‘), *Raubbau*, *Belegschaft*, *tiefschürfend*, *aufschlussreich*. Die **Jägersprache** hat geliefert: *berücken* (‚Tiere durch Zuziehen des Netzes fangen‘), *Fallstrick*, *einkreisen*, *unbändig* (von Hunden, die sich nicht am Seil leiten lassen), *naseweis* (‚mit gutem Spürsinn begabt‘), *nachstellen*, *bärbeißig*, *nachspüren* und vieles andere. Außerordentlich groß ist im ausgehenden Mittelalter und später der Einfluss der Soldatensprache, aus der zu verschiedenen Zeiten in die Gemeinsprache übernommen wurden: *Lärm* (ursprünglich ‚Alarm‘ aus it. *all’ arme* ‚zu den Waffen‘, dazu auch frz. Einfluss wahrscheinlich), *Nachdruck* (‚Fortsetzung eines begonnenen Angriffs durch Nachdrängen‘), *Ausflucht* (‚Rettung aus einer schwierigen Lage durch Flucht‘), *Gelegenheit* (‚Art, wie ein Lager oder eine Festung gelegen ist‘), *Vorteil* (ursprünglich ‚vorweggenommener Teil bei der Teilung einer Beute‘, im 15. und 16. Jh. sehr häufig ‚günstige Stellung, die man vor Anlangen des Feindes eingenommen hat‘). Auch aus der altdt. **Rechtssprache** sind zahlreiche Wendungen in die Gemeinsprache übernommen worden: *aufschieben* (‚an eine höhere Instanz appellieren‘), *sich beziehen* (dasselbe), *überzeugen* (‚durch Zeugen überführen‘), *echt*, *sich entschuldigen* (‚seine Unschuld dartun‘), *verantworten* (‚vor Gericht Rede und Antwort stehen‘).

Nicht vergessen sollte man aber, dass das meiste vom Althochdeutschen und auch Mittelhochdeutschen, wie es uns überliefert

ist, ebenfalls nur gruppensprachlichen Charakter hat. Besäßen wir
eine ausreichende Auswahl von wirklich unterschichtlichen Texten,
so würde sich wahrscheinlich ergeben, dass das Deutsch der Über-
gangsperiode (,Spätmhd.' und ,Frühnhd.') gar nicht so ausgesprochen buntscheckig war, wie es die spätmittelalterliche Schreibfreu-
digkeit vortäuscht, und dass unsere neuhochdt. Sprache nicht ganz
so neu ist, wie es ein Vergleich zwischen ihr und z. B. dem ,klassi-
schen' Mittelhochdeutsch erscheinen lässt. Wo wir (wie z. B. im
Gebiet der religiösen und der Rechtssprache) einigermaßen zusammenhängende Überlieferung besitzen, zeigt sich, dass der neuere
Wortschatz dem Mittelhochdeutschen nicht so ferne steht, wie
etwa dem eines Hartmann oder Walther.

6. Mittelniederdeutsch, Mittelniederländisch, Jiddisch

Während sich die Kanzlei- und Geschäftssprache in Süddeutschland zunächst noch mehr in kleinräumigem Rahmen entwickelte,
mit einer Vielfalt lokaler oder regionaler Schreibtraditionen, gelang
in Norddeutschland eine gewisse Einigung des Schreibgebrauchs
über den weiten Raum des **Hansischen Städtebundes** hinweg, von
Westfalen bis in die baltischen Länder und punktweise bis in die
niederdeutschen Kaufmannskontore weit entfernter Handelsplätze
wie London, Brügge, Bergen, Wisby, Nowgorod. Ausgespart blieb
von diesem Geltungsbereich des ,**Mittelniederdeutschen**', (Mnd.)
nur das Gebiet des dt. Ritterordens im südwestlichen Ostpreussen,
das aufgrund der omd. Herkunft vieler Ordensritter und der bäuerlichen Siedler des ,Hochpreußischen' einen hd. Schreibdialekt
pflegte.

Der lebhafte Handelsverkehr der Hansestädte untereinander
und der ständige Zuzug von Neubürgern haben im Mnd. vielfach
zu einer Abschleifung dialektischer Eigentümlichkeiten geführt,
die so weit geht, dass man wenigstens für das 14. und 15. Jh. von
einer niederdeutschen ,Schriftsprache', zumindest von einer nd.
Geschäftssprache sprechen darf, die sogar auf dem Wege war, zu
einer nordeuropäischen Verkehrssprache zu werden. Von besonderer Bedeutung für die Entstehung dieser Geschäftssprache scheinen
die Rechtsverhältnisse gewesen zu sein. Es war üblich, dass neu-
gegründete Städte oder solche, die ihr Rechtswesen reformieren
wollten, ihre ,Stadtrechte' von angesehenen Zentren übernahmen.

In dieser Weise haben z. B. Soest, Dortmund, Lübeck und Magdeburg einen sprachlichen Einfluss ausgeübt, der dadurch noch nachhaltiger wurde, dass es Sitte war, sich auch späterhin in zweifelhaften Rechtsfällen bei den Städten, deren Recht man übernommen hatte, Auskunft zu holen.

In der Geschichte der dt. Sprache ist das Mnd. schon deshalb von Wichtigkeit, weil von ihm die stärksten Wirkungen ausgegangen sind, die das Deutsche jemals auf ein anderes Sprachgebiet ausgeübt hat: Die skandinavischen Sprachen, vor allem das Schwedische, haben damals eine sehr große Zahl nd. Lehnwörter aufgenommen; selbst aus Finnland sind zahlreiche mittelniederdeutsche Text überliefert. Das Niederdeutsche hat während dieser Periode auch auf das Hochdeutsche eingewirkt, da sich der Einfluss der norddt. Rechtsbücher und des hansischen Handels bis weit nach Süden erstreckte. *Echt* und *Gerücht* z. B. sind ursprünglich Rechtswörter, deren Lautgestalt deutlich nd. Herkunft verrät; beide zeigen den nd. (und nl.) Übergang von *ft > cht* (*echt* aus *ê-haft* ‚gesetzlich‘, *Gerücht* aus *Gerüfte* ‚Anklageschrei‘, zu *rufen*). In den gleichen Kreis gehört *Pranger* (zu nd. *prangen*, mhd. *pfrengen* ‚drücken, pressen‘). Der Sprache des nd. Handels entstammt *Stapel*, das seit dem 15. Jh. auch in md. Quellen auftaucht. Mit der norddt. Viehzucht wird das seit dem 14. Jh. nachweisbare Südwärtsdringen von *fett*, der nd. Form für hd. *feist* zusammenhängen.

Der mnd. Schriftsprache hätte vielleicht der Weg zu einer modernen Kultursprache neben dem Hochdeutschen offengestanden, zumal es auch eine beachtliche mnd. Literatur gab (religiöse Dichtung, Geschichtsschreibung, Unterhaltungsliteratur). Aber nach dem Niedergang der Hanse um 1500 war das Schicksal des Niederdeutschen nicht mehr aufzuhalten. Einen territorialpolitischen Rückhalt gegenüber dem süddt. orientierten Reich gab es nicht, der Adel neigte schon seit der höfischen Zeit stark zum Hochdeutschen, die fürstlichen Kanzleien (z. B. Anhalt, Brandenburg) urkundeten schon früh hochdeutsch, und ein sprachliches Hinterland hatte der weiträumigen städtebündischen Geschäftssprache von vornherein gefehlt. Gerade dieser große Unterschied zwischen Stadt und Land wie der zwischen Schreiben und Sprechen, hat viel dazu beigetragen, dass sich die hd. Schriftsprache im Gefolge der Reformation so schnell diesen weiten Raum erobern konnte. Dieser Vorgang begann allerdings im Gebiet zwischen Leipzig, Magdeburg und Berlin schon im 15. Jh. auf dem Wege eines allmählichen Sprachanschlusses. Aber noch Luthers Schriften wurden anfangs ins Niederdeutsche übersetzt. Die letzte nd. Bibel erschien 1621 in Goslar. In städtischen Urkunden hielt sich das Niederdeutsche im Norden bis Anfang des 17. Jh.

In der anderen Schreibsprachlandschaft des spätmittelalterlichen Niederdeutschen, dem **Mittelniederländischen** (Mnl.), waren die sprachsoziologischen Voraussetzungen anders als im Mnd.: Der geschäftliche Schriftverkehr der blühenden flandrischen Städte und die Prosaliteratur und Dichtung ihres Bürgertums wurden in der gleichen Sprache und meist von den gleichen Leuten geschrieben. Der Typ dieses allseitig gebildeten *homo litteratus* wird in der 2. Hälfte des 13. Jh. beispielhaft von Jakob van Maerlant verkörpert. Mnl. Dichtungen wie das Tierepos ‚Van den Vos Reinaerde‘ und die Bibelübersetzung ‚Het Leven van Jezus‘ (die auch indirekt auf Luther gewirkt hat) gehören zu dem Bedeutendsten, was die mittelalterliche dt.-nl. Literatur hervorgebracht hat. Aber das Mnl. befand sich damals schon auf dem Wege der schriftsprachlichen Absonderung vom übrigen Deutschen. Die niederfrk. Dialekte erhielten eine eigene Schrift- und Hochsprache neben dem Deutschen. Dadurch dass in Flandern der Adel keinerlei Neigung zum Hochdeutschen hatte (also anders als in Norddeutschland) und die landschaftliche und soziologische Basis des Mnl. wesentlich fester war als die des weiträumigen hansischen Niederdeutsch, konnte sich das Mnl. in ungebrochener Kontinuität zur neuniederländischen Kultursprache weiterentwickeln. Nach dem Niedergang der flandrischen Städte unter spanischer Herrschaft zogen viele Südniederländer nach dem Norden und nahmen viel von ihrer Kultur und Sprache mit. So wurde aus dem flandrischen Mittelniederländisch (*dietsch*; vgl. engl. *Dutch*) bald das *Hollands*, das seit 1815 amtlich *Nederlands* heißt. Diese Kontinuität und Landschaftsgebundenheit brachte es mit sich, dass das Niederländische als eine in engem Beieinander von Sprechen und Schreiben natürlich gewachsene Sprache sich im Vergleich zum Nhd. so viel urwüchsige Frische bewahrt hat.

Das Ausscheiden des Niederländischen aus dem Zusammenhang der dt. Sprachgeschichte ist also nicht erst eine Folge der politischen Trennung des Landes vom Reich im 16. und 17. Jh. Die Schweiz hatte sich schon wesentlich früher vom Reich gelöst und ist trotzdem im dt. Sprachzusammenhang verblieben. Hier gab es nicht die Voraussetzung, die für die nl. Sprachentwicklung ent-

scheidend war: die schon mittelalterliche städtische Eigenkultur. –
Der (schon im Spätmittelalter einsetzende) Einfluss des Nl. auf das
Deutsche zeigt sich in Lehnwörtern wie *Matrose, Jacht, Schleuse,
Düne, Stoff, Packen, Süden* (für hd. *Sund* und *Mittag*).

In diesem Zusammenhang ist noch die Eigenentwicklung einer
anderen Tochtersprache des Deutschen zu erwähnen, die aber vom
Hochdeutschen ausging: des **Jiddischen** (s. Textprobe 12). Die seit
dem Frühmittelalter in Deutschland lebenden Juden haben das
Deutsche als diasporale Verkehrssprache angenommen. Seit dem
13. Jh. finden sich dt. Texte in hebräischer Schrift, die sich zunächst
noch kaum vom Mhd. unterscheiden. Sie widerspiegeln wahrscheinlich viel von den (uns sonst nicht überlieferten) städtischen
Umgangssprachen Süd- und Mitteldeutschlands. Da in der früheren Zeit in der hebr. Schrift die Vokale nicht oder nur ungenau
angegeben wurden, sind diese Texte nicht leicht zu lesen. Infolge
dieser schriftgeschichtlichen Ausschließung von der dt. Schriftsprachentwicklung, der Einrichtung der Gettos im 12./13. Jh. und
der Auswanderung vieler Juden nach Osteuropa hat sich daraus ein
eigener Zweig des Deutschen entwickelt, der die meisten Entwicklungen des Deutschen seit dem 14. Jh. nicht mehr mitgemacht hat,
vor allem nicht mehr den lat., franz. und gelehrt-normativen Einfluss des 16.–18. Jh., sodass man am Kontrastbeispiel des Jidd. able-
sen kann, wie sich die dt. Sprache ohne diese Einwirkungen hätte
weiterentwickeln können. Trotz beträchtlicher slaw. und hebr.
Einflüsse sind im Jiddischen bis heute etwa 75 Prozent dt. Wortschatz, z. T. sehr altertümlicher, erhalten. Während das Jiddische in
Deutschland durch die Judenemanzipation des 19. Jh. fast ganz
untergegangen war, wurde es in Osteuropa und bei Auswanderern
in Amerika seit Ende des 19. Jh. zu einer Literatursprache entwickelt. Von den etwa 12 Millionen Jiddischsprechenden der Vor-
kriegszeit (über zwei Drittel aller Juden) sind nach der Judenaus-
rottung des Nationalsozialismus etwa 6–7 Mill. übriggeblieben,
hauptsächlich in Israel, in den USA und in der Sowjetunion. Diese
dt. Judensprache hat sich in Israel nicht als Staatssprache durchsetzen können. – Jiddische Lehnwörter im Deutschen sind *Stuss, Plei-
te, mies, schofel, Schmiere*(stehen), *flöten*(gehen), *schachern, schmu-
sen, schäkern* u. a. In der Auswahl dieser (direkt oder über die
Gaunersprache) entlehnten Wörter spiegelt sich das jahrhundertealte soziale Verhältnis und die Haltung der Deutschen zu den Jid-
dischsprechern, die allerdings in den letzten zwei Jh. nicht mehr

repräsentativ für die Mehrheit der jüdischen Deutschen waren. – Als Sprachname hat sich statt des lautgerechteren *Jidisch* nach Vorbild der engl. Schreibung *Yiddish* (mit -*dd*- als graphischem Signal für nichtdiphthongische Aussprache des -*i*-) die vom Dt. und Jidd. her falsche Schreibung *Jiddisch* eingebürgert.

7. Hochdeutsche Kanzleisprachbereiche

In dem süd- und mitteldeutschen Gebiet, das nicht unter dem Einfluss der niederdeutschen oder niederländischen Schreibsprachentwicklung stand, vollzog sich im Spätmittelalter ein sprachlicher Ausgleichsprozess, der die neuhochdeutschen **Schrift- und Hochsprache** (beides zusammen im Sinne von ‚Nationalsprache' oder ‚Standardsprache') vorbereitete. Diese Entwicklung konnte – bedingt durch die Quellenlage – bisher nur im Bereich der Kanzleisprache (umfassender: Geschäftssprache, nach L. E. Schmitt) beobachtet werden. Folgende lautliche Kriterien spielten dabei eine besondere Rolle (vgl. IV, 1): Für die mhd. Langvokale *î, û* und *iu* (= [y:] schreibt man mehr und mehr die **Diphthonge** *ei, au, eu*, eine Erscheinung, die sich im Bairisch-Österreichischen schon im 12. oder 13. Jh. nachweisen lässt, andererseits für die alten Diphthonge *ie, ue, üe* die im Mitteldeutschen herrschenden **Monophthonge** /i:, u:, y:/. Ein Anzeichen md. Einwirkung ist es auch, dass die in älteren Urkunden häufigen od. *p* statt *b*, *ch* für *k* gegen md. *b, k* zurücktreten (vgl. 2. Lautverschiebung, II, 1).

Die allmähliche Ausbreitung solcher graphematischer Gewohnheiten, vor allem das Vordringen von *ei, au, eu* im 14./15. Jh., braucht aber nicht mit tatsächlichem Lautwandel in der gesprochenen Sprache zusammenzuhängen. Die **Diphthongierung** muss sich z. B. im Obersächsischen und Moselfränkischen schon vorher unabhängig von Schreibeinflüssen allmählich entfaltet haben, da die von dort im 13. Jh. ausgewanderten Siedler im Hochpreußischen (südl. u. südwestl. Teil Ostpreußens) und in Siebenbürgen mindestens die Ansätze dazu bereits mitgenommen haben müssen. Dieser Lautwandel, mit dem man früher vergeblich versucht hat, eine zeitliche Grenze zwischen Mhd. und Nhd. festzulegen, war ein polygenetischer Vorgang aus innersprachlichen Ursachen (Veränderungen im Silbenakzent mit vielen Übergangsstufen). Er zeigt sich in den oft allzulange an alten Schreibtraditionen festhaltenden Kanzleisprachen mitunter erst Jahrhunderte nach seinem Auftreten in der Mundart oder gar nicht, so wie das Englische noch heute, fast 500 Jahre nach seiner Diphthongierung, an der Schreibung *i* für [aɪ] festhält. Man hat in der älteren Forschung (zuletzt K. B. Lindgren und E. Kranzmayer) angenommen, die Diphthongierung habe sich von Kärnten und Tirol her wellen- oder strahlungsartig durch Nachahmung in Deutschland ausgebreitet. Dies ist jedoch nur das täuschende Bild des ersten Auftretens der Graphien, das grundsätzlich unabhängig von der Lautung ist, da die Relation zwischen Phonem und Graphem beliebig ist (arbiträr in F. de Saussures Sinne); zudem hat jüngere Forschung (I. Reiffenstein) ermittelt, dass auch das Auftreten der ,neuen' Graphien nicht immer dieses Bild zeigt.

Das frühe Auftreten der Diphthongschreibung in Tirol und Kärnten mag nur damit zusammenhängen, dass die Schreiber dort in dt.-romanischer Zweisprachigkeit auf das Missverhältnis zwischen der dt. und der rom. Relation der lat. Grapheme *i* und *u* zu den volkssprachlichen Lautvarianten früher aufmerksam wurden und es durch Diphthongschreibung beseitigen mussten (H. Lüdtke). Andererseits lässt sich genau diese geographische Verteilung nicht nachweisen.

Man hat in der Erforschung der nhd. Schriftsprachgeschichte immer wieder aufs neue nach den Orten, Räumen, Personen oder Institutionen gesucht, die entscheidenden Einfluss auf diesen Vorgang gehabt hätten. Dieses Problem ist fürs Dt. schwieriger zu fassen als etwa für das Englische oder das Französische. Durch den häufigen Wechsel der Machtzentren und -gruppen und durch die Schwächung der Reichsgewalt infolge des territorialherrschaftlichen Prinzips im Spätmittelalter war die gemeinsprachliche Entwicklung stark behindert. Ein vorbildliches Zentrum der gesprochenen wie geschriebenen Sprache, das man etwa mit Paris oder London und deren Bedeutung für die sprachliche Einigung in Frankreich und England vergleichen dürfte, gab es nicht. Ein Begriff wie *king's English* konnte sich in Deutschland nicht entwickeln. Der gescheiterte Versuch K. Müllenhoffs (Vorrede zur 2. Ausgabe seiner ,Denkmäler dt. Poesie u. Prosa' a. d. 8.–12. Jh., 1871), den Weg zur dt. Schrift- und Hochsprache darzustellen als eine Kontinuität von einer ,karolingischen Hofsprache' (vgl. II, 3) über Entsprechendes bei Ottonen, Saliern, Staufern und die Kanzleisprache der Luxemburger in Prag bis zur Wiener Kanzleisprache der Habsburger einerseits und Meißener Kanzleisprache der Wettiner andererseits, mag nationalem Wunschdenken der frühwilhelminischen Zeit entsprungen sein.

Einen sprachlich normierenden Einfluss der **kaiserlichen Kanzlei** können wir zur Zeit Ludwigs d. Bayern noch kaum feststellen. Einen solchen auszuüben war sie zunächst noch wenig geeignet, da in ihr nicht nur Bayern arbeiteten, sondern auch Angehörige anderer Dialektgebiete, die sich bei der Ausfertigung der Urkunden unbedenklich ihrer verschiedenen Heimatmundarten bedienten. Dazu kam, dass damals, wie auch schon früher, zahlreiche Dokumente aus der kaiserlichen Kanzlei hervorgingen, die nicht in der Sprache ihrer Beamten abgefasst waren, sondern im Dialekt des Empfängers; wer um ein Privileg ansuchte, pflegte einen Urkundenentwurf einzureichen, der dann im Falle der Bewilligung von der Kanzlei ohne sprachliche Neuredigierung bestätigt wurde. So bietet die Sprache dieser Urkunden ein zu buntes Bild dar, als dass eine über die Einzeldialekte hinausstrebende Vereinheitlichung der Verkehrssprache dadurch hätte erreicht werden können.

Eine gepflegte, für die Schriftsprachentwicklung vorbildliche Kanzleitradition ist dagegen von der älteren Forschung (K. Burdach) für die Prager Kanzlei Karls IV. vermutet worden. Dieser dt. König und Kaiser aus dem Hause Luxemburg regierte von 1346 bis 1378. Böhmen, das Kernland der luxemb. Hausmacht, sei zur Ausbildung einer zwischen den einzelnen Schreibdialekten vermittelnden Verkehrssprache schon deshalb besonders geeignet gewesen, weil seine Bewohner, soweit sie Deutsche waren, zwei verschiedenen Dialektgebieten angehörten: Im Norden herrschten md. Mundarten, während die dt. Gebiete im Süden sich sprachlich von Bayern und Österreich herleiteten. In den Städten, vor allem in Prag, lebten auch Bürger aus den verschiedensten Teilen Deutschlands. Charakteristisch für die bunte Zusammensetzung dieser städtischen Bevölkerung ist es, dass in der Prager Altstadt (rechts der Moldau) nach bayerischem, auf der ‚Kleinseite' (links der Moldau) nach Magdeburger Recht geurteilt wurde. Für das Prager Deutsch als gesprochene Sprache sind sehr unterschiedliche Epochen anzusetzen: Vor der Periode der hussitischen Tschechisierung der Stadt war das Prager Dt. sehr wahrscheinlich nicht so eindeutig österreichisch geprägt wie seit dem 17. Jh.

Die Untersuchung von L. E. Schmitt hat jedoch ergeben, dass der Schreibgebrauch der **Prager Kanzlei** Karls IV. durchaus nicht einheitlich und gepflegt war. Selbst in der erwähnten Diphthongierung lässt sich keine klare Regelung erkennen. Der größte Teil der Schreiber und Notare stammte gar nicht aus Böhmen, sondern aus dem Gebiet von Trier über Mainz bis Nürnberg, viele auch aus dem Bayerisch-Österreichischen. Von einem besonderen Interesse des in Paris aufgewachsenen und mehrere Sprachen sprechenden Kaisers für die dt. Sprache ist nichts bezeugt. Eine Wirkung der Prager Kanzlei auf die Meißnische lässt sich an Schreiberbeziehungen nicht nachweisen. Ein Vorbild der Prager Kanzleisprache hat allenfalls in der Stilistik gewirkt. Unter dem Einfluss der ital. Renaissance trat das rhetorische Element stark in den Vordergrund. Nicht nur der Kaiser selbst, sondern auch seine Umgebung, vor allem der langjährige Leiter seiner Kanzlei, Johann v. Neumarkt, waren eifrige Anhänger der humanistischen Ideen und natürlich auch der prunkvollen, an klassischen Vorbildern geschulten Rhetorik, die damals von Italien aus ihren Siegeszug durch die lateinkundige Welt antrat. Der Gedanke, den neuen Stil auch auf die dt. Sprache zu übertragen, lag um so näher, als ja auch auf diesem Gebiet die ital. Renaissance vorangegangen war. Die wachsende Wertschätzung der Muttersprache, ‚nobilis illius linguae germanicae‘, wie es in einem aus diesem Kreis hervorgegangenen Schreiben heißt, regte dazu an, dass man, auch wenn man deutsch schrieb, auf die Vorzüge der neulat. Kunstprosa nicht verzichten wollte. Aber das alles ist kein Beweis für eine Pflege der dt. Kanzleisprache in bezug auf gemeinsprachliche Schreibregelungen. Der Prager Frühhumanismus war in der dt. Geistesgeschichte wie Sprachgeschichte nur ein Zwischenspiel.

Der Einfluss der kaiserlichen Kanzlei wird ohnehin durch den Verfall der luxemburgischen Hausmacht unter Wenzel und Sigismund, vor allem auch durch die Hussitenwirren, stark abgeschwächt. In den Kanzleien der Habsburger Albrecht II. und Friedrich III. treten begreiflicherweise die süddt. Einflüsse wesentlich stärker hervor. So finden wir hier sehr häufig *p* für *b*, *kch* oder *kh* für *k*, oder bairisch *ai* für *ei*. Als sich später unter **Maximilian I.** die kaiserliche Hausmacht stark ausdehnte, unter anderem auch auf nd. Gebiete, wurde das Problem einer einheitlichen, in allen Teilen des Reiches lesbaren Kanzleisprache wieder aktuell, und tatsächlich wird das Verdienst Maximilians und seines Kanzlers Niclas Ziegler um die Entstehung einer vorbildlichen dt. Schreibweise von der Folgezeit sehr hoch eingeschätzt. Wie nicht anders zu erwarten,

äußerten sich diese Einheitsbestrebungen in der Zurückdrängung
der ausgesprochen südd. Züge zugunsten von mitteldeutschen. So
erwuchs in Süddeutschland eine bald auch den Buchdruck umfassende Schreibtradition, die man das ‚Gemeine Deutsch' nannte
und die noch langezeit eine Konkurrenz für die sich immer mehr
durchsetzende ostmd. Tendenz der nhd. Schriftsprachentwicklung
darstellte. Allerdings meint der Begriff ‚Gemeines Deutsch' weniger die sprachgeographische Prägung, sondern einen einfachen,
volkssprachlichen Stil, der nicht von der Latinität geprägt ist.

Die Forschung der 30er Jahre (Th. Frings, L. E. Schmitt, E.
Schwarz, H. Bach) hat gegen Burdach die Bedeutung des mitteldeutschen Ostens für die Schriftsprachentwicklung hervorgehoben
und z. T. (Frings, Schwarz) an die Stelle des Vorbilds der kaiserlichen Kanzleisprache die Sprachmischung in der Volkssprache dieses Neusiedelraumes gesetzt.

Die hervorragende Bedeutung des ostmd. Schreibsprachtypus,
der vom 15. bis zum 18. Jh. als ‚Meißnisches Deutsch' vorbildlich
war, lässt sich nicht von einem Einfluss der kurzlebigen Prager
Kanzlei herleiten. Die sprachgeographischen und kultursoziologi-
schen Voraussetzungen waren im Territorium der Wettiner selbst
gegeben. Hier waren seit dem 13. Jh. Siedler aus Hessen, Thüringen, Ostfranken, teilweise auch dem Rheinland und den Niederlanden, zusammengetroffen. Die obersächs. Mundarten sind das
Ergebnis von Ausgleichsvorgängen jener Zeit. Allerdings hat sich
die wettinische Kanzleisprache nicht direkt aus einer solchen ‚kolo-
nialen Ausgleichssprache' (Frings) entwickelt, denn sie hat von
vornherein gewisse alte obersächs. Dialektmerkmale fast ganz
gemieden, z. B. $\bar{e}$, $\bar{o}$ für mhd. *ei, ou* (*Bēn* ‚Bein', *Bōm* ‚Baum'), $\bar{\imath}$, $\bar{u}$
für mhd. $\bar{e}$, $\bar{o}$ (*Schnī* ‚Schnee', *Brūt* ‚Brot'), *a* für mhd. *e* (*racht*
‚recht'). Der Ausgleich der Kanzleisprache hat sich auf schriftlicher
Ebene vollzogen, mit Rücksichten auf die thüring. Landesteile,
die jene Lautentwicklungen (wie auch die Diphthongierung) z. T.
bis heute nicht durchgemacht haben. Die meisten Schreiber und
Notare der wettinischen Kanzleien kamen aus Thüringen
(Schmitt). Die Mark Meißen bildete eine Klammer zwischen thüring. Altland und meißn. Neuland und war verkehrsmäßig nach
Süden und Norden offen. Die Leipziger Messe hatte schon im
Spätmittelalter große Bedeutung für den Fernhandel auf der Linie
Nürnberg-Magdeburg. Das erst 1392 zur Universität erhobene Stu-
dium generale in Erfurt zog schon im 13. Jh. zahlreiche Studenten

aus ganz Deutschland an. Thüringen hatte seit der höfischen Zeit ein bedeutendes Bildungsleben mit gelehrter und geistlicher Literatur. Schon das Festhalten des preußischen Deutschritterordens am ostmd. Schreibgebrauch zeugt von der kulturellen Anziehungskraft des Meißnischen.

Die Pflege einer vereinheitlichenden Schreibsprache hängt auch mit der straffen wettinischen Ämterverfassung zusammen. Als mächtiges Neulandterritorium hat die Mark Meißen im sprachlichen Bereich in ähnlicher Weise Neues schaffen und auf das Altreichsgebiet einwirken können wie in der Politik die Habsburger und (später) Preußen. Weiträumigkeit und Traditionslosigkeit des Neusiedelraumes und zentrale Lage zwischen Süd- und Norddeutschland haben in diesem Gebiet die Gemeinsprachtendenz sicherlich gefördert. Freilich ist auch die wettinische Kanzleisprache auf dem Wege zum vorbildlichen ‚Meißnischen Deutsch‘ dem süddeutsch-kaiserlichen ‚Gemeinen Deutsch‘ teilweise entgegengekommen. Einige obd. Einflüsse im Meißnischen seit dem 15. Jh. (das Diminutivsuffix -*lein* und vielleicht der Entschluss, die neuen Diphthonge *ei, au, eu* nun auch in der Schrift zuzulassen) hängen sicher nicht allein mit der Herkunft einiger wettinischer Kanzleibeamter des späten 15. Jh. aus Nürnberg und Wurzburg zusammen. Es hat sich in der jüngsten Forschung ergeben, dass auch die mittelrheinischen und fränkischen Kanzleien, bis hin nach Regensburg (E. Skála), zur sprachlichen Vereinheitlichung beigetragen oder unabhängig vom Meißnischen die gleichen naheliegenden Ausgleichsvorgänge schon viel früher vollzogen haben. Die später ständig wachsende Bereitschaft Süd- und Westdeutschlands, das meißn. Vorbild anzuerkennen, ließe sich jedenfalls nicht recht verstehen, wenn die ostmd. Lösung des Gemeinsprachproblems nur etwas Eigenwilliges gewesen wäre.

Die Forschungsentwicklung auf diesem wichtigen Gebiet der dt. Sprachgeschichte widerspiegelt ein Stück der politischen Geistesgeschichte Deutschlands im letzten Jahrhundert: Der ‚kaiserliche‘ Standpunkt bei Müllenhoff im Jahre 1871, dessen ‚humanistische‘ Variante bei Burdach um die Jahrhundertwende, der ‚Neusiedelraum‘ – Standpunkt in den 30er Jahren – mit der Fringsschen These „eine Schöpfung des Volkes, nicht des Papiers und des Humanismus", der sich später die sowjetrussische Germanistin M. M. Guchmann mit einer Polemik gegen den bürgerlichen ‚Kanzleistandpunkt‘ anschloss – und schließlich eine (von L. E.

Schmitt eingeleitete) neue, intensivere Phase der Geschäftssprach-
forschung (R. Schützeichel, W. Besch, W. Fleischer, E. Skála), die
erstens den impressionistischen Schlüssen von modernen Mundart-
verhältnissen auf das Mittelalter (Th. Frings) die minutiöse Urkun-
denforschung (mit Fragen wie denen nach der Herkunft von
Schreibern und Empfängern und nach dem Verhältnis zwischen
Laut und Schrift) entgegengesetzt und zweitens dem sog. ‚Altland‘
westlich von Saale und Böhmerwald bis zum Rhein hin, vor allem
seinem städtebürgerlichen Wirtschaftsleben im Spätmittelalter,
mehr an sprachlicher Einigungskraft zutraut als die einstigen Ger-
manistenschulen von Berlin, Leipzig und Prag es taten.

In den letzten vier Jahrzehnten des 20. Jh. hat eine intensive
Erforschung der Kanzlei-, Geschäfts- oder/und Schreibsprachen
des späten Mittelalters stattgefunden, wobei die Schriftlichkeit
nicht nur in ihrer Abhängigkeit von der Mündlichkeit gesehen wurde, sondern auch in ihrer Eigendynamik. Dabei konnte beobachtet
werden, dass die Schreibsprachen, bzw. **Schreibdialekte** des hochdeutschen Ostens (‚**Osthochdeutsch**‘ als Sammelbegriff für ‚Ostmitteldeutsch‘ und ‚Ostoberdeutsch‘) deutlich zu einer Vereinheitlichung tendieren, sodass man von einem (noch nicht realisierten)
‚Archi‘-System‘ sprechen kann, das sich aus den tatsächlich realisierten und beschriebenen Teilsystemen des Ostmitteldeutschen,
des Schwäbischen und des Bairischen ableiten lässt (N. R. Wolf).
Für das Teilsystem der Vokalgrapheme lässt sich anführen:

‹i›				*‹u›*
	‹e›		*‹o›*	
		‹a›		
‹ie›				*‹ue›*
	‹ei›	*‹ai›*		
	‹eu›	*‹au›*		
	‹ee›			

Der Bestand an Monographen, also einbuchstabigen Graphemen,
ist klar. Es sind Schriftzeichen für die Monophthonge, ganz gleich
ob Kurz- oder Langmonophthonge, wobei ‹a›, ‹o› und ‹u› auch
für die entsprechenden Umlaute stehen können. – Interpretations-
schwierigkeiten können die Digraphe machen: ‹ie› ist in den ober-

deutschen Texten in erster Linie Korrespondenz des Diphthongs /iə/ (*lieb, dienen*), kann aber auch, wenngleich im Oberdeutschen selten, den Langmonophthong /i:/ abzeichnen (*dieser*). Im Ostmitteldeutschen dagegen ist <ie> umgedeutet: da dieses Digraph häufig schon in Wörtern vorkommt, die keine Kontinuante von mhd. </ie/> enthalten (*geschrieben, friedlich*), ist anzunehmen, dass <ie> schon durchweg für/i:/steht, mit anderen Worten, dass der ehemalige Diphthong /iə/ zu /i:/ monophthongiert ist; das e im Digraph ist also als Längenkennzeichnung eingesetzt, ähnlich wie in der Doppelung <ee>, die vorwiegend im Ostmitteldeutschen vorkommt; im Oberdeutschen ist ee nicht graphemisiert, sondern hauptsächlich als Variante von <e> anzusehen. Doch auch im Ostmitteldeutschen ist die Opposition zu <e> einer Richtung <ee> → <e> aufhebbar.

<ue>, das häufig aus als u mit diakritischem Zeichen realisiert wird (ů, ů, ü, ú), begegnet vor allem im Oberdeutschen und korrespondiert hier sowohl mit dem Diphthong /uə/ als auch mit dessen Umlaut /yə/ (*hueter/hůter/hüter/húter*, bisweilen auch *hůter* ‚Hüter'). Zugleich weisen die oberdeutschen. noch mehr aber die ostmitteldeutschen Texte, die das Digraph verwenden, darauf hin, dass die Opposition <u> – <ue> eine neue Funktion erhält: Sie signalisiert nicht mehr den Gegensatz Monophthong – Diphthong, sondern in zunehmendem Maße die Opposition nicht-umgelautet – umgelautet (*bruder* Sg. – *brueder* Pl.). Von da aus ist es, zunächst vor allem in Schriftdialekten, die keine Grapheme für die Diphthongreihe /iə yə uə/ (mehr) benötigen, nur noch ein kleiner Schritt zur völligen ‚Umfunktionierung' auch von <ue, ů, ů, ü, ú>: dieses Graphem gibt nur noch die Monopthonge /ʏ/ bzw. /y:/ wieder. Dazu kommt, dass in der weiteren Schreibgeschichte die „funktionelle Belastung der Grapheme o und u [...] verringert" wird, „indem sich nun auch graphemisch" unterscheiden „*losen: lösen, gute: Güte*" (Fleischer 1969, 230).

Ein solches Archi-System, das, wie gesagt, aufgrund von historisch wirkungsmächtigen Schriftdialekten als Ziel der Entwicklung erschlossen werden kann, macht deutlich, dass im Deutschen – im Gegensatz etwa zum Englischen oder Französischen – die Spracheinigung von der Schrift ausgegangen ist; deshalb hat das Deutsche auch heute noch den Begriff *Schriftsprache* und den Phraseologismus *nach der Schrift reden* für eine normgerechte Aussprache. Entscheidend ist, dass sowohl Schreibungen als auch Schreiber

IV. Neuzeitliches Deutsch

1. Phonologische und morphologische Veränderungen

Das reichhaltige System der mhd. **Hochtonvokale** wurde beim Übergang zu der Sprachstufe, die man ohne scharfe Abgrenzung ‚Frühneuhochdeutsch' nennt, allmählich etwas vereinfacht durch den Zusammenfall der Phoneme /ä, ë, e/ zu /ɛ/ und /æ, e:/ zu *e:* (z. B. mhd. *vrävele, rëht, setzen, lære, mêre* zu nhd. *Frevel, recht, setzen, leer, mehr*), wobei sich eine Koppelung phonetischer Merkmale in der Weise ergab, dass – auch außerhalb der *e*-Laute – alle langen Vokale eng, alle kurzen offen gesprochen werden (zum langen offenen /æ:/ s. Kap. IV. 5). Weiterhin verringerte sich die Zahl der Diphthonge durch die ‚(früh-)**neuhochdeutsche Monophthongierung**' /ie, üe, uo/ zu /i:, y:, u:/ (z. B. mhd. *lieb, brüeder, huot* zu nhd. *lieb* [gespr. li:p], *Brüder, Hut*). Dieser Reihenwandel führte aber nicht zum Zusammenfall mit den alten Langmonophthongen /i:, y:, u:/, da diese (wahrscheinlich enger gesprochenen) Laute zu /ɑe ≈ <ei, ai>, ɔʏ = <eu, äu, oi> und ɑɔ = <*au*> diphthongiert wurden (‚[früh-]**neuhochdeutsche Diphthongierung**') und in der nhd. Schriftsprache, nicht aber in den hochdeutschen Dialekten, mit altem mhd. <*ei, öu, ou*> zusammenfielen (z. B. mhd. *wīde* ‚Weidenbaum', *weide* ‚Viehweide' zu nhd. ¹*Weide*, ²*Weide*; mhd. ¹*hiute*, ²*hiute*, *fröute* zu nhd. *heute, Häute, freute*; mhd. *rūm, boum* zu nhd. *Raum, Baum*).

Damit wurde das Vokalsystem von 24 Phonemen auf zunächst 17 (im späteren Nhd. mit /æ:/ auf 18) vereinfacht:

ɪ	ʏ	ʊ		i:	y:	u:			
ɛ	œ	ɔ		e:	ø:	o:		ɑe	ɔe	ɑɔ
	a			ɑ:					

In der Gegenwartssprache scheinen die *a*-Laute /a/ und /ɑ:/ phonetisch nicht mehr unterschieden zu werden, sodass die meisten modernen Aussprachewörterbücher nur noch [a] und [a:] notieren. Dadurch hätte sich die Zahl der Vokalphoneme wiederum auf 17 reduziert.

Die zwar für Silbenakzent und Silbenstruktur wichtige **Dehnung der mhd. Kurzvokale** in offener Silbe (z. B. mhd. *vane, nemen, siben* usw. zu nhd. *Fahne, nehmen, sieben*) blieb, ebenso wie einige Kürzungen, ohne Einfluss auf die Struktur des Phonemsystems, da diese Längen bzw. Kürzen jeweils mit den anderen Längen und Kürzen zusammenfielen. Diese quantitativen Vorgänge ließen – wie die anderen Zusammenfälle von Phonemen – in einigen Fällen Homonyme entstehen (z. B. mhd. *mâlen, malen* zu nhd. *malen, mahlen*); deren punktuelle orthographische Differenzierung durch die normativen Grammatiker (s. IV, 5!) ist sprachstrukturell irrelevant.

Eine Konsolidierung des **Konsonantensystems** stellt die Phonemisierung des **velaren Nasals** ŋ dar. Im Mhd. war er nur eine Stellungsvariante des *n* (komplementäre Verteilung: ŋ nur vor *g* und *k*; *n* niemals vor *g* und *k*). Im Mhd. wurde nämlich in Fällen wie *singen* und *jung* das *g* noch gesprochen (*siŋgen, juŋg*), was sich darin zeigt, dass die Phonemverbindung ŋg infolge der sog. mhd. ‚Auslautverhärtung' (Neutralisation der Opposition zwischen Stark- und Schwachverschlusslaut im Auslaut) als <nc, nk, ngk> geschrieben wurde, vereinzelt bis ins 16. Jh. Im Nhd. dagegen spricht man – trotz der Beibehaltung der Buchstabenverbindung <ng> – nur noch [zɪŋən, jʊŋ]. Jetzt ist das Distributionsverhältnis zwischen *n* und ŋ nicht mehr komplementär. Beide Laute können nun in gleicher Umgebung und in Opposition zueinander vorkommen: z. B. <*Wanne ≠ Wange, sing ≠ Sinn*>. Der velare Nasal ist also zu einem eigenen Phonem geworden. Jetzt treten die bis dahin im System isolierten Nasale ganz zu dem Korrelationsbündel der Verschluss- und Engelaute hinzu, das durch den Wandel der mhd. Halbvokale <w> und <j> zu den nhd. stimmhaften Reibelauten /Frikativen *v* und *j* ohnehin schon bereichert worden ist:

/p/	/b/	/f/	/v/	/m/
/t/	/d/	/s/	/z/	/n/
/k/	/g/	/ç,x/	/j/	/ŋ/

Das System ist dadurch vervollständigt worden. Das neue Phonem /ŋ/ wirkt sich im zwischensprachlichen Verkehr mit Sprachen, die es nicht oder in anderer Distribution haben, dahingehend aus, dass

Deutsche z. B. Schwierigkeiten haben, ein Wort wie *English* oder die französischen Nasalvokale richtig auszusprechen, und viele Nichtdeutsche beim Deutschsprechen das deutsche Phonem /ŋ/ wegen der irreführenden Buchstabenverbindung <ng> meist als [ŋg] aussprechen. Während im Mhd. bei französischen Lehnwörtern wie *tanz, aventiure, garzun, schanzun* die frz. Nasalierungen der Vokale nicht mitentlehnt, sondern als Vokal + *n* wiedergegeben wurden (da ja der Laut [ŋ] im Mhd. nur ein Allophon war), wird bei solchen Entlehnungen in der Neuzeit in der Umgangssprache einiger Regionen, nicht im gegenwartssprachlichen Standard der velare Nasal zum nichtnasalierten Vokal hinzugesetzt (z. B. *Balkon, Terrain, Orange* mit ɔŋ, ɛŋ, aŋ gesprochen), ein Zeichen dafür, dass die Phonemisierung des ŋ im nhd. Lautsystem automatisch wirken kann. Im größeren Teil des deutschen Sprachraums wird allerdings [balkˈoːn], [tɛrˈɛːn], [orˈanʃə] gesprochen.

Eine komplizierte Umgruppierung des Systems ist bei den dentoalveolaren bzw. dentalen Reibelauten vor sich gegangen. Im Mhd. bestanden nebeneinander:

/s/   < germ. *s*,
/z/   < germ *t* (durch die 2. Lautverschiebung),
/ʃ/   < ahd. *sk*.

Dazu dürfte noch /ss/ gekommen sein, da das Mittelhochdeutsche im Bereich der Reibelaute auch über Langkonsonanten verfügte.

Das Phonem /s/ wurde vermutlich als Schibilant realisiert, was z. B. Entlehnungen aus dem Mittelhochdeutschen ins Ungarische belegen, in denen mhd. /s/ als ungarisch <s>, gesprochen [ʃ] realisiert wird. Dies können wir auch aus Lautsubstitutionen bei Entlehnungen wie mhd. *Orense* aus franz. *Orange* oder dem Ortsnamen *Sebnitz* (in Sachsen) zu sorbisch *žaba* ‚Frosch‘ schließen.

Dass im Mittelhochdeutschen /s/ und /z/ (im sog. normalisierten Mhd. oft auch als <ȝ> graphisch wiedergegeben) zwei Phoneme waren, kann man an der Pronominalflexion sehen: Der Nom.- und Akk.-Form *ez/eȝ* steht der Genitiv *es* gegenüber. Erst als sich diese Opposition neutralisierte, musste eine neue, deutlicher distinkte Genitivform gebildet werden: *dessen*. Die alte Form *es* ist noch in veraltenden oder veralteten Wendungen wie *Ich bin es zufrieden* erhalten. Zu diesen beiden Phonemen trat ein neues Phonem ʃ, das sich im Laufe der mhd. Zeit aus der Phonemverbindung *sk* ent-

wickelt hatte (z. B. ahd. *skôni*, mhd *schœne*), wahrscheinlich über
die noch heute in westfäl. Mundarten und im Niederländischen
erhaltene Zwischenstufe [sx]. Das alte schibilantisch artikulierte *s*
stand aber dem *ʃ* recht nahe (etwa wie noch heute das *s* im Niederländischen). Dadurch bestand in diesem Bereich die Gefahr des
Zusammenfalls der Phoneme. Dies geschah teilweise, aber in Verbindung mit einer Neuverteilung der Oppositionen in diesem Sys-
tembereich: Zwischen den beiden *s*-Lauten blieb nur inlautend
zwischen Vokalen eine Opposition, z. B. *reisen* ≠ *reißen, Muse* ≠
Muße, mit dem Merkmalsgegensatz stimmhaft/Lenis ≠ stimmlos/
Fortis; die Opposition stimmhaft ≠ stimmlos gilt heute noch im
Norden des deutschen Sprachgebiets, der Gegensatz Lenis ≠ Fortis
hingegen im Süden.

Die Opposition zwischen *s* und *ʃ* wurde beibehalten und phonetisch verstärkt, z. B. *sein* ≠ *Schein, Rasse* ≠ *rasche, lass* ≠ *lasch*.
Nur anlautend vor Konsonant wurde jedes *s* zu *ʃ* (*Spiel, Stiel,
Schrei, Schlag, Schnee, Schmutz*). Diese Eigenart des Nhd., die
beim Fremdsprachunterricht und bei der Entlehnung von Wörtern
wie *stop, Snob* Schwierigkeiten bereitet, hat nur das Gebiet Bre-
men-Hamburg-Hannover nicht mitgemacht, wo die Leute – wie
man sagt – über den *s-pitzen S-tein s-tolpern*. Dass sich die Schreibung <sch> (drei Buchstaben für ein Graphem) bei *ʃt* und *ʃp* nicht
durchgesetzt hat, hängt sicher mit der hohen Frequenz dieser beiden Lautverbindungen und ihrem (den Kanzleischreibern gewohn-
ten) Vorkommen auch im Latein zusammen.

In den modernen Ausgaben mittelhochdeutscher Texte begegnen auslautende Leniskonsonanten ‚verhärtet‘, d. h. als Fortis bzw.
stimmlos realisiert (‚**Auslautverhärtung**‘). In älteren mhd. Grammatiken ist zu lesen: „Stimmhafter Verschlusslaut wird im Wort-
auslaut sowie im Silbenauslaut vor Fortis im ‚klass.‘ Mhd. stimmlos: *tac – tages*; *nîgen* ‚sich verneigen‘ – Prät. *neic, neigen* (Kausativ
dazu) – Prät. *neicte*" (Paul/Schröbler/Wiehl/Grosse 1998, 130). Für
das Neuhochdeutsche gilt dann, dass die Auslautverhärtung in der
Orthoepie beibehalten wird; allerdings wird sie nicht (mehr) graphisch gekennzeichnet. Neuere Forschung (A. Mihm 2004) hat
indes ergeben, dass die ‚Auslautverhärtung‘ weder ein einheitlicher
Prozess war noch in allen Dialektgebieten des Mittelhochdeutschen durchgeführt wurde. Auch in der Gegenwartssprache gilt sie
nur in der nördlich orientierten Orthoepie als Norm, während das
Süddeutsche sie nicht kennt. In der nhd. Schriftsprache wurde in

diesem Fall die regionale Schreibsprachvariante ausgewählt, die die
Auslautverhärtung – zumindest graphisch – nicht kannte. In
Zukunft werden die Editoren mhd. Texte stärker den handschriftlichen Befund als die vermeintliche Norm des Mittelhochdeutschen
berücksichtigen müssen.

Die im Mittelhochdeutschen durch die Endsilbenabschwächung eingeleitete Entwicklungstendenz der **Substantivflexion**
wirkt im Nhd. weiter in der Weise, dass die Kasusunterschiede
noch stärker zugunsten des Numerusunterschiedes zurückgedrängt
werden. Hatten wir es im Mhd. schon mit der Klassifizierung nach
der Pluralbildung mit oder ohne Umlaut zu tun, so wird dieses
Numerusprinzip im Nhd. vervielfacht dadurch, dass mit ‚neuen‘
Endungen zur Bildung von Pluralstämmen neue Klassen entstehen;
das heißt aber nicht, das völlig neue Endungen/Flexive entstanden,
sondern dass sie von anderen Klassen genommen bzw. übertragen
wurden. Bei unserem Beispiel der starken Maskulina (vgl. III, 2)
verdoppelt sich die Zahl der Klassen durch das Pluralzeichen -er,
das sich von den Neutra des ahd. Typs *lamb – lembir* > mhd.
lamb/lamp – lember (aus der idg. *es/os*-Deklination; ursprünglich
nur Neutra und vorwiegend für die semantische Klasse der Haus-
tiere) her ausgebreitet hat:

	I 1a	I 1b	I 2a	I 2b
Sg. NA	*Tag*	*Lehrer*	*Leib*	*Bösewicht*
G	*Tag-es*	*Lehrer-s*	*Leib-es*	*Bösewicht-s*
D	*Tag(-e)*	*Lehrer*	*Leib(-e)*	*Bösewicht*
Pl. NA	*Tag-e*	*Lehrer*	*Leib-er*	*Bösewicht-er*
G	*Tag-e*	*Lehrer*	*Leib-er*	*Bösewicht-er*
D	*Tag-e-n*	*Lehrer-n*	*Leib-er-n*	*Bösewicht-er-n*

	II 1a	II 1b	II 2a	II 2b
Sg. NA	*Bart*	*Apfel*	*Wald*	*Strauch*
G	*Bart-es*	*Apfel-s*	*Wald-es*	*Strauch-s*
D	*Bart(-e)*	*Apfel*	*Wald(-e)*	*Strauch*
Pl. NA	*Bärt-e*	*Äpfel*	*Wäld-er*	*Sträuch-er*
G	*Bärt-e*	*Äpfel*	*Wäld-er*	*Sträuch-er*
D	*Bärt-e-n*	*Äpfel-n*	*Wäld-er-n*	*Sträuch-er-n*

Der Klassenunterschied zwischen Formen mit und ohne *e*-Erwei-
terung im Singular (a- und b-Klassen) ist bei II 2 nicht scharf (auch

Strauches, Strauche ist möglich) und überhaupt so unwesentlich, dass er in der Entwicklung des Nhd. (vgl. IV 5) allmählich weiter zurücktritt; Flexive wie *-s* oder *-es* sind nur positionsbedingte Allomorphe eines Genitivmorphems *-(e)s*. Dadurch wird das *-e* im Plural der Klassen I 1a und II 1a zum Pluralzeichen wie der Umlaut und das *-er*.

Dieses System, bei dem das Kasusflexionsprinzip immerhin noch mit dem *-s* im Gen. Sg. und dem *-n* im Dat. Pl. rudimentär erhalten ist, wird weiter abgebaut durch Deklinationsklassen, in denen es im Plural gar keine Kasusendung mehr gibt. In Einzelfällen wie *Balken* (zu I 1b) und *Garten* (zu II 2b) kann man das Fehlen des *-n* im Dat. pl. noch rein lautlich-kontextuell aus dem Zusammentreffen mit dem Stammausgang *-n* erklären. Analogische Systematik hat dagegen zu der sog. ‚gemischten‘ Deklination des Nhd. geführt, wo – von der alten schwachen Deklination her – sich ein Pluralzeichen *-(e)n* durchgesetzt hat (z. B. *Staat – Staaten, See – Seen*). Diese nur vom ‚gemischt‘ genannte Klasse (i. e. Singular ‚stark‘ – Plural ‚schwach‘) gliedert sich dem System der nhd. starken Maskulina synchronisch als Klasse I 3 ein. Schließlich muss für neuere Jahrhunderte noch als Klasse I 4 der vielumstrittene *s*-**Plural** hinzugenommen werden. Er wird zwar – abgesehen von ursprünglich niederdeutschen Beispielen wie *Jung(en)s, Decks, Fallreeps, Wracks* usw., vgl. auch schon im ahd. ‚Hildebrandslied‘ die wohl niederdeutsche Form *helidos ubar hringa* – auf den starken frz. Einfluss im 17. und 18. Jh. und den englischen im 19. und 20. Jh. zurückgeführt werden müssen und erklärt sich bei vielen Lehnwörtern (*Hotels, Streiks* usw.) eben aus der Einzelwortentlehnung. Aber in vielen anderen Fällen ist der *s*-Plural synchronisch gesehen heute ein unentbehrlicher Bestandteil des dt. Flexionssystems. Er ist nämlich nach bestimmten Distributionsregeln obligatorisch geworden: bei Buchstaben-Abkürzungswörtern (*Pkws, Kfzs, BHs,* usw.), bei Substantivierungen ohne Ableitungsmorphem (*Hochs, Tiefs, Neins, Hurras, Lebehochs* usw.) und vor allem bei Wörtern mit Stammausgang auf vollen Vokal (*Uhus, Nackedeis, Taxis, Nazis, Fotos, Dias* usw.). Es ist ein automatisches Wirken der Sprachökonomie – ohne jede Beeinflussung durch bewusste Sprachnormung, ja sogar gegen sie –, dass (nach dem Untergang der alten vollen Endsilbenvokale durch die mhd. Endsilbenabschwächung) neue Wörter mit neuartigen vollen Endsilbenvokalen nach einem besonderen Pluralzeichen verlangen und dafür das neue, durch Wortentlehnungen ins Deutsche gelangte Plural-*s* an sich ziehen und damit in das System integrieren.

Bei den Feminina der schwachen Deklination ist diese Tendenz zur Kristallisation der Substantivflexion um die Numerusfunktion (R. Hotzenköcherle) am weitesten vorangeschritten: endungsloser Singular, Plural auf *-(e)n*. Auch diese Substantive gehören in der Gegenwartssprache der ‚gemischten‘ Klasse an, während die ‚schwachen‘ Deklination auf Restklassen wie die von *Mensch, Graf, Bote, Hase* usw. beschränkt ist.

Ein analoger Systemwandel vollzieht sich im Nhd. bei der **Flexion der Verben**: Verstärkung der Tempusfunktion auf Kosten der Unterscheidung nach Person, Numerus und Modus. Dabei ist vor allem der Ablautunterschied zwischen Sg. und Pl. des Präteritums der starken Verben ausgeglichen worden. Noch Luther schrieb (wie im Mhd.)

er bleyb – *sie blieben* < mhd. *bleib/bleip* – *bliben*
(> Dehnung in offener Tonsilbe),
er fand – *sie funden* < mhd. *fand/fant* – *funden*,

wogegen es im Neuhochdeutschen einheitlich *blieb* – *blieben, fand* – *fanden* heißt. So ist auch der grammatische Wechsel (vgl. Verners Gesetz, I,2) beseitigt worden in Fällen wie *er was – sie wâren, er verlôs – sie verlurn, er zôch – sie zugen* (nhd. *war – waren, verlor – verloren, zog – zogen*). Durch Systemausgleich sind im Konjunktiv Präsens einige im Mhd. noch bestehende Oppositionen im Nhd. homophon geworden, also untergegangen (vgl. O. Werner). Im Mittelhochdeutschen hieß es z.B. noch *ich spriche* (Ind.) ≠ *ich spreche* (Konj.), *sie sprechent* (Ind.) ≠ *sie sprechen* (Konj.), wo es heute beidemal nur *spreche* bzw. *sprechen* heißt. Der letzte Rest von Opposition, der heute noch bei allen Verben besteht (3. Sg. *er liebt* ≠ *er liebe*), ist so schwach, dass im Neuhochdeutschen die alte flexivische Kategorie des Konj. Präs. fast ganz aufgegeben erscheint. Im Präteritum ist sie auf die umlautfähigen Verben beschränkt (z.B. *sprach* ≠ *spräche*). Die Reste des flexivischen Konjunktivs werden im Nhd. – zusammen mit Hilfsverbfügungen mit *würde, möge, sei, wäre, habe, hätte* usw. – zu einem ganz neuen System umgebildet, das sich von der alten Bindung an die Tempora (Konj. Präs., Konj. Prät. usw.) löst, das dem traditioneller Normgrammatik zugrundeliegenden lateinischen System nicht entspricht und dessen semantische Leistungen sich heute ganz anders präsentieren.

2. Wirkungen des Buchdrucks

Die Geschichte der dt. Sprache nähert sich in ihrer nhd. Periode immer mehr der Gleichsetzung von ‚Deutsch' und ‚Hochdeutsch'. Das Niederdeutsche unterlag nun in der Kultursprachentwicklung endgültig, wenn auch allmählich, durch die Zurückdrängung des alten (ursprünglich niederdeutsch niedergeschriebenen) Volksrechts (allen voran: der ‚Sachsenspiegel' Eikes von Repgow) seit der Rezeption des Römischen Rechts im Spätmittelalter, ferner durch den Untergang der Hanse und die Reformation. Heute ist das Niederdeutsche in erster Linie nur noch Objekt der Dialektologie des Deutschen. Der Beginn des Neuhochdeutschen oder ‚Neudeutschen' gehört zu den schwierigsten **Periodisierungsfragen**. Man hat einen Übergangsbegriff ‚Frühneuhochdeutsch' geprägt, der für die Zeit von der Mitte des 14. Jh. bis zum 16. Jh. angesetzt worden ist. Lautliche Kriterien (die sog. ‚nhd.' Diphthongierung, Monophthongierung und Vokaldehnung) bieten keinen verlässlichen Anhaltspunkt, da diese Lautvorgänge sich ganz allmählich in den einzelnen Landschaften früher oder später in den Jahrhunderten seit dem Hochmittelalter vollzogen haben, in einigen jedoch gar nicht. Es bestätigt sich hier aufs Neue, dass sprachinterne Kriterien für eine Periodisierung der Sprachgeschichte kaum taugen.

Wenn man die erste Periode des Deutschen mit der Christianisierung und den Anfängen des Deutschschreibens im 8. Jh. beginnen lässt und die zweite Periode mit der ersten Blütezeit weltlicher Sprachkultur kurz vor 1200, dann sollte man auch für die dritte, letztlich zur Gegenwart hinführende Periode ein **sprachsoziologisches** Kriterium wählen: Seit der Mitte des 15. Jh. wird geschriebene deutschen Sprache durch die Erfindung des Buchdrucks einem unvergleichlich größeren Teil der Sprachgemeinschaft zugänglich. Der Weg zur Gemeinsprache und Hochsprache war vorher auf die mühevolle Herstellung einer begrenzten Anzahl von Handschriften angewiesen, die nur ein kleiner Kreis von Fachleuten oder Begüterten lesen oder kaufen konnte. Die Erfindung Gutenbergs machte es nun möglich, dass Bücher und Flugschriften in beliebig vielen und verhältnismäßig billigen Exemplaren vom

Druckort aus in alle Teile des Sprachgebiets gingen. Von welcher Bedeutung das für die Entwicklung der Schriftsprache war, lässt sich am besten ermessen, wenn man sich vergegenwärtigt, dass auch heute unsere Gemeinsprache weit weniger auf dem mündlichen Verkehr als auf der gedruckten Literatur beruht, ja dass eigentlich auch jetzt nur das Bücherdeutsch als eine einigermaßen einheitliche Gemeinsprache gelten kann, während die mündliche Verkehrssprache (auch der Gebildeten) in den verschiedenen Gegenden und sozialen Gruppen erhebliche Unterschiede zeigt.

Die geschäftlichen Interessen des Buchhandels wirkten darauf hin, dass man sich immer mehr bemühte, grob Dialektales aus der gedruckten Sprache fernzuhalten. Je mehr es einem Verleger gelang, das sprachliche Gewand der von ihm veröffentlichten Werke von solchen Zügen zu reinigen, um so größere Aussichten hatte er, dass seine Verlagsprodukte in allen Teilen Deutschlands gelesen und gekauft wurden. Wir finden daher bald, dass sich zahlreiche Druckereien um die Normalisierung der Orthographie ihrer Verlagserzeugnisse bemühen, mitunter sogar gegen den Schreibgebrauch der Autoren. Schon Tatsachen wie die, dass im Zeitraum bis 1582 von neunzehn in Wien tätigen Druckern nur einer geborener Wiener war und dass ein Drucker wie Anton Koberger nicht weniger als dreizehn Pressen und Vertriebsstellen in verschiedenen Städten von Mittel- und Süddeutschland unterhielt, zeigen wie selbstverständlich sich ausgleichende Tendenzen geltend machen mussten.

Im 16. Jh. konkurrierten noch mehrere druckersprachliche Formen, je nach Druckort und Verleger, miteinander. Man unterscheidet, allerdings mit vielen Überschneidungen, einen südostdt. Typus (Wien, Ingolstadt, München) von einem schwäbischen (Augsburg, Ulm, Tübingen), einem oberrheinischen (Straßburg, Basel), einem schweizerischen (Zürich), einem westmitteldeutschen (Mainz, Frankfurt, Köln), einem ostfränkischen (Nürnberg, Bamberg) und einem ostmitteldeutschen (Leipzig, Wittenberg). Aber der Drang nach der sprachlichen Einheit, d. h. nach weitreichender Verkäuflichkeit, war stärker als der Lokalstolz der Verfasser und des engeren Leserkreises. So ging Basel schon vor der Reformation und Zürich schon 1527 zu den Diphthongen über, obwohl in diesen Städten noch heute in Mundart und Umgangssprache die alten Monophthonge gesprochen werden (vgl. *Schwizerdütsch*).

Die Wirkung des Buchdrucks auf Sprache und Sprachverwendung geht weit über die Beschleunigung der (schrift-)sprachlichen

Einigung hinaus. Der Buchdruck ist zunächst nicht mehr und nicht
weniger als ein Mittel zur beschleunigten und verlässlichen Verviel-
fältigung von Texten. Dass dies geradezu eine Medienrevolution
ausmachen würde, hat Gutenberg weder geplant noch gesehen.
Zum ersten Mal war es möglichgeworden, von einem Text zahlreiche und völlig identische Exemplare in vergleichsweise kurzer Zeit
herzustellen. Im ‚handschriftlichen Zeitalter‘ war Derartiges nicht
möglich gewesen; das mühsame Abschreiben von Hand brachte
immer kleinere oder größere, formale oder inhaltliche Änderungen
mit sich. Dadurch, dass Bücher in vergleichsweise großer Zahl
erzeugt werden können, ändert sich auch deren Distribution: Der
Markt wird das entscheidende Verteilungsmittel; es muss berücksichtigt und vorausgeplant werden, welche Bücher der Markt wohl
an- und abnehmen wird. Dadurch entsteht das Titelblatt als ein
neues (Para-)Text-Element, das potentiellen Käufern einen Anreiz
liefern soll. Die neue Vervielfältigungstechnik ermöglicht auch, auf
aktuelle Ereignisse rasch zu reagieren; zu diesem Zwecke bilden
sich neue Textsorten wie Flugblätter und Flugschriften heraus,
ohne die Reformation und Bauernkriege nicht zu so stark publizis-
tisch begleiteten und öffentlich diskutierten Ereignissen hätten
werden können.

3. Luther und die Reformation

Wie die Reformation, die eine neue Epoche in Kirche und Staat ein-
leitende Bewegung des 16. Jh., ohne das neue Publikationsmittel
des Buchdrucks sich nicht so schnell und folgenreich in einem großen Teil Deutschlands hätte durchsetzen können, so ist auch die
Leistung des Reformators Martin Luther für die dt. Sprachgeschichte nicht denkbar ohne die gedruckte Bibel, die die Entstehung der deutschen Gemeinsprache einen großen Schritt voran-
brachte. So verkehrt es ist, das an eine lange Tradition anknüpfende
Wirken Luthers als den allein ausschlaggebenden Antrieb zur Entstehung des Neuhochdeutschen hinzustellen, so sicher ist es, dass
sich Art und Umfang seiner Pflege der Muttersprache in wesentlichen Punkten von der Tätigkeit seiner Vorgänger unterscheidet.
Eine tiefgreifende Wirkung war den Bestrebungen der Kanzleien
und Buchdrucker schon deshalb versagt geblieben, weil ihnen in
Stil und Inhalt der Einfluss auf die großen Massen fehlte. Auch

Luther war zwar von Haus aus ein Gelehrter, dessen Tischgespräche in einer uns heute unvorstellbaren Weise Deutsch und Latein miteinander mischten (vgl. IV, 4). Aber von dem Augenblick an, wo ihm seine reformatorische Berufung klar zum Bewusstsein gekommen war, betrachtete er sich als Seelenfischer, dem das Heil des geringsten unter seinen Brüdern in Christo mehr gilt als der Beifall von Fürsten und Prälaten. So findet er denn auch, während ihn die höchsten Mächte des Reichs und der Kirche verfolgen und viele von den Humanisten verächtlich auf ihn herabblicken, seine mächtigste Stütze in der begeisterten Anhängerschaft weiter Bevölkerungskreise. Auf diese aber kann er nicht mit kunstvoll gedrechselten Perioden und Redefiguren einwirken; der schlichteste, geradeste, oft auch der derbste Ausdruck ist ihm der beste. Das hat Luther nicht nur von Anfang an gefühlt, sondern später auch klar erkannt. Leitet er doch seine 1523 erschienene Übersetzung der Bücher Mosis mit dem Bekenntnis ein, weder er selbst noch irgendein anderer, am allerwenigsten aber die fürstlichen Kanzleien hätten bisher die Kunst verstanden, deutsch zu schreiben. Er selbst hat sich diese Kunst mühsam und allmählich erarbeitet in einer schriftstellerischen Praxis von bedeutendem Umfang, vor allem aber in jahrzehntelangem Ringen mit dem Urtext der Bibel. Ihr hat er ein lebendiges deutsches Gewand geschaffen, in immer neuer Arbeit, die, im ganzen von hinreißendem Schwung getragen, doch im einzelnen von unerhörter Genauigkeit und Gewissenhaftigkeit zeugt.

Das äußere sprachliche Gewand seiner Schriften näherte Luther den Gebräuchen der kursächsischen Kanzlei an, die er für identisch hielt mit den in der kaiserlichen Kanzlei üblichen. Die Bemühungen seiner Drucker und Korrektoren um die anfänglich ganz inkonsequente **Orthographie** seiner Schriften hat er sich gern und dankbar gefallen lassen. Luther hat auf die äußere Sprachform seiner Schriften wenig Wert gelegt. Die nicht autorisierten Bibeldrucke haben sich in der Wiedergabe ihres Vorbildes viele Freiheiten gestattet. Allein in den Jahren 1524 und 1525 sind neben 14 autorisierten Nachdrucken 66 nichtautorisierte erschienen. Als scharfe und gegen Ende des Jahrhunderts erfolgreiche Konkurrenz zur Wittenberger Bibel erschien in Frankfurt im Verlag Feyerabends eine weit verbreitete Bibelübersetzung, die in vielen Dingen bewusst von der Lutherschen abweicht. Aber was die neuhochdeutsche Schriftsprache aus solchen Werken schließlich übernommen hat, sind hauptsächlich orthographische Züge, wie z. B. *komm* für *kom, Gäste* für *Geste, ältester* für *eltester*. Luthers eigene Orthographie war dem Nhd. noch sehr fern. Er stand noch auf dem Höhepunkt der Verwilderung im willkürlichen Setzen von überflüssigen Buchstaben (*vnnd* ,und', *auff* ,auf' *ysß* ,iss'). Auch das berühmte ,lutherische' -*e* (*Seele* statt *Seel, im geiste*; der Süden des deutschen Sprachgebiets, der überwiegend katholisch war, hatte auslautendes -*e* apokopiert), das noch im 18. Jh. katholischen Schriftstellern Süddeutschlands verdächtig erschien, ist erst nach Luther in der ostmitteldeutschen Schriftlichkeit zur festen Regel geworden (Martin Opitz). Viele Eigenheiten der ohnehin schon vorbildlichen ostmitteldt. Schreibtradition sind nachträglich mit der Autorität Luthers und der Bibel verknüpft worden. Andererseits sind gewisse ostmitteldeutsche Einflüsse in der später wegen der einflussreichen Reichstagsabschiede so wichtigen Mainzer Kanzleisprache wohl darauf zurückzuführen, dass seit 1480 Albrecht v. Meißen Erzbischof von Mainz und Reichskanzler war.

Die große Wirkung der Lutherbibel über das ganze deutsche Sprachgebiet hin beruht auf einer umfassenden sprachsoziologischen Bewegung, der Luther nicht durch philologische Akribie oder Eigenwilligkeit, sondern durch seine mutige Tat eines **volksnahen Übersetzungsstil**s zum Durchbruch verholfen hat. Nur so ist es zu verstehen, dass die Grammatiker seit dem 16. Jh. nicht müde werden, die Sprachgestalt von Luthers Schriften als Vorbild zu empfehlen. Gerade die verbreitetste unter den älteren dt. Grammatiken, die des Johannes Claius, bekennt sich als eine „*Grammatica germanicae linguae ... ex bibliis Lutheri germanicis et aliis eius libris collecta*". Luthers Sprache ist kein Neuanfang, sondern das Sammelbecken aller damals lebendigen deutschen Sprachtraditionen. Er hat ausgiebig aus den Leistungen seiner Vorgänger und Zeitgenossen geschöpft, von den Mystikern und älteren Bibelübersetzungen – vor ihm gab es schon 14 gedruckte dt. Bibeln, seit der des Straßburgers J. Mentel von 1466 – über die Perikopen und die Erbauungsliteratur bis zur mündlichen dt. Predigersprache seiner Zeit. Wenn Luthers Wörter und Wendungen in großer Zahl auch in Bibelübersetzungen seiner Gegner wiederkehren, so war das nicht immer Plagiat. Luther war nur der erste, der es wagte, in der Bibelübersetzung den allgemeinen, lebendigen Sprachgebrauch, auch der Alltagssprache, zu verwenden und sich der abstrakten Künsteleien des latinisierenden Humanisten- und Mönchsdeutsch zu enthalten. Eine Bibel wie der erwähnte Mentel-Druck hatte nicht die Aufgabe, ein gut verständliches ‚Lesebuch' zu sein, sondern diente vielmehr den Klerus, leichter zum lateinischen Ausgangstext der ‚Vulgata' zu gelangen.

Sicher ist, dass eine Reihe ursprünglich dialektaler Wörter, wie z. B. *Splitter, schüchtern, Spuk, Motte, Knochen, schimmern, lüstern, Scheune, bange, Wehklage, Wehmutter* durch seinen Einfluss sich in der Gemeinsprache durchsetzten und dass zahlreiche aus der Bibel stammende Phrasen, wie etwa *sein Licht unter den Scheffel stellen, sein Scherflein beitragen, sein Pfund vergraben, mit seinem Pfunde wuchern, ein Stein des Anstoßes* durch seine Übersetzung verbreitet worden sind. Er hat aus einer eigens angelegten Sprichwörtersammlung geschöpft. Sein Wortschatz ist erstaunlich reichhaltig. Er konnte in einem einzigen Satz z. B. zwischen *beschirmen, behüten* und *bewahren* variieren.

Als zweisprachiger Nordthüringer (seine Eltern stammten aus Westthüringen, er selbst ist im damals niederdeutschen Eisleben geboren und im niederdeutschen Mansfeld aufgewachsen, in Magdeburg und in Eisenach zur Schule gegangen) hat Luther sich nach dem in den Tischreden bekannten Grundsatz gerichtet: „Ich habe keine gewisse, sonderliche, eigene Sprache im Deutschen, sondern brauche der gemeinen deutschen Sprache, dass mich beide, Ober- und Niederländer, verstehen mögen". Durch seine Bibelübersetzung haben sich niederdeutsche und mitteldeutsche Wörter gegen oberdeutsche im Nhd. durchgesetzt: *Lippe/Lefze, Peitsche/Geißel, Ziege/Geiß, prahlen/geuden, Ufer/Gestad,* u. a. – Auch manche wortinhaltliche Entwicklung geht auf Luther zurück. Wenn uns heute die Verwendung von *Grund* in der Bedeutung ‚Ursache' so geläufig ist, so hat dazu Luthers Bestreben wesentlich beigetragen, für alles, was er glaubte und tat, einen Grund (d. h. ursprünglich eine ‚Grundlage') in der Heiligen Schrift nachzuweisen. Und wenn heute das Wort *Beruf* nicht mehr ‚Ruf, Berufung', sondern ‚Lebensstellung, Amt, Handwerk' und dergleichen bedeutet, so lässt sich dieser Bedeutungswandel schwer verstehen, wenn man nicht weiß, wie hoch Luther die kärgliche Lohnarbeit auch der niedern Stände als etwas dem Menschen von Gott Angewiesenes, ein ihm wohlgefälliges Werk einschätzte.

Mit dem Begriff ‚Lutherdeutsch' ist uns ferner noch heute die Vorstellung eines einfachen, ungekünstelten **Satzbau**s verbunden. Luthers Schreibstil ist noch nicht von der späteren Strenge schriftsprachlicher Wortstellungsregeln gekennzeichnet (vgl. IV, 4). Als

Beispiel eine in einfachen, kleinen Schritten fortschreitende Luther-
sche Satzperiode aus der berühmten Reformationsschrift ‚An den
christlichen Adel deutscher Nation' (1520):

> *Wen ein heufflin fromer Christen leyen wurden gefangen vnnd*
> *in ein wusteney gesetzt/die nit bey sich hetten einen geweyheten*
> *priester von einem Bischoff/vnnd wurden alda der sachen*
> *eyniß/erweleten eynen vnter yhn/er were ehlich odder nit/vnd*
> *befilhen ym das ampt zu teuffen/meß halten/absoluieren/vnd*
> *predigenn/der wer warhafftig ein priester/als ob yhn alle*
> *Bischoffe vnnd Bepste hetten geweyhet.*

Hier würde man in korrektem Gelehrtendeutsch etwa des 19. Jh.
die finiten Verben so weit wie möglich ans Ende setzen und auch
die Attributerweiterung *von einem Bischoff* einklammern:

> **Wenn ein Häuflein frommer Laienchristen, die keinen von*
> *einem Bischof geweihten Priester bei sich hätten, gefangen und*
> *in eine Wüste versetzt würde und sie sich dort darüber einig*
> *würden, daß sie einen unter sich – er wäre verheiratet oder*
> *nicht – erwählten und sie ihm das Amt, zu taufen, Messe zu hal-*
> *ten, zu absolvieren und zu predigen, anbefehlen würden, so*
> *wäre der wahrhaftig ein Priester, wie wenn ihn alle Bischöfe*
> *und Päpste geweiht hätten.*

In Luthers Bibeldeutsch – vor allem in der ersten Übersetzung des
Neuen Testaments, der sog. Septemberbibel von 1522 – scheint die
weitgehend klammerlose Wortfolge zwar stark von der Wortfolge
der grch. Vorlage abhängig zu sein (vgl. Textprobe 4). Man hat aus
dem Vorwiegen von Rahmenkonstruktionen in Luthers Flugschriften und Fabeln schließen wollen, dass gerade das Rahmenprinzip,
und nicht die freiere Wortfolge in kleinen Schritten, der Volkssprache am nächsten gestanden habe (W. G. Admoni, B. Stolt). Aber
diese Texte beweisen nichts für die damalige Volkssprache; und
einem Luther wird man in der Bibelübersetzung die Technik des
Wort-für-Wort-Übersetzens (in der Art der Fuldaer Tatianüberset-
zer des 9. Jh.) nicht zutrauen dürfen. Das Vorkommen vieler Rah-
mendurchbrechungen auch in seinen freien Schriften und weiterhin
in populärer Literatur des 15. und 16. Jh. machen es sehr wahrscheinlich, dass sich Luther – gegen den schon stark ‚schachtelnden'

Latein- und Gelehrtenstil seiner Zeit – die klammerlose Wortfolge des Urtextes insoweit zunutzegemacht hat, als sie auch einer freieren Variabilität der Wortfolge des Alltagsdeutsch seiner Zeit entgegenkam, von der man in der Syntax gesprochener Sprache und besonders im Jiddischen noch heute viel antrifft.

Jedenfalls bedeutet – im Rückblick nach vier Jahrhunderten einer ganz anderen Stiltendenz der deutschen Hoch- und Schriftsprache – Luthers Sprachstil in der dt. Sprachgeschichte den auf lange Zeit letzten Versuch, den ungezwungenen Sprachgebrauch, auch den der ‚Ungebildeten‘, als literaturfähig anzuerkennen und selbst die Bibel in einer zeitgemäßen und allen verständlichen Sprachform darzubieten. Darin lag auch der rasche Erfolg der Lutherbibel. Später wurde es immer mehr üblich, sich vom bloßen ‚Sprachgebrauch‘ zu distanzieren und nur der hohen, gelehrt oder dichterisch geprägten Stilebene die Sprachrichtigkeit zuzuerkennen. So kam es, dass immer wieder dt. Dichter – vom Sturm und Drang bis zu Bert Brecht – aus der akademisch-preziösen Richtung der nhd. Schriftsprache ausbrachen und gern auf das ‚urwüchsige‘ Deutsch Luthers und seiner Zeit zurückgriffen.

4. Lateinischer Spracheinfluss

Buchdruck und Reformation haben zwar mit Volksbüchern, Flugschriften, Bibel, Predigt und Schulunterricht das Latein als Literatur- und Bildungssprache ein wenig zurückgedrängt. Aber das darf nicht darüber hinwegtäuschen, dass das Deutsche in vielen kulturell wichtigen Bereichen noch lange nicht ernsthaft mit der Sprache konkurrieren konnte, die nun über die kirchlichen Traditionen hinaus als Sprache der neuen weltlichen Bildung gepflegt wurde. Im Zeitalter des **Humanismus** war das Latein nach wie vor die Schreib- und Verhandlungssprache der Wissenschaften und des nun ganz auf röm. Traditionen eingestellten Rechtswesens. Im Jahre 1518 waren nur 10 Prozent der deutschen Buchproduktion deutsch geschrieben, und noch 1570 waren es nicht mehr als 30 Prozent. Die Zahl der lateinisch geschriebenen deutschen Bücher betrug im Jahr 1740 noch 28 Prozent und 1770 noch 14 Prozent. In die Hörsäle der Universitäten drang das Deutsche erst seit 1687 durch Christian Thomasius in Leipzig. Noch bis ins 19. Jh. mussten in einigen Fächern Doktordissertationen lateinisch verfasst werden.

Diese weit über das Ende des Mittelalters hinaus andauernde kulturelle Vorherrschaft des Lateins im geistigen Leben Deutschlands musste ihre Spuren auch in der neueren dt. Sprache hinterlassen.

Am stärksten hat der lat. Einfluss natürlich im **lexikalischen** Bereich gewirkt. Der Terminologie- und Zitierzwang hat auch in der mündlichen Rede der dt. Gelehrten seit dem frühen Mittelalter eine dt.-lat. Mischsprache entstehen lassen, die beispielhaft in Luthers Tischgesprächen überliefert ist. Ein sehr beliebter Typus war es dabei, den mit dt. Prädikatsverb gegründeten Satzplan in den anderen syntaktischen Positionen mit lat. Lexemen anzufüllen (nach B. Stolt); z. B.

Spiritus sanctus *sezt* mortem *ein* ad poenam.
Ergo *mus* fides in hac carne infirma *sein*.
In articulo remissionis peccatorum *ligt die* cognitio Christi.

So sind in der Humanistenzeit – und ebenso früher und später – aus dem Latein der Gelehrten, der Schulen, Gerichte und Behörden zahllose lateinische Wörter ins Deutsche entlehnt worden: *Universität, Professor, Kollege, Humanität, Pensum, Text, diskutieren, demonstrieren, präparieren, Prozess, protestieren, appellieren, konfiszieren, Akte, legal,* usw. Neu ist seit dem Humanismus der Anteil an **griechischen** Wörtern und deren Ableitungen im deutschen Lehnwortschatz: *Akademie, Bibliothek, Gymnasium, Pädagoge, Apotheke, Technik, Horizont, erotisch, panisch,* usw. Viele von ihnen können allerdings auch aus lateinischen Texten ins Deutsche gelangt sein. Dieser Lehnworteinfluss aus den klassischen Sprachen war so groß, dass bis zur Gegenwart hin in allen Lebensbereichen moderner Zivilisation mit lat. oder griech. Wortstämmen oder Wortbildungsmitteln immer neue deutsche Wörter gebildet werden konnten: *Elektrizität, Photographie, Philatelie, Graphologie, Germanist, Sozialist, Materialismus, Antifaschist, nuklear, multilateral* usw. Damit hat sich aber im deutschen Wortschatz nichts anderes ereignet als auch in den anderen westeuropäischen Kultursprachen. Die Zahl der verfügbaren Wortstämme, mit denen man Wörter für neue Begriffe bilden konnte, ist damit in vielen Wortschatzbereichen fast verdoppelt worden, und zwar durchaus nicht in überflüssiger Weise, denn aus dem Nebeneinander von Erbwort und Lehnwortstamm ergaben sich oft nützliche Begriffsdifferenzierungen (vgl. *sozial* und *gesellschaftlich, Telegramm* und *Fernschreiben*).

Wesentlich hintergründiger (und bis heute in der Forschung noch nicht vollständig erkannt) hat das Latein auf den **Satzbau** und die **Stilistik** der werdenden deutschen Schrift- und Hochsprache eingewirkt. Zur Verbreitung der klassisch beeinflussten Schreibweise hat schon im Spätmittelalter eine Gattung von Werken viel beigetragen, die, zunächst lateinisch abgefasst, vom 15. Jh. an auch auf dem dt. Büchermarkt zahlreich vertreten ist: die ,Rhetoriken', *Artes dictandi'*, ,Formularien', die sich bemühen, italienische Theorien über die kunstgerechte Abfassung von Briefen und Urkunden auch in die deutsche Praxis einzuführen. Diese Werke verlangen deshalb Beachtung, weil sie zu einer Zeit, wo die grammatische Darstellung der Muttersprache noch in den ersten Anfängen steckte, als eine Art Lehr- und Musterbücher für den Gebrauch der dt. Sprache gelten können, deren Einfluss auf den deutschen Urkunden und Briefstil und mittelbar auf die deutsche Prosa überhaupt kaum überschätzt werden kann. Hatten die böhmischen Frühhumanisten bewiesen, dass klassischer Redeschmuck mit Schönheit und Durchsichtigkeit des deutschen Ausdrucks wohl vereinbar sei, so setzte sich nun, zum guten Teil unter dem Einfluss jener Fomularien, die langatmige und verschnörkelte Redeweise fest, die der deutschen Spracherziehung als ,Amtsstil' noch heute zu schaffen macht.

Wir können Schritt für Schritt verfolgen, wie die Stilmittel der klassischen Rhetorik – der parallele Bau der verschiedenen Satzteile, die rhetorische Frage, der Kunstgriff, einen einfachen Begriff durch Verwendung von zwei oder drei synonymen Ausdrücken nachdrücklich hervorzuheben usw. – in der deutschen Prosa immer mehr an Boden gewinnen, begleitet allerdings von Stilelementen, die nicht wie die eben aufgezählten in der bodenständigen deutschen Prosa Parallelen und Anknüpfungspunkte hatten, sondern sich als reine Latinismen darstellen, wie etwa der zunehmende Gebrauch von undeutschen Partizipial- und Infinitivkonstruktionen nach lateinischem Muster. Gegen Ende des 15. Jh. ist dann dieser Prozess so weit fortgeschritten, dass Nikolaus v. Wyle den Grundsatz aufstellen kann:

daz in der latinischen Rhetorick wenig ... zu zierung und hofflichikait loblichs Gedichts diende zu finden ist, daz nit in dem tütsche ouch stat haben und zu zierung sölicher tütscher gedichten als wol gebrucht werden möcht, als in dem latine.

Es finden sich aber auch abfällige Urteile über das unter lat. Einfluss stehende Gelehrtendeutsch. So schreibt Aventinus in der Vorrede zu seiner Bayerischen Chronik (1526):

> ... *in dieser Verteutschung brauch ich mich des alten lautern gewöhnlichen jedermann verstendigen teutsches; dan unser redner und schreiber, voraus so auch latein künnen, biegen, krümpen unser sprach in reden und schreiben, vermengens felschens mit zerbrochen lateinischen worten, machens mit großen umbeschwaifen unverständig, ziehens gar von ihrer auf die lateinisch art mit schreiben und reden, das doch nit sein sol, wan ein ietliche sprach hat ir aigne breuch und besunder aigenschaft.*

In der 2. Hälfte des 16. Jh. setzte im Stil der Rechtsprechung und Verwaltung eine Veränderung der deutschen Wortstellungsregeln ein, die im 17. Jh. auch andere Stilbereiche, vor allem das Gelehrtendeutsch und die Prosadichtung, erfasste (vgl. das Luther-Beispiel in IV 3): Die Endstellung des 2. Prädikatsteils (Infinitiv, Partizip, trennbaresPräfix bzw. trennbare Verbpartikel) im Hauptsatz und die Endstellung des finiten Verbs im Nebensatz werden von den Grammatikern seit dem 16. Jh. als alleinige Norm gelehrt. Von der Möglichkeit, Satzglieder auszuklammern und hinter das Verb bzw. den 2. Prädikatsteil zu stellen, wird seit dem 17. Jh. immer weniger Gebrauch gemacht. In diesen Zusammenhang gehört auch die erweiterte Attributgruppe (vgl. H. Weber), die in (nicht von lat. Vorlagen beeinflussten) Texten des mittelalterlichen Deutsch allenfalls mit nur einem Adverb als Erweiterung möglich war (z. B. *die wol gelobeten vrouwen*, Kudrun 43,3), bei mehrgliedriger Erweiterung fast nur mit Nachstellung (z. B. *gestrichen varwe ûfez vel*, Parzival 551, 27). Auch im Kanzleistil konnten solche erweiterten Adjektiv- und Partizipialattribute bis gegen Ende des 16. Jh. nach lat. Vorbild nur appositiv hinter das übergeordnete Substantiv gestellt werden. Nachdem aber im Humanistenlatein auch die Voranstellung üblich wurde, ahmte man dies in deutschen Übersetzungen nach, und so wurde die vorangestellte **erweiterte Attributgruppe** nach 1600 sehr schnell zu einer der beliebtesten syntaktischen Fügungen auch im Deutschen, während die nachgestellte Partizipialgruppe im 17. Jh. fast gar nicht mehr auftrat und seit dem 18. Jh. auf den Stil der schönen Literatur beschränkt blieb. Die Attributerweiterung ist eine der wesentlichen Ursachen dafür, dass seit dem 17. Jh. der Umfang des dt. Elementarsatzes allgemein zunahm (W. G. Admoni). Im Kanzleistil waren der Häufigkeit und dem Umfang der erweiterten Attribute kaum Grenzen gesetzt; ein keinesfalls seltenes Beispiel:

> ... *die hin und wieder im Reich erst-gedachten Commercien und gemeinem Nutzen zu Nachtheil, mit Gelegenheit des Kriegs, wider die Rechte, Freyheiten und ohne Bewilligung eines Römischen Kaysers und der Churfürsten neuerlich eigenes Gefallens eingeführt- und erhöheten Zölle ...*
> (Reichs-Abschied 1670).

Das erweiterte Attribut und die obligatorische Endstellung des Verbs bzw. 2. Prädikatsteils sind Erscheinungsformen der gleichen sprachstrukturellen Veränderung: Die Wortstellungsfreiheit des mittelalterlichen Deutsch (vgl. Textprobe 3) wird eingeschränkt zugunsten der zentripetalen Wortfolge (vgl. Textprobe 6): Das syntaktisch untergeordnete Wort geht dem übergeordneten voraus, im Gegensatz zur zentrifugalen Wortfolge etwa des Französischen (vgl. L. Tesnière, Eléments de syntaxe structurale, 1959, S. 22 f). Ausgenommen von der zentripetalen Wortfolge bleiben jedoch diejenigen Wörter, die die syntaktische Funktion der ganzen Gruppe angeben. Die untergeordneten Wortgruppen werden so in eine Klammer eingeschlossen, die im Nebensatz von der Konjunktion und dem finiten Verb, im Hauptsatz vom finiten Verb und dem 2. Prädikatsteil und im erweiterten Attribut vom Artikel und dem Substantiv gebildet wird. Versuche der Humanistenzeit, auch im Hauptsatz die Endstellung des finiten Verbs einzuführen, konnten sich darum nicht durchsetzen. Jenes Wortfolgeprinzip setzte sich zwar unter dem Einfluss des Humanistenlateins durch. Es wäre jedoch falsch, es deshalb als ‚undeutsch' zu betrachten. Mit dem Gesetz der zentripetalen Wortfolge war vielmehr eine wichtige strukturelle Voraussetzung in der deutschen Sprache selbst gegeben. Für den Sprachstil in Wissenschaft und Verwaltung hat sich die zentripetale Wortfolge aber nachteilig ausgewirkt. Da der abstrakte und komprimierte Stil dieser Sachbereiche die Anfüllung des Satzes mit übermäßig vielen und langen Nominalgruppen förderte, führte die restlose Einklammerung von umfangreichen Satzgliedern, ja sogar von Nebensätzen und satzwertigen Infinitiven mit *zu*, das Prinzip der zentripetalen Wortfolge schließlich ad absur-

dum. So entstand unter indirekter Einwirkung des Lateins der
berüchtigte dt. ‚Schachtelsatz‘ oder **Klammerstil**, gegen den sich
seit dem 19. Jh. Widerstand erhob (vgl. V, 3).

Auf lateinischem Vorbild beruhen auch die zunehmende Verwendung von *welcher* als Einleitung von Relativsätzen, das Weg-
lassen des Hilfsverbs (z. B. *das Buch, das ich gelesen*) und die systematische Kategorisierung der **Tempusformen** des Verbs, die nicht
immer mit der deutschen Sprachstruktur übereinstimmt, z. B. *er
wird es gelesen haben*, nach lateinischer Auffassung temporal (Fu-
turum exactum), nach deutscher modal (‚ich nehme an, dass er es
gelesen hat‘). Man gewöhnte sich daran, nach lateinischem Schema
zu flektieren (z. B. *Mann, Mannes, Manne, Mann, bei dem Mann, oh
Mann!*). Erst seit jüngster Zeit, etwa seit den 50er Jahren des 20. Jh.,
ist die deutsche Grammatikforschung darum bemüht, die deutsche.
Sprachlehre von den lateinischen Kategorien zu befreien und neue,
dem deutschen Sprachbau angemessenere Betrachtungsweisen zu
finden, und zwar in den beiden Richtungen der sog. ‚inhaltbezo-
genen‘ (H. Glinz, L. Weisgerber, J. Erben, P. Grebe, H. Brinkmann)
und der sog. ‚strukturalistischen‘ Grammatik (H. Glinz, J. Fourquet, M. Bierwisch, H. J. Heringer, G. Helbig, U. Engel u. a.).

Was vom lateinischen Einfluss als wertvolle Bereicherung der
deutschen Sprache unangefochten geblieben ist, sind vor allem die
syntaktischen Mittel begrifflicher Klarheit und Präzision. So wird
nach lateinischem Vorbild vom 16. bis 18. Jh. die dt. Möglichkeit
der doppelten Verneinung und der unlogischen Apokoinukons-
truktion in der deutschen Schrift- und Hochsprache verdrängt,
die **Kongruenz** von Numerus, Kasus, Person und Genus im Satz
durchgeführt. Ohne das lateinische Vorbild und den gelehrten Stil
hätte sich das System der syntaktischen Unterordnung von **Nebensätze**n im Satzgefüge sicher nicht so systematisch und differenziert
ausbilden können. Im Mischstil von Luthers Tischgesprächen ist
gerade bei konjunktionalen Nebensätzen deutlich das Überwech-
seln zum Latein zu beobachten (nach B. Stolt), z. B.:

> *Sonst kund niemand den Teuffl ertragen*, sicut videmus in des-
> peratis. *Zu letzt hebt Staupits zu mir über tisch an*, cum essem
> sic tristis *und erschlagen*.

Demgegenüber sind die verschiedenen Arten von *dass*-Sätzen und
attributiven Relativsätzen in Luthers Redeweise viel häufiger

deutsch konstruiert. Die Möglichkeiten des Mittelhochdeutschen für syntaktische Unterordnung von Sätzen waren noch sehr beschränkt und frei. Oft genügte statt einer Konjunktion (wie im Nhd.) einfach der Konjunktiv beim Nebensatzverb oder ein *und*, oder es fehlte jedes Unterordnungszeichen, z. B.:

> *Ouch trûwe ich wol, si sî mir holt.* (Wolfram, Parzival 607, 5; ,Auch vertraue ich fest darauf, dass sie mir hold ist')
> *Ich erkande in wol, unde sœhe ich in.* (Hartmann v. Aue, Gregorius 3896; ,Ich würde ihn sicher erkennen, wenn ich ihn sähe')
> *Ir sult wol lâzen schouwen, und habt ir rîche wât.* (Nibelungenlied 931, 3; ,Ihr sollt nun sehen lassen, ob ihr prächtige Kleidung habt')
> *Von iu beiden ist daz mîn ger, ir saget mir liute unde lant.* (Thomasin, Welscher Gast 1581; ,Euch beiden gegenüber ist es mein Wunsch, dass ihr mir von Leuten und Land erzählt')

Als Rest dieser einfachen altdeutschen Hypotaxe ist der vorangestellte konjunktionslose Konditionalsatz mit Spitzenstellung des Verbs bis heute geblieben (z. B. *Hilfst du mir, helf ich dir*). Die reich differenzierte Ausbildung eines Systems von Nebensatzkonjunktionen nach Vorbild des lateinischen Gelehrtenstils ist zu einem wesentlichen Kennzeichen der höheren Bildungssprache geworden, sodass sie auch über Konjunktionen verfügt, die viele Sprachteilhaber nie oder kaum verwenden (*zumal, indem, falls, sofern, sowie, soweit, soviel, insofern – als, als dass, auch wenn*).

5. Normative Grammatik

Wenn man Luthers Bibeldeutsch im Originaltext mit unserer heutigen Schriftsprache und schon mit der unserer Klassiker vergleicht, wird deutlich, dass sich in der Zwischenzeit in der deutschen Grammatik noch sehr viel gewandelt hat. Dass die Sprache Luthers und seiner Zeit noch zum sog. **Frühneuhochdeutschen** gehört, darüber ist man sich in der Forschung einig. Aber wie weit reicht diese Periode? Bis zu Opitz oder bis zu Gottsched und Adelung? Jedenfalls hat die grammatische Form der deutschen Sprache vom Ende des Mittelalters bis ins 18. Jh. in vielen Dingen eine gewisse

Rationalisierung durchgemacht. Manche der im folgenden ange-
führten Erscheinungen wird bereits in der freien Sprachentwicklung angebahnt gewesen sein. Ohne Zweifel haben aber dabei die
dt. Grammatiker und Stillehrer des 16. bis 18. Jh. regulierend und
vereinheitlichend eingegriffen, von Joh. Claius (1578) über Martin
Opitz ('Buch von der dt. Poeterey', 1624), Justus Georg Schottelius
(1641, 1663), Joh. Bödiker (1690) und Joh. Chr. Gottsched ('Deutsche Sprachkunst', 1748) bis zu Joh. Chr. Adelung (1774). Diese
Gelehrten und ihre Vorgänger, die spätmittelalterlichen Kanzleibeamten, die oft zugleich Lehrer an den städtischen Schulen waren,
haben nicht nur sklavisch am lat. Vorbild gehangen. Sie haben sich
auch ernsthafte Gedanken über die '**Sprachrichtigkeit**' im Deutschen gemacht. Dabei sind, neben vielen (ihnen noch verzeihlichen)
Fehlurteilen manche nützlichen Regeln aufgestellt worden, die sich
über den Schulunterricht und viele Schriftsteller schließlich durchgesetzt haben und bis heute gültig geblieben sind.

In der **Orthographie** hat sich ein Prinzip entwickelt, das sich
sehr wesentlich von der mittelhochdeutschen Verfahrensweise
unterscheidet. Man gewöhnte sich daran, die Buchstaben nicht
mehr nur nach der Lautqualität zu wählen, sondern auch nach der
etymologischen Zusammengehörigkeit von Wortstämmen und
nach Bedeutungsunterschieden.

So ist die (in der Aussprache noch heute vorhandene) mhd.
Auslautverhärtung in der Schrift beseitigt worden, damit der Wortstamm in allen Flexionsformen und Ableitungen gleich geschrieben
werden konnte: mhd. *gap – gāben*, nhd. *gab – gaben*; mhd. *tac –
tage*, nhd. *Tag – Tage*; mhd. *leit – leiden,* nhd. *Leid – leiden.* Die
mhd. Verteilung der Buchstaben *e* und *ä* (hervorgegangen aus å) auf
zwei verschiedene Lautwerte (Primär- und Sekundärumlaut: mhd.
geste 'Gäste', *mähtec* 'mächtig', *geslähte* 'Geschlecht') wird aufgegeben, weil es diesen Unterschied in dem nun so einflussreichen
Mitteldeutschen nicht gab. Das sich von süddeutschen Druckereien
her verbreitende å wurde nun in den Dienst **grammatisch-seman-
tischer** Unterscheidung gestellt. Schon in der 'Orthographie' des
Fabian Frangk (Wittenberg 1531) heißt es: „å wird gebraucht in
derivativis", d. h. wie heute in umlautenden Flexionsformen und
Ableitungen von Wortstämmen mit *a* (*Gäste* zu *Gast, mächtig* zu
Macht, rächen zu *Rache,* aber *Rechen*). Diese graphemische Differenzierung hat beim langen [ɛ:] dazu geführt, dass das nhd. Vokalsystem um ein Phonem bereichert wurde, das weder diachronisch

aus der Lautentwicklung berechtigt war noch synchronisch in das Vokalsystem hineinpasste. Die jahrhundertelange Übung, Wörter wie *Ehre* und *Ähre, Gewehr* und *Gewähr, Reeder* und *Räder* auf dem Papier durch die Graphem-Opposition <e> ≠ <ä> zu unterscheiden, hat auch in der Aussprache der meisten Deutschen (nicht aber in Berlin und im Nordosten, wo man in beiden Fällen meist beim engen [e:] geblieben ist) eine Opposition zwischen engem /e:/-Phonem und offenem /ɛ/-Phonem entstehen lassen, die der sonstigen Korrelation zwischen Enge und Länge im nhd. Vokalsystem widerspricht. Dies ist ein seltener – aber für die sprachgeschichtlichen Bewegkräfte im Papierzeitalter offenbar symptomatischer – Einfluss des Schreibens auf das Sprechen (nach W. Fleischer).

Dem gleichen orthographischen Prinzip zuliebe sind im Nhd. auch bei anderen Vokalen für viele gleichlautende Wörter (Homonyme) **differenzierende Schreibungen** eingeführt worden: z. B. *leeren / lehren, Moor / Mohr, malen / mahlen, Leib / Laib*. Syntaktisch motiviert ist die seit der Mitte des 16. Jh. aufkommende orthographische Differenzierung zwischen *das* und *daß/dass* (beide aus ahd./mhd. *daz*). Solche Regeln erschweren zwar noch heute den Rechtschreibunterricht und sind sprachstrukturell unnötig, da die Bedeutung von Homonymen durch Kontextbedingungen genügend determiniert wird (z. B. *Die* [1]*Weide steht auf der* [2]*Weide*, aber nicht umgekehrt). Ihre Tendenz entspricht aber einem bewussten, wenn auch sehr inkonsequent durchgeführten Prinzip philologisch gebildeter Sprachnormer: visuell-lexematischer statt phonematischer Schreibung. Man hält nun die Gliederung des Textes in kleinste Sinneinheiten (Morpheme, Lexeme) für wichtiger als die in Phoneme. Dem entspricht auch die seit dem 16. Jh. stärker werdende Tendenz zur Zusammenschreibung der **Komposita** (Zusammensetzungen), die die vollzogene Sinneinheit der Morphemverbindung hervorhebt und die Frage ‚zusammen oder getrennt?' unnötigerweise als eine der Hauptschwierigkeiten deutscher Rechtschreibung erscheinen lässt. Auf einer höheren Ebene der Grammatik zeigt sich dies auch in der Entwicklung der **Interpunktion**: Im 16. Jh. (etwa bei Luther, vgl. Textprobe 4) wurden innerhalb des Satzes noch meist nur satzphonetische Sprechabschnitte angezeigt, und zwar durch die Virgel (/), die in unseren Textneudrucken vielfach irreführend durch das Komma ersetzt ist, das erst in der Aufklärungszeit an ihre Stelle tritt. Das Komma ist

aber mit einem ganz anderen Interpunktionsprinzip verbunden:
der Gliederung nach logischen bzw. von Grammatikern und Schul-
meistern als logisch aufgefassten Einheiten wie Nebensatz, asyn-
detische Reihung usw. Dieses von anderen Sprachen in vielen
Punkten abweichende Prinzip ist erst im 19. Jh. zur verbindlichen
Norm geworden.

Ebenso abstrakten Erwägungen entspricht die Einführung der
Großschreibung der Substantive, die zeitweise auch im Niederländischen und Dänischen üblich war. War die Majuskel (der Groß-
buchstabe) bis in die Barockzeit hinein noch im Wesentlichen ein
graphisches Mittel zur freien äußeren Textgestaltung wie die Ini-
tiale oder der Typenwechsel, nämlich für den Satzanfang, für die
Hervorhebung von Eigennamen, besonders der sakralen (vgl. Textproben 1–5), oder von wichtigen Stichwörtern, so wurde sie –
vereinzelt seit dem 16. Jh., verbindlich erst seit Gottsched und
Adelung Mitte des 18. Jh. – zunehmend in den Dienst der Kenn-
zeichnung einer Wortart, also einer syntaktisch definierten Kategorie gestellt. Es ist nicht ausgeschlossen, dass die Einführung der
Großschreibung mit dem langen Festhalten an der spätmittelalterlichen Frakturschrift zusammenhängt, die einerseits gerade in der
Barockzeit zur Verschnörkelung der Großbuchstaben und deshalb
zu ihrem vermehrten Gebrauch verlockte, andererseits wegen dif-
fuser und oft zu ähnlicher Minuskelformen wohl mehr nach Hervorhebung bestimmter Wortanfänge verlangte als die strengere und
viel leichter lesbare Antiqua-Schrift, die – als Erneuerung der karolingischen Minuskel in der Humanistenzeit – sich z. B. in den
romanischen Ländern viel früher durchgesetzt hat. Auf jeden Fall
hat die Zunahme der Substantive und Attributgruppen im deutschen Gelehrtenstil in der Aufklärungszeit (s. auch IV, 4 und IV, 8)
das Bedürfnis nach graphischer Hervorhebung dieser Wortart
gefördert, was sich symptomatisch in Gottscheds Terminus
‚Hauptwort' zeigt, aber nichts für die sprachstrukturelle Notwendigkeit dieses Prinzips beweist. Da sich semantische und syntaktische Kategorie mitunter nicht decken (z. B. *das wesentliche Argu-
ment, das Wesentliche, im wesentlichen*), führte die Vermischung
syntaktischer und semantischer Kriterien zu unnötigen Lern-
schwierigkeiten, die bis heute keine Rechtschreibreform hat behe-
ben können. Eine kuriose Überschneidung des alten mit dem neuen
Prinzip stellen pietistisch-barocke Schreibungen wie *GOtt der
HErr* dar. – Auf der anderen Seite haben die Grammatiker, vor

allem Schottelius und Gottsched, mit ihrer normativen Systematik viel Ballast in der Rechtschreibung beseitigt wie das Wuchern von Konsonantenverbindungen oder Doppelkonsonanten, die seit dem Schwinden phonemischer Geminaten funktionslos geworden waren (z. B. *auff, Gedancken, eintzig, todt* usw. im 16. und 17. Jh.) und die Regelung, dass *v* nur noch für Konsonanten verwendet werden darf (vgl. Luthers *vnnd* für *und* in Textprobe 4). Dadurch ist die deutsche Orthographie im ganzen wesentlich systematischer geworden als etwa die französische.

Rationalisierungen bedeuten auch gewisse Entwicklungen in der Flexion, ganz gleich, ob hier die Grammatiker bewusst eingegriffen oder durch Vereinheitlichung des noch schwankenden und landschaftlich verschiedenen Sprachgebrauchs nur nachgeholfen haben. Dem erwähnten Wortstammprinzip zuliebe wurden lautliche Unterschiede wie Vokaldehnung und Vokalwechsel innerhalb der grammatischen Kategorie oft durch Systemzwang beseitigt (*Hof – Hōfes, krieche – kreuchst* werden zu *Hōf – Hōfes, krieche – kriechst*).

Dem Pluralzeichen *-e* bei den Substantiven ist es zugute gekommen, dass Opitz in der Schriftsprache dem oberdeutschen *e*-Schwund bewusst Einhalt gebot (*die Füße* statt *die Füß*). So ist das *-e* im Plural bis heute fest geblieben, während es als Kasuszeichen des Dativs Singular noch in den letzten Jahrzehnten weiter zurückgegangen ist (Noch Fontane schrieb *beim Könige, allem Anscheine nach*). Für das Festwerden der (ursprünglich eine Aktionsart kennzeichnenden) Vorsilbe *ge-* beim Partizip II hat sich Opitz ebenso eingesetzt wie für den strikten Unterschied zwischen endungsloser Singularform des starken Präteritums und der Endung *-te* bei der des schwachen (so schon Claius). Noch Luther schrieb *than* ‚getan‘, *er sahe* ‚er sah‘, *er bracht* ‚er brachte‘. Bödiker regelte den Unterschied zwischen *vor* und *für* und gab mit seiner in der Zeit vor Gottsched sehr einflussreichen Grammatik dem Diminutivsuffix *-chen* den Vorzug vor dem süddeutschen *-lein*.

Ein systematisierender Eingriff in die Wortbildung überhaupt war die lautgesetzwidrige Bewahrung oder Restitution der vollen Endsilbenvokale in Ableitungssuffixen wie *-lich, -isch, -ig, -in, -sam, -bar*, die im Spätmittelalter – wie in heutigen Mundarten und im Jiddischen vielfach zu ə abgeschwächt waren. Dass diese Vokalkonservierung bei Präfixen und bei Flexionsendungen nicht gewirkt hat, lässt auf ein konsequent lexematisches Prinzip schließen.

Das Zeitalter der normativen Sprachbetrachtung ist auch von
sprachsoziologischen und stilistischen Kriterien gekennzeichnet.
Zwar beruhten die Normsetzungen meist auf der Beobachtung des
Sprachgebrauchs, allerdings nur eines bestimmten, nicht des allgemeinen. Anfangs und teilweise noch bis Adelung galt das ,Meiß-
nische' und die Sprache der Lutherbibel als Maßstab, seit Opitz
aber schon mehr der Schreibgebrauch der kaiserlichen Kanzlei, vor
allem der Reichstagsabschiede und der Entscheidungen des Speye-
rer Reichskammergerichts, im späten 17. und 18. Jh. auch die Sprache hervorragender Schriftsteller, das „Schreiben der Gelehrten
und Reden vieler vornehmer Leute" (Bödiker) oder die „Eigent-
hümlichkeiten der obern Classen der ausgebildetsten Provinz" und
die „Gesellschaftssprache des gesittetsten Theiles der Nation"
(Adelung). Beim damaligen uneinheitlichen Zustand des allgemeinen Sprachgebrauchs bedeutete diese Auffassung der ,Sprachrich-
tigkeit' zugleich eine Distanzierung vom Sprachgebrauch des ,Pö-
bels'; und der Grundsatz ,**Sprich, wie du schreibst!**' war weithin
anerkannt. Die sprachliche Überfremdung Deutschlands durch
klerikales und akademisches Latein und aristokratisches Französisch und das Fehlen eines politischen, wirtschaftlichen und kulturellen Zentrums ließen im Deutschen, mehr als etwa in Frankreich
und England, einen Sprachstandard entstehen, der verhältnismäßig
gelehrt, schreibsprachlich und pedantisch geprägt war.

Die Herausbildung einer einheitlichen Nationalsprache war an
sich ein Erfordernis, das – wie die Entstehung der ,Nationen'
überhaupt – mit dem wirtschaftlichen System des **Bürgertums**
im Frühkapitalismus (Fernhandel, Marktsicherung) zusammenhing
und dessen Erfolg darum in Deutschland sogar der politischen
Einigung vorausging (D. Nerius, M. M. Guchmann). Das starke
Nachwirken feudaler Gesellschaftsstruktur an den vielen Fürstenhöfen hat diese Entwicklung nicht nur zeitlich behindert, sondern
auch qualitativ beeinflusst im Sinne einer (das Prestige der fremden
,Standessprache' kompensierenden) Hochtreibung der normativen
Ansprüche und einer weitgehenden Entfernung vom spontanen allgemeinen Sprachgebrauch. Wenn sich seit Herder und dem Sturm
und Drang und erst recht später im Zeitalter der Demokratie, der
Technik und der Massenkommunikationsmittel Widerstand gegen
die sprachliche Reglementierung erhebt und so manche alte Norm
der traditionellen dt. Literatursprache ins Wanken zu geraten
scheint, so sollte man sich vor der (bereits bei Adelung einsetzen-

den) ,Sprachverfalls'-Ideologie hüten und vielmehr beachten, dass
viele dieser Normen nicht auf freier Sprachentwicklung beruhen,
sondern auf willkürlicher Einengung des Bereichs der sozialstilis-
tischen Varianten aufgrund von Entscheidungen weniger Personen
oder bestimmter Personengruppen und auf längst veränderten
sprachsoziologischen Voraussetzungen.

6. Französischer Spracheinfluss

Die Beziehungen zwischen der französischen und der deutschen
Literatur und die Entlehnung französischer Wörter haben seit der
staufischen Zeit nicht aufgehört. Im 16. Jh. steigt der französische
Einfluss wieder an. Die Gründe dafür sind nicht in erster Linie auf
dem Gebiet der Literatur zu suchen, sondern auf dem der Politik.
Die deutschen Fürsten haben, angezogen von dem Glanz des französischen Hofes und dem Beispiel des spanisch erzogenen und
universalistisch regierenden Kaisers Karl V., den Grund zu dem
Dogma gelegt, dass Frankreich in allen Fragen der Bildung und des
Geschmacks als unerreichbares Vorbild zu gelten habe. Schon unter
Karl V. (reg. 1519–1556) wird die Korrespondenz zwischen dem
kaiserlichen und anderen deutschen Höfen vielfach französisch
geführt. Als dann infolge der Hugenottenkriege Scharen von ver-
triebenen Protestanten in Deutschland Zuflucht finden, erfährt der
französische Einfluss eine weitere Steigerung. Vor allem wird er
nun, da ja die Flüchtlinge den verschiedensten Ständen angehörten,
in weitere Kreise der dt. Gesellschaft getragen. Während früher die
Kenntnis der französischen Sprache in erster Linie durch kostspie-
lige Reisen erworben werden musste, gibt es nun in Deutschland
zahlreiche französische Sprachlehrer, z. T. in angesehener Stellung.
Daneben gab es nach wie vor viele Deutsche, die zu Studien- und
Bildungszwecken, oft auch als Soldaten und Kaufleute nach Frankreich gingen und dort das Französische aus erster Hand kennen
lernten. So läuft der frz. Einfluss dem während des ganzen 16. Jh.
noch starken spanischen und italienischen allmählich den Rang ab,
der dem Deutschen viele Wörter des Handels, der Schiffahrt und
des Militärwesens eingebracht hat (z. B. *Bank, Konto, Kasse, Kredit,
Kapital, Risiko, netto, Post, Arsenal, Armada, Fregatte, Kompass,
Pilot, Geschwader, Alarm, Kanone, Granate, Kavallerie, Infanterie,
Brigade*). Viele ursprünglich aus dem Italienischen und Spanischen

entlehnten Wörter haben später die Lautform des entsprechenden französischen angenommen.

Zu Anfang des 17. Jh. setzt dann der französische Einfluss übermächtig ein, vor allem im Wortschatz jener höfisch-galanten Lebensweise, die man unter der Bezeichnung Alamodewesen zusammenzufassen pflegt. Die frz. Kleidung, Wohnkultur und Küche, die neuen gesellschaftlichen Verkehrsformen und das um diese Zeit an den Höfen um sich greifende amouröse Treiben haben uns eine Reihe von Fremdwörtern gebracht, die zum Teil noch heute als Lehnwörter fortleben. Damals drangen z. B. *Mode* (zunächst in der Verbindung *à la mode*), *Dame, Maitresse, Cavalier* in den allgemeinen Sprachgebrauch ein, und Anreden wie *Monsieur, Madame, Mademoiselle* wurden gang und gäbe. Selbst die dt. Verwandtschaftsbezeichnungen *Vater, Mutter, Oheim, Muhme, Vetter, Base* wurden durch französische ersetzt *(Papa, Mama, Onkel, Tante, Cousin, Cousine)*. Gesellschaftliche Wertschätzung wurde französisch ausgedrückt: *galant, charmant, curiös, nobel, nett, interessant*. Man machte sich *Complimente*, trieb *Plaisir, Coquetterie* oder *Conversation*, man *amüsierte* sich mit *Karessieren, Parlieren, Maskieren* und *logierte* im *Palais, Hôtel, Kabinett, Salon* oder in der *Etage*, mit *Möbeln, Sofa, Gobelin, Stuck, Galerie, Balkon, Terrasse*, usw. Und diejenigen, die dies alles nicht auf Französisch benennen konnten, wurden als *Parvenus* oder als *Pöbel* verachtet.

Natürlich hat bei dieser ganzen sprachlichen Bewegung der Dreißigjährige Krieg, der Unmengen von fremden Truppen ins Land brachte, einen bedeutenden Einfluss gehabt, vor allem dadurch, dass er den ursprünglich nur in den höheren Kreisen der Gesellschaft heimischen Fremdwörtern bis tief in die unteren Volksschichten hinein Eingang verschaffte. „Wie Buren ... mötet dei *Contribuzie* dem einen sowol als dem andern her *spendieren*" seufzt ein nd. Bauer in Schottelius' Freudenspiel ,Des Friedens Sieg' (1648), und in der Tat wird es damals in Deutschland nicht viele Gegenden gegeben haben, in denen man nicht Fremdwörter wie *Kontribution, Gage, fouragieren, Service* aus bitterer Erfahrung kennenlernte. In den Mundarten haben sich z. T. bis heute viele französische Lehnwörter erhalten, die in der Standardsprache längst untergegangen sind.

Der französische Einfluss ist dann gegen Ende des 17. Jh. weiter und in bedenklichen Formen angewachsen. In dem immer mächtiger werdenden Frankreich herrschte Ludwig XIV., an dessen

Hof sich Gesellschaftsleben, Kunst und Wissenschaft rasch zu einer Höhe entwickelten, die den französischen Einfluss in allen zivilisierten Ländern Europas überwältigend machte. Jetzt lag die Gefahr für die dt. Sprache nicht mehr nur in der ‚Sprachmengerei', in dem Eindringen einer wenn auch großen, so doch immerhin beschränkten Fremdwörtermenge in den deutschen Wortschatz, sondern in der völligen Verdrängung des Deutschen aus dem gesellschaftlichen Verkehr der Gebildeten. In bestimmten Gesellschaftsschichten herrschte damals in Deutschland eine vollkommene **französisch-deutsche Zweisprachigkeit**. Das Französische ist um die Wende des 17. und 18. Jh. nicht nur Diplomatensprache, Verhandlungssprache gelehrter Körperschaften, Sprache des gesellschaftlichen Umgangs; immer verbreiteter wird die Gewohnheit, dass selbst im Bürgertum die Kinder von frühester Jugend an dazu angehalten werden, mit ihren Eltern und untereinander französisch zu sprechen, während die Muttersprache auf den Verkehr mit dem Gesinde beschränkt wird. Fast ohne Widerspruch haben sich gerade die besten Geister der Zeit diese Tyrannis einer fremden Sprache gefallen lassen. Thomasius, der im Jahre 1687 die Kühnheit hatte, das Schwarze Brett einer deutschen Universität durch den Anschlag eines Programms in deutscher Sprache zu entweihen, und der deutsche Stilübungen in den Plan seiner umfassenden akademischen Lehrtätigkeit aufnahm, geht doch nicht so weit, dass er der französischen Sprache ihre Eroberungen ernsthaft streitig machen möchte: „Bey uns Teutschen ist die französische Sprache so gemein worden, dass an vielen Orten bereits Schuster und Schneider, Kinder und Gesinde dieselbige gut genug reden; solche eingerissene Gewohnheit auszutilgen, stehet bey keiner privat-Person, kommet auch derselben im geringsten nicht zu". Und Leibniz, der in seinen eigenen Publikationen weithin beim Französischen oder Latein blieb, hat zwar in zwei gedankenreichen Schriften Vorschläge zur Hebung der Muttersprache niedergelegt, diese aber nie veröffentlicht, wohl weil er selbst sein ungeheures Ansehen nicht für ausreichend hielt, um den Kampf gegen eine so tiefgehende Zeitströmung aussichtsreich zu führen. Gleichwohl, am Ende seiner Schrift, wie in mehreren anderen auch, ‚Unvorgreifliche Gedanken, betreffend die Ausübung und Verbesserung der deutschen Sprache' schlug Leibniz die Gründung eines „deutschgesinnten Ordens", einer Sprachgesellschaft bzw. einer Akademie, vor. Am 11. Juli 1700 wurde die ‚Kurfürstlich-Brandenburgische Societät der Wis-

senschaften' gegründet, deren Nachfolgereinrichtung heute die
Berlin-Brandenburgische Akademie der Wissenschaften ist. Gründer resp. Initiator war Leibniz, von dem auch das Siegel der ‚Societät' entworfen worden ist. Die ‚Societät' bestand aus vier Klassen,
von denen die dritte der „Ausarbeitung der deutschen Sprache"
dienen sollte.

Voltaire berichtete aber noch 1750 aus Potsdam: „Ich befinde
mich hier in Frankreich. Man spricht nur unsere Sprache, das Deutsche ist nur für die Soldaten und die Pferde". So dauert also der
französische Einfluss fort, bis er am Hof Friedrichs II. einen
Gipfelpunkt erreicht: die ausdrückliche Verachtung der deutschen
Sprache gerade aus dem Munde des großen Preußen-Königs, dessen staatsmännische und kriegerische Erfolge schließlich doch eine
Entwicklung einleiteten, die der sprachlichen Überfremdung ein
Ende setzte.

7. Sprachreinigung und Sprachpflege vom 17. bis 19. Jahrhundert

Mit zunächst nicht dauerhaftem Erfolg setzt schon vor Beginn des
Dreißigjährigen Krieges die Gegenwehr gegen das Überhandneh-
men des Fremdwörtergebrauchs ein, und Hand in Hand mit ihr das
Bestreben, durch sorgfältige Pflege die Landessprache auf eine
Höhe zu heben, die sie gegenüber den verfeinerten Kultursprachen
Latein und Französisch konkurrenzfähig machen sollte. 1617
schrieb der junge **Martin Opitz** in lateinischer Sprache seinen ersten Protest gegen die Vernachlässigung der Muttersprache nieder
(‚*Aristarchus sive de contemptu linguae Teutonicae*'). 1624 bringt
sein ‚Buch von der teutschen Poeterey' ein kurzes aber wohldurch-
dachtes Programm für die Behandlung des deutschen Ausdrucks in
der Poesie, das in seiner Gedrängtheit und Klarheit um so größeren
Eindruck machte, als der Autor in der glücklichen Lage war, seine
Lehren durch sorgfältige Umarbeitung einer schon früher veröffentlichten erfolgreichen Gedichtsammlung mit einem damals
unübertrefflichen Musterbeispiel zu versehen. Zierlichkeit und
Würde des Ausdrucks sind die positiven Vorzüge, nach denen seine
Forderungen gehen. Das Gebot der Vermeidung von Dialektalem,
von Übelklingendem (Hiatus, Häufung einsilbiger Wörter), von

inhaltsleeren Flickwörtern, von Unklarheiten und Gewaltsamkeiten in der Wortfolge ergänzt das Programm nach der negativen Seite hin. Dass die ‚unsaubere‘ Art, in deutsche Gedichte fremde Wörter einzumengen, streng verurteilt wird, ist selbstverständlich. Für den Reim verlangt Opitz größere Reinheit als sie seinerzeit üblich war. Er legte den Grund für die Metrik und Stilistik der neudt. Dichtung. Es ist eine pedantisch vernünftelnde, mehr als billig an Einzelheiten haftende Theorie der Wortkunst, die Opitz vorträgt. Aber da ihre Fehler zugleich die des Jahrhunderts sind, schadeten sie ihrem Erfolg um so weniger, als auch sein redlicher Wille, zum Ruhm der Muttersprache beizutragen, bei den besten seiner Zeitgenossen kräftigen Widerhall fand.

Schon im Jahre 1617 war nämlich zu Weimar nach italienischen Muster eine Ordensgesellschaft gegründet worden, die sich die Pflege der Muttersprache zur Hauptaufgabe gestellt hatte. Aus der ernsten Stimmung eines Trauerfestes heraus geschah dort unter der Führung Ludwigs von Anhalt der erste Schritt zur Gründung einer Vereinigung von vaterländisch gesinnten Männern, wie sie Deutschland bis dahin noch nicht gekannt hatte. Schon dass die Aufnahme in die ‚**Fruchtbringende Gesellschaft**‘ nicht hohe Geburt oder Stellung voraussetzte, sondern Liebe zur Muttersprache und den Willen, ihr zu dienen, unterschied diese Vereinigung gründlich und zu ihrem Vorteil von den seit dem Mittelalter so verbreiteten adeligen Ordensgesellschaften. So hat sie denn auch wirklich erreicht, dass die besten Geister des damaligen Deutschland ihr entweder, wie Opitz, Moscherosch, Schottelius, Logau, Gryphius, als Mitglieder angehörten oder sich wenigstens mit Entschiedenheit als Freunde der vaterländischen Sprachbewegung bekannten, wie dies z. B. Grimmelshausen in seinem ‚Teutschen Michel‘ getan hat. Nach diesem Vorbild wurden weitere Gesellschaften gegründet, in denen sich in das poetische und gesellschaftliche Treiben des Ordens Züge von uns unerträglicher Geschmacklosigkeit mischten. Die auf Veranlassung der Fruchtbringenden Gesellschaft entstandene ‚Deutsche Sprachlehre‘ von christian Gueintz sich schon durch ihre zwischen Spitzfindigkeit und Stumpfsinn schwankende Einteilungssucht als ein Werk der schlimmsten Pedanterie darstellt. Aber die ernste Arbeit, die die Mitglieder in ihren umfangreichen Korrespondenzen an die Erörterung sprachlicher Probleme wandten, und die durch sie geförderte Übung im Beobachten der Sprache sind doch die notwendigen Voraussetzungen für die grammati-

schen Arbeiten von Schottelius. Der Zusammenhang dieser Arbeiten mit den Bestrebungen der Fruchtbringenden Gesellschaft
erweist sich schon äußerlich dadurch, dass Schottelius zahlreiche
Verdeutschungen grammatischer Kunstwörter von seinen Vorgängern übernommen hat. Ein großer Teil unserer grammatischen Terminologie, wie z. B. die Wörter *Mundart, Wurzel, abwandeln,
Ableitung, Beistrich,* gehen auf Schottelius oder seine unmittel-
baren Vorgänger zurück.

Nach dem Vorbild des ,Palmenordens' (wie die Fruchtbringende Gesellschaft nach ihrem Sinnbild genannt wurde) entstanden
eine Reihe von anderen **Sprachgesellschaften,** die durch die Ähn-
lichkeit ihrer Ziele und die Personen ihrer Gründer ihre nahe
Zusammengehörigkeit mit jener erkennen lassen: die Aufrichtige
Gesellschaft von der Tannen (1633), die Deutschgesinnte Genos-
senschaft (1642), der Pegnesische Blumenorden (1644), der Elb-
schwanenorden (1656) und andere. Von den Hauptpersonen dieser
Gesellschaften ist ohne Zweifel die hervorstechendste **Philipp von
Zesen,** ein Mann, der durch seinen übertriebenen Eifer in der Be-
seitigung auch längst einheimisch gewordener Lehnwörter der
Sprachbewegung manche gefährliche Blöße gegeben hat, der aber
offenkundig ein bedeutendes sprachschöpferisches Talent besaß.
Neben vielen gewaltsamen und daher wieder verschwundenen Verdeutschungen scheint eine Reihe noch jetzt allgemein gebräuchli-
cher Wörter auf ihn zurückzugehen oder wenigstens durch ihn zu
Ansehen gelangt zu sein, z. B. *Blutzeuge, Bücherei, Gesichtskreis,
Schaubühne, Sinngedicht, Vollmacht.* Diese Verdeutschungsbestre-
bungen werden begleitet und ergänzt durch die Wiederbelebung
alter dt. Wörter (wie *Minne, Degen, Vogt, Recke*), ähnlich wie später im Sturm und Drang und vor allem in der Romantik.

Hand in Hand mit den Bestrebungen der Sprachgesellschaften
gehen immer häufigere Versuche, der Muttersprache im **Schul-
betrieb** die ihr gebührende Stellung zu sichern. Schon einige Jahre
vor der Gründung der Fruchtbringenden Gesellschaft hatte Wolfgang Ratichius (Radtke) verlangt, dass die Grammatik der deutsche
Sprache unter die Gegenstände des Elementarunterrichts, aber
auch als Unterrichtssprache in die Universitäten aufgenommen
werde. Die so erworbenen Kenntnisse sollten dann die Grundlage
für den fremdsprachlichen Unterricht bilden. Von der Wichtigkeit
seiner Aufgabe überzeugt, durfte Ratichius es wagen, seine Grundsätze dem Reichstag zu Frankfurt 1612 in einer Denkschrift vor-

zulegen, und in der Tat gelang es ihm, eine Reihe hochstehender
Persönlichkeiten für seine Pläne zu gewinnen. Seit 1618 konnte er
als Rektor der unter dem Schutz Ludwigs von Anhalt gegründeten
Köthener Schule darangehen, seine Theorien in die Wirklichkeit
umzusetzen. Seither wirkt die Schule als ein Faktor ersten Ranges
an der Ausbildung der dt. Sprache mit. Besonders die Vereinheitlichung der gebildeten Schrift- und Hochsprache wurde durch den
Einfluss des dt. Sprachunterrichts gefördert.

Die religiöse Bewegung des **Pietismus** und seiner Abarten förderte in allen Schichten der Bevölkerung ein außerordentlich
gesteigertes Ausdrucksbedürfnis. Nicht nur Angehörige der gebildeten Stände, sondern auch Handwerker und Bauersleute finden
wir unter den Brief- und Memoirenschreibern der neuen Mystik.
So ist es verständlich, dass die Spracherziehung, die von dieser
Geistesrichtung ausgeht, sehr tiefgehend und nachhaltig war. Indirekt gewann sie einen bedeutenden Einfluss auf die Entwicklung
der dt. Sprache dadurch, dass sich die vom Waisenhaus in Halle,
einer pietistischen Gründung, herausgegebenen deutschgeschrie-
benen Lehrbücher eines hohen Ansehens erfreuten, sodass ihre
sprachlichen Eigentümlichkeiten die besten Aussichten hatten,
zunächst für die Schule, dann für die gebildete Sprache überhaupt
maßgebend zu werden. Zwei Wirkungen der Hallensischen Lehr-
anstalten sind hervorzuheben: Für die Regelung der deutscher
Orthographie war ihre Tätigkeit von großer Bedeutung; und in
dem Wettbewerb zwischen Deutsch und Lateinisch stellten sich
August Hermann Francke und seine Mitarbeiter auf die Seite der
Muttersprache, nicht nur in Halle, sondern schon in Leipzig, einer
Hochburg der Orthodoxen, von wo Thomasius 1690 vertrieben
wurde. Zeitgenössische Streitschriften stellen außer Zweifel, dass
Thomasius, der in die Leipziger ‚pietistischen Händel' als Sachwal-
ter Franckes direkt eingegriffen hatte, von den Strengkirchlichen
als ein ‚Advocat der Pietisten' betrachtet wurde. Andererseits spielt
in den Angriffen gegen die Pietisten der Vorwurf eine Rolle, dass
sie den Gebrauch der dt. Sprache in den ‚Collegiis' befürworteten.

Die ordnende, Systeme schaffende Tätigkeit, die während der
Aufklärungszeit den verschiedensten Wissenschaften zugewendet
wurde, kam auch der Sprachlehre und -pflege zugute. Der Sammlung des dt. Wortschatzes in Wörterbüchern wird zunehmende
Aufmerksamkeit gewidmet (Stieler, ebenfalls Mitglied der Fruchtbringenden Gesellschaft, Der dt. Sprache Stammbaum und Fort-

wachs, 1691, Steinbach, Deutsches Wörterbuch, 1725, Vollständiges dt. Wörterbuch, 1734). Die umfassende Bearbeitung des deutschen Wortschatzes in **J. Chr.** Adelungs ‚Versuch eines vollständigen grammatischkritischen Wörterbuchs der hochdeutschen Mundart' (1774–81) hat durch weite Verbreitung und bezeugte Benutzung durch bedeutende Schriftsteller in der Zeit um 1800 großen Einfluss auf die lexikalische Standardisierung der dt. Litератursprache gehabt. **Gottscheds** ‚Deutsche Sprachkunst' versuchte, die Gesetze des Sprachgebrauchs nicht nur festzustellen, sondern auch vernunftgemäß zu beweisen, und in seinen Rezensionen und polemischen Schriften spielt die sprachliche Kritik eine große Rolle. Gottsched und Adelung haben sich als letzte für das ostmitteldeutsche (‚meißnische') Vorbild der dt. Schriftsprache eingesetzt. Im Grunde war diese Entwicklung damals schon längst abgeschlossen, und man begann schon darüber zu spotten, wie Schiller mit seinem Distichon über die Elbe in den ‚Xenien':

All ihr andern, ihr sprecht nur ein Kauderwelsch –
unter den Flüssen Deutschlands rede nur ich, und auch in Mei-
ßen nur, deutsch.

Die Verbissenheit, mit der **Adelung** gegen den heftigen Protest bedeutender Zeitgenossen wie J. Fr. Heynatz, J. H. Voß, Klopstock, Wieland, Jean Paul, Fr. L. Jahn u. a. die Vorbildlichkeit der obersächsischen „Gesellschaftssprache" behauptete, kann nur aus theoretischen bzw. ideologischen Überzeugungen dieses letzten der normativen Sprachgelehrten verstanden werden. Auf der einen Seite stand der pommersche Pfarrerssohn als Redakteur in Leipzig und Oberbibliothekar in Dresden unter dem Eindruck der Kulturblüte im königlichen Sachsen „in dem Zeitpuncte von 1740 bis auf den verderblichen siebenjährigen Krieg", in dem „Deutschland sein Athen nicht verkannte". Für ihn konnte also ‚Hochdeutsch' nur das sein, was mit ‚Geschmack' und ‚Gesittung' verbunden, also nur in den „obern Classen" und nur in Obersachsen möglich war, zumal er seit 1774, dem Erscheinungsjahr von Goethes ‚Werther', dieses „classische" Literatursprachideal durch eine neue literarische Bewegung – wie überhaupt durch den Rückgang des politisch-militärischen Ansehens Sachsens gegenüber Preußen – gefährdet sah und von da an seinen ‚meißnischen' Standpunkt noch verschärfte (D. Nerius). Dies war der erste Versuch einer national-

sprachlichen Kanonbildung unter der konservativen Idee des
‚Klassischen‘. Auf der anderen Seite war Adelung aufklärerischer
Sprachtheoretiker, der strukturlinguistische Anschauungen des
20. Jh. (F. de Saussure) auf naive Weise vorwegnahm (H. Henne):
Eine intakte Hochsprache war ihm nur als mündlich praktiziertes
Sprachsystem einer ganz bestimmten Sprechergemeinschaft (eben
der besseren Gesellschaft Sachsens) denkbar (weshalb er bewusst
von hochdeutscher „Mundart“ schrieb), nicht als abstrakter Ausgleich zwischen allen deutschen Mundarten oder gar nur auf der
Ebene des Schreibens. Von dieser sprachsoziologischen Theorie her
vernachlässigte er völlig die sehr wesentlichen Unterschiede zwischen der Gebrauchsnorm der schon damals abschätzig beurteilten
obersächsischen Sprechweise und der Idealnorm der überland-
schaftlichen Schreibsprache.

In dem Kampf Gottscheds mit seinen schweizerischen Geg-
nern um die Sprachnorm entschied in Wirklichkeit nicht ein spezifisch obersächsisches Übergewicht, sondern ein längst bewährter
Schriftsprachtypus, der durch stillschweigende Anpassung in allen
Teilen des deutschen Sprachgebietes zustande gekommen war. Wie
ernst selbst die Schweizer diese Auseinandersetzung nahmen, zeigen die verschiedenen Bearbeitungen von Bodmers und Breitingers
‚Discoursen der Mahlern‘ ebenso deutlich wie die unermüdliche
Sorgfalt, mit der Haller den ursprünglichen Wortlaut seiner Gedichte immer wieder im Sinne der Gemeinsprache änderte. Wenn
die Schweiz seit der Mitte des 18. Jh. imstande war, die deutsche
Literatur um bedeutende Leistungen zu bereichern, so sind die
sprachlichen Voraussetzungen hierfür ohne Zweifel durch sprach-
läuternde Bemühungen dieser Art geschaffen worden. Trotz eines
sehr starken sprachlichen Eigenbewusstseins, das sich noch heute
im ‚Schweizerdeutsch‘ zeigt, der fast ausschließlich üblichen über-
mundartlichen Sprechsprache aller Gesellschaftsschichten, haben
die Deutschschweizer keine eigene Schriftsprache entwickelt, sondern sich an die der anderen deutschsprachigen Länder angeschlos-
sen, entsprechend der Entwicklung in den französisch- und itali-
enischsprachigen Kantonen.

Die seit dem Ende des 18. Jh. nicht mehr akute sprachsoziologische Bedrängnis der deutschen Sprache durch die fremden Bil-
dungssprachen hat die Bemühungen um eine ‚Sprachreinigung‘ bis
ins 19. Jh. nicht abreißen lassen. Diese auch als ‚**Purismus**‘ oder
‚Fremdwortjagd‘ verspottete Bewegung erreichte ihren Höhepunkt

mit **Joachim Heinrich Campe**, der 1807 ein 'Wörterbuch der
dt. Sprache', 1801 und 1813 ein 'Wörterbuch zur Erklärung und
Verdeutschung der unserer Sprache aufgedrungenen fremden
Ausdrücke' herausgab. Durch die allgemeine Richtung der Zeit
unterstützt, haben diese und andere Arbeiten Campes einen
beträchtlichen Einfluss auf den dt. Wortschatz ausgeübt. Für viele
Begriffe, die man sonst durch Fremdwörter auszudrücken pflegte,
sind unter seinem Einfluss dt. Wörter eingeführt worden, die heute
neben den entsprechenden fremden oder statt derselben allgemein
gebräuchlich sind. Zu den von Campe befürworteten und größtenteils wohl auch geschaffenen Verdeutschungen gehören z. B. *Esslust
(Appetit), Zerrbild (Karikatur), Kreislauf, Umlauf (Zirkulation),
Farbengebung (Kolorit), Freistaat (Republik), Angelpunkt (Pol),
Bittsteller (Supplikant), Heerschau (Revue), Stelldichein (Rendez-
vous)*. Natürlich hatte Campe in diesen Bestrebungen eine Menge
von Bundesgenossen, z. B. den 'Turnvater' Fr. L. Jahn, von dessen
Neubildungen zwar eine große Zahl (wie z. B. *Gottestum* für *Reli-
gion, Leuthold* für *Patriot*) ohne Erfolg blieb, der aber andererseits
durch Wörter wie *Besprechung* für *Rezension, Volkstum* für *Natio-
nalität* den deutschen Wortschatz bereichert hat.

Die **wissenschaftliche** Beschäftigung mit der dt. Sprache beginnt – wenn man die Periode der normativen Grammatik (s. IV, 4)
als Vorbereitung auf anderer Ebene nimmt – mit der Leistung der
Brüder **Jacob** und **Wilhelm Grimm**. Ihnen verdanken wir die
Begründung der Wissenschaft von deutscher Sprache und Literatur
('Germanistik'), in vielen bahnbrechenden Untersuchungen auf
allen ihren Gebieten (außer der Syntax), und vor allem die große
Sammlung des dt. Wortschatzes, das 'Deutsche Wörterbuch' (ab
1854), von dessen 32 Bänden nach der entsagungsvollen Fortset-
zungsarbeit mehrerer Forschergenerationen erst im Jahre 1961 der
letzte Band erschienen ist. Die Brüder Grimm kamen von der
Romantik her. Bezeichnenderweise war es nicht die Sprache als
solche, sondern die altdeutsche Dichtung, die sie zunächst anzog.
Die erste Periode ihrer literarischen Tätigkeit ist ganz ausgefüllt
von Bemühungen um die Hebung alter Literaturschätze und um
die Erhaltung von Volksüberlieferungen, die sie als Überreste einer
verschwundenen Poesie ehrten. Erst ein scharfer Zusammenstoß
mit der kritischen Seite des romantischen Geistes, die ihnen in einer
Rezension A. W. Schlegels 1815 sehr unfreundlich entgegentrat,
veranlasste sie zu eingehender und methodischer Betrachtung der

Sprache im Anschluss an die kurz zuvor durch Franz Bopp begrün-
dete ,indogermanische' Sprachwissenschaft. Als sie aber den Schritt
von der Literaturforschung zur Sprachwissenschaft taten, war der
Standpunkt, den sie der Sprache gegenüber einnahmen, der einzige,
der sich mit der romantischen Auffassung des Sprachlebens vertrug.
Sie wollten nicht, wie frühere Grammatiker, der gegenwärtigen
Sprache Regeln geben, sondern sie so darstellen, wie sie durch jahr-
tausendelanges Wachstum geworden ist, vor allem wie sie in den
ältesten Zeiten war und in welcher Weise sie diesen als ,ursprüng-
lich' oder ,urtümlich' erschließbaren Zustand bewahrt, gewandelt
oder aufgegeben hat, wobei auf neuartige Erscheinungen, die mit
den alten Sprachzuständen nichts mehr zu tun hatten (z. B. Hilfsverbfügungen, präpositionale Fügungen statt Kasus), zu wenig
achtgegeben wurde. Die Rolle der Sprachwissenschaft als Hilfsdis-
ziplin der Textphilologie brachte es auch mit sich, dass man sich
mehr für Einzelelemente wie Buchstaben, Laute, Silben, Suffixe,
Präfixe, Wörter und für Mikrosyntagmen wie die für Kasus,
Numerus, Tempus, Modus interessierte, weniger für Syntax, Kontextbedingungen, Phraseologie, Stilistik. Diese historistische und
atomistische Auffassung beherrschte im 19. und beginnenden
20. Jh. die gesamte Forschungsarbeit, nicht nur der Germanistik,
sondern der Sprachwissenschaft überhaupt. Wissenschaftliche
Sprachbetrachtung bedeutete langezeit fast ausschließlich Erforschung historischer Sprachzustände und ihrer erkennbaren Einzelerscheinungen. Diese diachronische Arbeitsweise hat den Blick von
den Sprachproblemen der Gegenwart und den synchronen Struk-
turzusammenhängen und gesellschaftlichen Bedingungen abge-
lenkt. Ohne die großartigen Leistungen der historischen Methode
zu schmälern – nur durch sie wissen wir von einer Geschichte der
deutschen Sprache – darf festgestellt werden, dass dadurch die
praktische Lehre und Pflege der lebenden Sprache von der Wissenschaft meist vernachlässigt oder mit zu einseitiger Methodik betrieben worden ist. Diese Gebiete blieben langezeit der Schulpädago-
gik und der publizistischen Sprachkritik (s. V, 4) überlassen.

8. Der Weg zur klassischen Literatursprache

Das Neuhochdeutsche hat sich vom 16. bis zum 19. Jh. nicht nur zu einer geregelten und vereinheitlichten Schriftsprache entwickelt; es hat im Laufe dieser Zeit zugleich auch den Gipfel des Weges zur **Hochsprache** (im Sinne von ‚gehobener' Sprache) erreicht. Das war die Leistung der Dichter, Dichtungstheoretiker und sonstigen belletristischen Schriftsteller. Diese stilistische Verfeinerung und Vergeistigung der deutschen Sprache setzt eine Entwicklungslinie fort, die wir bei der ritterlich-höfischen Dichtersprache und bei den spätmittelalterlichen Mystikern verlassen mussten (III, 3, 4).

Die bewusste Pflege einer vom Gebrauchsdeutsch abgehobenen Dichtersprache beginnt, nach der theoretischen Grundlegung durch Opitz, erst wieder im **Barockzeitalter**. Der Sprachgeist des Barock findet seinen bezeichnendsten Ausdruck in jenem Stil, der durch Weckherlin, Harsdörffer u. a. vorbereitet, durch die **zweite Schlesische Dichterschule** auf seinen Gipfel gehoben wird. Prunkvoll und überladen, wie die gleichzeitigen Werke der bildenden Kunst, verrät dieser Stil in jeder Zeile, dass er nicht auf den gebildeten Durchschnittsleser berechnet ist, sondern auf die Angehörigen einer kleinen Oberschicht, deren ästhetische Förderungen in erster Linie durch ein feudales Luxusbedürfnis bestimmt sind. Kein Mittel einer pathetischen Rhetorik, das nicht in den Versen eines Hofmann v. Hofmannswaldau bis zum Überdruss gehäuft wäre, kein Requisit höfischer Pracht, von Marmor und Alabaster bis zu Ambra und Bisam, das nicht zu immer wiederholten pompösen Metaphern herhalten müsste. Im Ganzen genommen eine Wortkunst, die uns heute schon beim Lesen weniger Seiten unerträglich wird, der man aber immerhin einen starken Willen zu ausgesprochen kunstmäßiger, die Prosa tief unter sich lassender Gestaltung der Sprache nicht aberkennen kann. Wenn sich auch noch oft genug Ausdrücke einmischen, die uns heute wie flachste Prosa klingen, darf doch die Tatsache nicht übersehen werden, dass die Leistungen der Schlesier einen großen Schritt vorwärts führen auf dem Wege zu der dichterisch erhöhten Sprachgestalt, die der Zeit nach Klopstock und Goethe von der Vorstellung des poetischen Kunstwerks untrennbar erschien. Vergleicht man die Werke der zweiten Schlesischen Schule mit solchen aus dem Beginn des Jahrhunderts, so merkt man leicht, dass die Scheidewand zwischen Poesie und Prosa nicht mehr in der metrischen Form allein besteht, sondern dass ein durchgehendes Streben nach gewählteren, gehaltvolleren Ausdrücken im Begriff ist, eine Dichtersprache zu schaffen, die nach abermals zwei Generationen stark genug geworden ist, um die Krücke des Reims vollständig entbehren zu können.

Dass dieser hochgeschraubte Stil der Versdichtung schließlich auch auf die Prosa zurückwirkte, ist selbstverständlich. Wenn Christian Weise in seiner Satire von den drei Erznarren einen Liebesbrief beginnen lässt:

Schönste Gebieterin,
Glückselig ist der Tag, welcher durch das glutbeflammte Carfunckel Rad der hellen Sonnen mich mit tausend süßen Strahlen begossen hat, als ich in dem tiefen Meere meiner Unwürdigkeit die köstliche Perle ihrer Tugend in der Muschel ihrer Bekanntschaft gefunden habe,

so hat er den galanten Briefstil seiner Zeit zwar vielleicht gesteigert, aber sicher nicht bis zur Unkenntlichkeit übertrieben.

Die Stilart, die durch die zweite Schlesische Schule in Deutschland vertreten wird, schließt sich mehr an italienische als an französische Muster an. Auch in Frankreich hatte ja eine Richtung geblüht, deren Vertreter absichtlich „anders reden als das Volk, damit ihre Gedanken nur von denen verstanden werden, die eine über der des gemeinen Haufens stehende Bildung besitzen". Aber auch hier hatte sich der manieristisch-preziöse Stil rasch überlebt, und gesiegt hatte eine Richtung, die, von Molières Satiren eingeleitet und durch Boileau theoretisch festgelegt, vielmehr Klarheit, Präzision und *bon sens* als stilistische Haupttugenden hinstellte. Auch diese Prinzipien haben nach Deutschland hinüber gewirkt und hier einen wohltuend ernüchternden, oft allerdings auch verflachenden Einfluss ausgeübt, dem es ohne Zweifel zuzuschreiben ist, dass die schwerfällige, dem Gedankengang nur mit Mühe folgende Prosa der ersten neuzeitlichen Jahrhunderte einer flüssigeren, gefälligeren, klareren Schreibart Platz machte. Der bekannteste Vertreter dieser Opposition gegen die „gestirnte, balsamierte und vergüldte Redensart" der Schlesier ist **Christian Weise**, der verlangt, „man müsse die Sachen also vor bringen, wie sie naturell und ungezwungen seien, sonst verlören sie alle grace, so künstlich als sie abgefaßt wären", und sich in striktem Widerspruch zu den Bestrebungen der Schlesier sogar zu Aussprüchen versteigt wie:

„welche Construction in Prosa nicht gelitten wird, die sol man auch im Verse davon lassen".

Durch diese und ähnliche Aussprüche gibt sich Weise unverkennbar als Vorläufer und Wegbereiter der Aufklärungsprosa zu erkennen; auch darin, dass die Sprache für ihn nicht eine spontane Lebensäußerung darstellt, sondern ein Mittel, dessen sich der ‚Politische', d. h. gesellschaftlich Gewandte bedient, um im Verkehr mit Vorgesetzten und Gleichgestellten seine Absichten leichter zu erreichen. Mit dieser für die Zeit höchst charakteristischen Auffassung hängt es zusammen, dass ein guter Teil der Phrasen, die noch heute den Formelschatz des Verkehrs unter Gebildeten ausmachen, in jene Periode zurückgeht, z. B. die Anrede mit *Sie*, die Titel *Herr, Frau, Fräulein*, Bescheidenheitsformeln wie *meine Wenigkeit*.

Auch von anderer Seite als von Gelehrten des Typus Weise erhob sich, weniger hörbar, aber vielleicht um so wirksamer, gegen den schwülstigen Prunkstil der Barockzeit Opposition. Anschließend an die niemals unwirksam gewordenen Einflüsse der mittelalterlichen Mystik, die durch Werke wie Johann Arndts ‚Wahres Christentum' und den ‚Cherubinischen Wandersmann' des Angelus Silesius wiederbelebt und verstärkt werden, zog gegen Ende des 17. Jh. die Weltanschauung des **Pietismus** immer weitere Kreise. Wie die Mystik ist auch diese religiöse Bewegung aus der Abkehr von einer glänzenden, aber allzu äußerlichen Kultur hervorgegangen. Wo immer wir Schriften aus dem Kreise der Pietisten aufschlagen, begegnet uns eine anfangs natürliche und unbewusste, später oft gewollte Schlichtheit des Ausdruckes, die im grellsten Gegensatz steht zu dem pompösen Schwulst, der die am meisten bewunderten Schriften der zeitgenössischen Literatur auszeichnet. Zeugnisse der Zeit beweisen zur Genüge, dass wir es mit einer ganz bewussten Ablehnung der barocken Redekunst, in Predigt wie Dichtung, zu tun haben.

Die Schilderung seelischer Zustände und Erlebnisse, für die weder der Wortschatz der Dichtung noch des alltäglichen Lebens genügende Ausdrücke zur Verfügung stellte, erforderte neue Wortbildungen, vielleicht überwiegend im Bereich des Verbums, wo zu den Grundwörtern eine Menge von ableitenden Zusammensetzungen kamen. Besonders beliebt waren die Bildungen auf *ein-, hinein-* und *durch-*, die dem ganzen Stil einen bewegten, dynamischen Charakter gaben; z. B. *eindrücken, einfließen, einnehmen, einleuchten, hineinsenken, hineinpflanzen, durchdringen, durchglü-*

hen, durchstrahlen. Aber auch die weniger auf Tätigkeit als auf Zustandsschilderungen gerichteten Ableitungen auf *-ung, -heit,* und *-keit* wurden beträchtlich vermehrt; (z. B. *Gnadenrührung, Erleuchtung, Gemütsfassung, Herzensneigung; Eigenheit, Nahheit, Gelassenheit; Gleichförmigkeit, Empfänglichkeit, Unempfindlichkeit*). Neuere Untersuchungen machen deutlich, wie stark der Einfluss des Pietismus auf die Sprache der Empfindsamkeit und des Subjektivismus des 18. und 19. Jh. war und wieviel von diesem Wortschatz in unserer modernen Sprache weiterlebt. So scheint unsere Phrase *über etwas Aufschluss geben* in diesem Kreis ihre Wurzel zu haben: die pietistischen Memoiren erzählen immer wieder, wie sich die Gläubigen mit dunklen Stellen der Schrift abquälen, bis Gott sie ihnen *aufschließt,* ihnen darüber *Aufschluss* gibt. Auch Zusammensetzungen mit *eigen (Eigensinn, Eigenliebe)* und *selbst (Selbstverleugnung, selbstgefällig* und *Selbstbetrug),* wie auch das Substantiv *das Selbst* gehören der pietistischen Terminologie an und lassen sich aus ihr früher belegen als aus anderen Quellen. Die spezifische Bedeutung und der starke Gefühlston unseres *rühren* scheint gleichfalls auf die Pietisten zurückzugehen, in deren Schriften gerade dieses Wort, ebenso wie sein Synonym *bewegen,* in seiner Anwendung auf seelische Vorgänge überaus häufig begegnet. In dieselbe Kategorie gehört *gemütlich,* das (nach einer Äußerung Klopstocks zu schließen) der Herrnhutischen Redeweise entstammt. Manche für Klopstock und die Geniezeit charakteristische Ausdrucksweise findet sich bei den Pietisten vorgebildet; z. B. die eigentümliche Verwendung von *ganz* zur Bezeichnung völliger Hingabe (*Siehe, da hast du mich ganz, süßer Seelenfreund*) und die verbalen Zusammensetzungen mit *entgegen* zum Ausdruck seelischer Empfangsbereitschaft. – Ein großer Teil der Neubildungen ist allerdings in der Folgezeit wieder verschwunden; aber beträchtlich ist die Anzahl der Wörter, die sich schließlich durchgesetzt haben, zum großen Teil Wörter, bei denen der Pietismus nur die Rolle eines Vermittlers zwischen der mittelalterlichen Mystik und der modernen Sprache spielt.

Großen Einfluss auf die Ausbildung des deutschen Prosastils in der schönen wie der wissenschaftlichen Literatur hatten im 18. Jh. die großen, von Frankreich herkommenden Strömungen des **Rationalismus** und der **Aufklärung**. Der maßgebende Philosoph der Aufklärung, **Christian Wolff**, hat die deutsche Terminologie der Philosophie und anderer Wissenschaften auf eine neue Grund-

lage gestellt, indem er zahlreiche Fachwörter, wenn nicht neu
erfand, so doch durch klare Definitionen für den wissenschaftlichen Gebrauch tauglicher machte. Der außerordentliche Einfluss
Wolffs erklärt es, dass viele dieser Wörter (z. B. *Umfang, Aufmerk-*
samkeit, Verständnis, Bedeutung) aus seinen Schriften und in dem
von ihm festgelegten Sinn in den Wortschatz der Allgemeinheit
übergingen.

Im Zusammenhang mit den ethischen Tendenzen der Aufklärung taucht damals zum erstenmal eine Reihe von Wörtern auf,
denen im Schrifttum der folgenden Zeit noch eine große Rolle
beschieden war. Der früheste bisher bekannte Beleg für *Menschen-*
liebe z. B. stammt aus dem Jahre 1724; Justus Möser bezeugt uns
ausdrücklich, dass das Wort in seiner Jugend noch unbekannt war.
Es gehört zu einer Gruppe von weltanschaulichen Wörtern, die,
wie z. B. *Menschenkenntnis, Teilnahme, Verhältnis,* im Dienst der
humanitären Bestrebungen der Zeit stehen und durch die ihnen
deshalb anhaftende starke Gefühlsbetonung damals schnell Verbreitung finden.

Verglichen mit den vorhergehenden Strömungen ist die wortschöpferische Tätigkeit der Aufklärung verhältnismäßig gering.
Das Streben nach Deutlichkeit verbietet eben den Gebrauch neuer,
ungewöhnlicher Wörter, und gegen den Neologismus, besonders
nach dem Auftreten Klopstocks, kämpfen Gottscheds Anhänger
mit aller Schärfe. Trotzdem war der Einfluss der Aufklärung auf
den geistigen Wortschatz außerordentlich groß. Bei den Gebildeten
wurde die Verwendung von aufklärerischen Fachwörtern der Philosophie und der anderen Geisteswissenschaften geradezu Modesa-
che. Dass dasselbe für den Predigtstil galt, geht daraus hervor, dass
wir Listen von zum großen Teil aufklärerisch gefärbten Ausdrücken besitzen, vor deren Gebrauch der Prediger gewarnt wird, da
die Gefahr bestehe, dass diese Ausdrücke von seinen weniger gebildeten Hörern nicht verstanden würden. Unter den in diesem Sinne
bedenklichen Wörtern finden wir eine ganze Reihe, die uns heute
unentbehrlich sind; z. B. *Begriff, Ursache, Wirkung, Zweck, Ver-*
hältnis, Fähigkeit, Endlichkeit, Unendlichkeit, Leidenschaft, ent-
wickeln. Dass die Aufklärung am Bekanntwerden dieser Wörter
großen Anteil hatte, ist nicht zu bezweifeln.

Der logische Zug in der Sprache des Rationalismus hat
bestimmte syntaktische Verfahrensweisen des **rationalisierten**
Sprachstils gefördert. Die Vielfalt der Bezeichnung kausaler und

konsekutiver Beziehungen blüht auf, mit häufigem *da, weil, denn, daher, zufolge, auf Grund,* usw. Die wissenschaftliche Notwendigkeit, auch über Vorgangsbegriffe zu reflektieren, brachte die Neigung zum **Substantivstil** mit sich, mit Verbalabstrakten und substantivierten Infinitiven, wie schon in der Mystik (vgl. III, 4), nun aber auch mit neuartigen Fügungen aus Substantiv und **Funktionsverb**, die im Laufe des 19. Jh. stark zunehmen, für die sich aber erste Spuren in wissenschaftlicher Literatur des 18. Jh. finden, z. B. *Die Bewegung* **erfolgt** *in dem Augenblick, wenn* ... (Wolff), *Veränderungen* **erfolgen** *nach dem Gesetz der Bewegung* (Gottsched). Gegenüber der Verwendung der Grundverben *sich bewegen, sich verändern* bietet diese Möglichkeit den Vorteil, den Vorgang selbst zum Subjekt des Satzes zu machen, um über ihn etwas aussagen zu können, und vom Subjekt des Grundverbs zu abstrahieren. Auch für präpositionale Funktionsverbfügungen finden sich hier die ersten Beispiele: *in Bewegung* **setzen** (Wolff), *in Betracht* **ziehen** (Leibniz); Adelung bucht in seinem Wörterbuch von 1774 schon *in Erfahrung / zum Vorschein / in Erinnerung / zu Fall* **bringen**. Durch solche kausativen und andere ähnliche Fügungen konnte man Bedeutungsnuancen des Vorgangsbegriffs bezeichnen, die mit dem Grundverbum nicht möglich sind und die sich annähernd mit den Aktionsarten anderer Sprachen vergleichen lassen (*betrachten* ist eine andere Vorgangsart als *in Betracht ziehen*). Solche Möglichkeiten substantivischer Vorgangsbezeichnung, die von der neueren Sprachkritik immer nur als ‚Verbaufspaltung' oder ‚Substantivitis' dem Bürokratenstil angelastet worden sind, haben sich in der wissenschaftlichen Prosa seit langem unabhängig von der Kanzleisprache herausgebildet. In beiden Bereichen sind solche abstrahierenden, zergliedernden Satzbaumittel unentbehrlich, auch wenn sie in jüngerer Zeit unnötig zu wuchern begonnen haben und sie in der schöngeistigen Prosa und in der Dichtung mit Recht gemieden werden, da sie den Stempel des Rationalismus und manchmal auch der Pedanterie tragen.

Die allgemeinen stilistischen Tendenzen der Aufklärungsliteratur bewegen sich natürlich in der von Weise eingeschlagenen Richtung. Das Wichtigste ist, was gesagt wird; die **sprachliche Form** ist erst in zweiter Linie von Bedeutung. „Überhaupt ist dieses die Regel im guten Schreiben: dass man erst die Sache recht verstehen, hernach aber die Gedanken davon so aufsetzen muss, wie sie einem beyfallen, ohne daran zu denken, ob man es mit einfachen oder zusammengesetzten Perioden verrichtet." Ein äußeres Kennzeichen für die Auswirkung dieser „Regel im guten Schreiben" ist die starke Einschränkung im Gebrauch der Bindewörter, deren der Barockstil eine überaus große Anzahl besitzt, während **Gottsched** ihren Gebrauch und damit die künstlichen Satzgebilde der früheren Zeit vereinfacht wissen will: „Es ist nichts lächerlicher, als wenn sich einfältige Stilisten immer mit ihrem obwohl, jedoch; gleichwie, also; nachdem als; alldieweil, daher; sintemal und allermaßen behelfen: gerade als ob man nicht ohne diese Umschweife seine Gedanken ausdrücken könnte." Durch Mahnungen dieser Art haben Gottsched und seine Anhänger viel dazu beigetragen, jenen klaren, geradlinigen Stil zu schaffen, der in **Lessings** Prosa gipfelt. Zugleich aber bereiten sie den Boden für die bald einsetzende Opposition, denn ihre einseitige Betrachtung der Sprache als Dienerin der Vernunft macht sie unfähig, den Gefühlswerten des Wortes theoretisch oder praktisch gerecht zu werden. Nicht als ob Gottsched übersehen hätte, dass die Sprache auch zum Ausdruck von Gefühlen da ist. Aber auch diese elementare Funktion wird ganz vom Standpunkt des berechnenden Verstandes aus betrachtet und in Regeln gezwängt wie „Der Haß muß mit einer rauhen und verdrüßlichen Stimme ausgesprochen werden … die Traurigkeit ist sehr matt und schläfrig, das Mitleiden entspringet aus Liebe und aus der Traurigkeit, folglich muß auch der Ton der Stimme sanft und gelinde, doch dabey kläglich und bebend seyn".

Diese Unfähigkeit der Aufklärung, auch nur den gewöhnlichsten Gefühlsregungen mitempfindend gerecht zu werden, war auf die Dauer unmöglich in einer Zeit, wo das Seelenleben weiter Kreise durch den gefühlsseligen Pietismus beherrscht war, und wo Newtons Gedankenflug selbst die Wissenschaft in ersehnte Himmelsfernen lockte. Die Gegenbewegung, die in weniger als zwei Jahrzehnten die diktatorische Stellung des Leipziger Literaturpapstes völlig untergrub, ging von der Schweiz aus. Erst schüchtern, dann immer schärfer und selbstbewusster beginnen Bodmer und Breitinger der Phantasie ihr eigentliches Gebiet, das der Dichtkunst und der Dichtersprache zurückzuerobern.

Die Entscheidung im Kampf der Leipziger und Schweizer kam wuchtig und unerwartet, als im Jahre 1748 die ersten Gesänge von **Klopstocks ‚Messias'** erschienen, ein Werk, das die Theorien der Schweizer zugleich verwirklichte und steigerte, das dort schuf, wo sie geraten, dort mitriss, wo sie zu überzeugen versucht hatten. Wir wissen, dass Klopstock ursprünglich die Absicht gehabt hatte, die Ausarbeitung seines Epos bis zum vollendeten dreißigsten Jahr aufzuschieben, dass ihm aber die wachsende Arbeitsungeduld das Warten schließlich unmöglich machte – ein Zug, der deutlich zeigt, dass hier der künstlerische Schaffenstrieb erst nach hartem Kampf mit inneren Hemmnissen zum Durchbruch kam. So trägt denn auch die Sprache des Werks den Stempel einer lange zurückgestauten Leidenschaftlichkeit, die bei aller Weichheit und Sanftmut stark genug ist, um alle Rücksichten auf die Konventionalität und Regelstarre der herrschenden Literaturrichtung hinwegzufegen. Durch seine Sprache noch mehr als durch seinen Inhalt erweist sich der ‚Messias' als ein dichterischer Aufschwung, der zum erstenmal das erreichte, was die Zeitgenossen bisher nur ahnend und wünschend gesucht hatten. Er hat denn auch auf die dt. Dichtersprache und durch sie auf die allgemeine dt. Hochsprache eine tiefgreifende Wirkung ausgeübt.

Als das Charakteristische seines Sprachstils ist wohl mit Recht eine gewisse ‚verbale Dynamik' bezeichnet worden, die sich u. a. in seiner Vorliebe für verbale Komosita oder Präfixableitungen und für das Partizip zeigt, besonders die Zusammensetzung von Partizip mit Nomen und Adverb: *aufwallen, durchherrschen, hervordonnern, entstürzen, hinwegweinen; tränend, der Erkennende; blütenumduftet, sanftleuchtend.* Viele solcher Bildungen sind bei Klopstock zuerst belegt und manche wohl auch von ihm neugebildet (wie z. B. noch: *seelenvoll, entzückungsvoll, zahllos, vereinsamen*), andere hat er der pietistischen Sprache entnommen. Gerade in den verbalen Präfixbildungen, wie auch sonst in der Wortwahl und Ausdrucksweise (*Abdruck* Gottes in Christus, *Bildung*, jemanden *einnehmen, Rührung, zerfließen, sich verlieren in* einen Anblick) ist er der Sprache der Pietisten verpflichtet, nicht nur indem er Fertiges übernimmt, sondern was dort in der Anlage vorhanden ist, weiter entwickelt, beispielhaft deutlich in der weit größeren Zahl von Verben, die zum Ausdruck seelischer Bewegung ein Richtungspräfix mit Verblexemen verbinden, die an sich keine Bewegung ausdrücken (*entgegensegnen, aufweinen, nachempfinden* usw.). Als Vermittler mystisch-pietistischen Sprachgutes und sprachlicher Ausdrucksmittel hat Klopstock den schöngeistigen Sprachstil seiner Zeit ungemein bereichert. Im **‚empfindsamen' Stil** des Werther vereinigen sich die Klopstockschen Einflüsse mit englischen, z. B. aus Sterne und Ossian.

Nicht streng von Klopstocks Einfluss zu scheiden ist die wachsende **Einwirkung der englischen Dichtersprache**, denn ihr
Medium sind zunächst die durch Klopstock und die Schweizer ver-
mittelten Dichtungen Miltons. Aus ihr stammt z. B. der Gebrauch
von *Myriade, ätherisch, Schöpfung* (im Sinne von ‚Gesamtheit des
Geschaffenen'), die Gruß- und Glückwunschformel *Heil dir.* Aus
anderen engl. Quellen sind später hinzugekommen Wörter wie
Tatsache (matter of fact), Steckenpferd (= Liebhaberei, *hobby hor-
se), Elfe, Humor* (in dem jetzt gebräuchlichen Sinn), *Bowle* und
vieles andere (vgl. V, 3!).

Richtungsbestimmend wird Klopstocks Sprache schließlich
auch durch die Gegenwirkungen, die sie erzeugt, einerseits in der
die besten Tendenzen der Aufklärung fortsetzenden, das Bild eines
Geistes von vollendeter Schärfe und Klarheit ungetrübt widerspie-
gelnden Sprache **Lessing**s, anderseits im späteren Stil **Wieland**s, der
dem schweren und auf die Dauer eintönigen Pathos Klopstocks ein
Deutsch von bis dahin ungekannter Leichtigkeit und Frische ent-
gegenstellt, das allerdings selbst in dieser international gerichteten
Zeit durch seine französisierenden Neigungen Anstoß erregte.

Die Freude des Jahrhunderts an der wiedergewonnenen Aus-
drucksfähigkeit der Sprache lässt sich erkennen an dem wachsen-
den, durch Klopstock selbst kräftig geförderten Interesse für die
Sprachtheorie, nicht minder aber an der hohen Auffassung vom
Wesen und von der Aufgabe der Sprache, die von Klopstock zu
Herder und von ihm zu den Romantikern immer begeisterteren
Ausdruck findet, um schließlich zu gipfeln in der Anschauung vom
göttlichen Ursprung und Wesen der Sprache oder von der Poesie
als ‚Ursprache'der Menschen (Hamann, Herder, Fr. Schlegel) oder
in Wilhelm v. Humboldts Lehre vom ‚inneren Weltbild' der Sprache und der Identität von Sprache und Geist.

Zwischen den ersten Gesängen des ‚Messias' und den Jugend-
werken Goethes liegen Ereignisse, die die politische und geistige
Struktur Deutschlands stark veränderten: der Siebenjährige Krieg
und seine Folgen. In der Generation, die während des Krieges ihre
entscheidenden Entwicklungjahre erlebte, zittern seine Stürme leidenschaftlich nach. Sie befindet sich in offenem Aufruhr gegen jede
Autorität des Staates und der Familie. Kein Wunder, dass sich die
Generation des ‚**Sturm und Drang**' auch ihre eigene Sprache
geschaffen hat. Die kraftvolle, aber immer durch den ordnenden
Verstand beherrschte Prosa Lessings konnte ihr ebensowenig genü-

gen wie die hochfliegende, aber im innersten Kern weiche und
maßvolle Sprache Klopstocks.

Die leidenschaftliche Auflehnung, die die Grundstimmung der
Sturm- und Drangliteratur ist, spiegelt sich in einer Ablehnung
jedes grammatischen Zwangs wieder. Wie das souveräne Gefühl
dem Sprechenden oder Schreibenden die Worte eingibt, so stößt er
sie hervor, unbekümmert um jede Regel, oft selbst um die Rücksicht auf die einfachsten Forderungen der Verständlichkeit. Aus-
rufe, Beteuerungen, Flüche werden maßlos gehäuft. Drängt sich,
während man einen Gedanken ausspricht, ein zweiter vor, so lässt
man den ersten unvollendet oder nimmt ihn erst später wieder auf
(z. B.: *Wenn ich ihrer spotte, Herr – hier haben Sie meinen Hirsch-
fänger – so schinden Sie mich lebendig*). Die semantisch schwachen
Elemente der Sprache, die Artikel und sonstigen Formwörter,
schmelzen auf ein Minimum zusammen. Statt *dem Turm* heißt es
'*m Turm*, statt *auf den: aufn*, statt *zerschmettern: schmettern*. Am
deutlichsten tritt die emotionale Tendenz in den unzähligen Kraft-
wörtern hervor, in denen der Sturm und Drang schwelgt. Man
schreit nicht, sondern man *wettert, donnert, heult, brüllt*. Ein Reiter
wird nicht auf Kundschaft *ausgeschickt*, sondern *ausgejagt*. Man
zerschlägt nicht, man *zerschmeißt*. Hier bricht das erstemal seit
Luther die ungebärdige Alltagssprache wieder in den literarischen
Stil ein, noch ehe der Gipfel der dt. Hochsprachentwicklung
erreicht war.

Die Begeisterung der Stürmer und Dränger für die große Vergangenheit Deutschlands macht es selbstverständlich, dass sie die
schon von älteren Generationen begonnene Wiederbelebung ver-
schollener altd. Wörter fördern und so eine Tendenz lebenskräftig
erhalten, die damals und später in den Tagen der **Romantik** manches
alte Wort wiedererweckt hat. *Minne, Verließ, Fehme, Fehde, Hort,
Gau, Märe, Recke, anheben, Aar, küren* und viele andere werden so
aufs neue dem dt. Wortschatz gewonnen und erweisen sich trotz
vielfachen Einspruchs von seiten gelehrter Autoritäten, unter anderen Adelungs, als lebenskräftig. Hand in Hand damit geht das
Bestreben, die Schriftsprache durch Aufnahme treffender Dialekt-
wörter zu bereichern. Es liegt ganz in der Entwicklung der Zeit,
wenn Justus Möser den mangelnden Zusammenhang der dt. Bücher-
sprache mit den gesprochenen Mundarten rügt und ihr die Leben-
digkeit und Beweglichkeit der letzteren als Muster vorhält. Im übrigen wird uns durch zahlreiche Zeugnisse bewiesen, dass auch die

Gebildeten damals noch viel größere Schwierigkeiten zu überwinden hatten als heute, um von dialektischen Eigentümlichkeiten ihrer Heimat einigermaßen frei zu werden. Direkt wird es uns bezeugt durch Goethes Erinnerungen an seine Leipziger Studentenzeit und durch Schillers Erlebnisse in Mannheim, wo ihn seine schwäb. Aussprache beinahe um den Erfolg des Fiesko gebracht hätte. Goethe reimte noch *ach neige, du Schmerzensreiche ...*

Die höchste und seither nicht wieder erreichte Stufe der dt. Hochsprachentwicklung bedeutet der von der Nachwelt als ‚klassisch' bewertete dichterische Sprachstil **Goethes** und **Schillers**. Es ist unmöglich, in einem kurzen Abriss den ganzen Reichtum des Goetheschen Wortschatzes und die Fülle seiner stilistischen Möglichkeiten auch nur annähernd zu beschreiben. Eine außergewöhnliche Belesenheit und unversiegbare dichterische Begabung, mit oft geradezu traumwandlerischer Treffsicherheit in Sprachklang wie Sprachinhalt, haben nach jahrhundertelanger Vorbereitung in Goethe eine dt. Sprachkultur heranreifen lassen, die für lange Zeit Maßstäbe für den Stil des sprachlichen Kunstwerks gesetzt hat. Aber die Unwiederholbarkeit dieses sprachgeschichtlichen Ereignisses lässt es sehr schwer und auch unpassend erscheinen, zum Nachweis eines Einflusses von Goethes Sprache auf die Folgezeit Einzelheiten ausfindig zu machen. Sie könnten der Bedeutung Goethes für die deutsche Sprachgeschichte nicht wirklich gerecht werden. Goethe bot nicht Musterstücke und Rezepte für das eigene Dichten und Denken der Nachwelt; sein Vorbild wirkte vielmehr mittelbar durch seine ganze Stilhaltung des vornehmen Maßes, die zum Inbegriff des ‚Klassischen' und der rational nicht fassbaren Sprachgewalt geworden ist. Goethe konnte niemals in der gleichen Weise wie Schiller als sprachstilistisches Vorbild für den gehobenen Sprachgebrauch der Gebildeten pädagogisiert werden. Das Festkleid der deutschen Sprache, das dann im ganzen 19. Jh. und weiterhin bei allen möglichen Anlässen gern zur Schau getragen wurde, war weit mehr aus Schillerschem Stoff geschneidert.

Schiller hat sich um eine höchste Norm geistgereinigter Sprache bemüht, weil er selbst sein Leben lang schwer und ganz bewusst mit einer Sprachnot hat ringen müssen. Schelling hat einmal über Schillers Gesprächsstil geäußert, er sei „oft um das geringste Wort verlegen und müsse zu einem französischen seine Zuflucht nehmen, wenn das deutsche ausbleibt". Dies wird durch

Schillers fremdwortreichen Briefstil bestätigt. Und dennoch hat er in seinen dichterischen und historiographischen Werken immer wieder ersetzbare Fremdwörter durch deutschstämmige ersetzt, aber nicht pedantisch und verschroben wie die Puristen, sondern mit glücklichem Spürsinn für schlichte Sprachschönheit (z. B. *inhaltsschwer* für *prägnant, Fehlschlag* für *faux-coup, Gaukelbild* für *Illusion* oder *Phantom, schlagfertig* für *prompt*). Sein Wortschatz ist begrenzt, verglichen etwa mit dem Goethes. Er „herrscht nur über ein ausgewähltes Heer von Worten, mit denen er Taten verrichtet und Siege davonträgt" (J. Grimm). Während bei Goethe, der den ‚Ursinn' der Worte und ihre feinen atmosphärischen Zwischentöne zu erkennen und zu nutzen versteht, sich Hügel *zur Schattenruh buschen,* Vögel *wohlgestängelt* auf den Zweigen sitzen, ein Jagdlied aus den Büschen *Fülle runden Tons enthaucht,* der Reisende vom Matrosen dem Schlaf *entjauchzt* wird und von Goethe kühne Attributgruppen wie *gewirkte Ruinen, sturmatmende Gottheit, siegdurchglühte Jünglinge* gewagt werden, wählt Schiller mit Vorliebe, oder besser: in erzwungener Selbstbeschränkung, gerade das typisierende, naheliegende, vom Leser erwartete und ihn begrifflich überzeugende, aber dabei stilistisch höchstmögliche Wort und prägt damit unübertreffliche ‚Gedankenformeln': *ewiges Feuer, schöne Gefühle, edle Einfalt, köstliche Habe, züchtige Hausfrau, fleißige Hände, grünender Wald, blühende Au, säuselnde Linden, geschäftige Biene, länderverknüpfende Straße.* Er meidet alles Zufällige, Verschwommene und verzichtet auf alle irrationale Magie der Sprache. Das Vorbild des antiken *epitheton ornans* und des *terme banal* des französischen Klassizismus ist unverkennbar.

Schiller veredelt die Sprache vom Denken her. So schrieb er in seiner Schrift ‚Über naive und sentimentalische Dichtung' über die Sprache des Genies, das Genie gebe seinem Gedanken „mit einem einzigen glücklichen Pinselstrich einen ewig bestimmten, festen und dennoch ganz freien Umriß ... Hier springt wie durch innere Notwendigkeit die Sprache aus dem Gedanken hervor und ist so sehr eins mit demselben, daß selbst unter der körperlichen Hülle der Geist wie entblößt erscheint". Und dennoch ist ihm die Sprachnot bewusst, die dieser idealistischen Anschauung entgegensteht:

Warum kann der lebendige Geist dem Geist nicht erscheinen?
Spricht die Seele, so spricht, ach, schon die Seele nicht mehr.
(Votivtafeln)

Aber da die Schillersche Lösung des Sprachproblems der Versuch einer völligen Überwindung der Sprachnot war, einer Überwindung der Sprache durch den Geist, griff das bildungshungrige Bürgertum des 19. Jh. begeistert nach den Schillerschen Gedankenformeln, nach seinen werthaften Epitheta und Sentenzen, und nahm sie in den bildungssprachlichen Wortschatz auf. Und die **rhetorisch-pathetische** Diktion seines Versstils verlockte immer wieder zur Nachahmung im patriotischen Festgedicht und in der hochstilisierten Festrede. Die höchste Form einer allgemein verwendbaren Hochsprache, die nicht mehr Sondersprache der Dichter bleiben wollte, war erreicht. Schiller war einer der letzten, die (auch mit altbewährten Stilmitteln wie Antithese, Klimax, Apostrophe, Apposition usw.) an die Tradition der klassischen Rhetorik und die antike Verbindung von Rhetorik und Poesie anknüpften. Damit hat er einen Akt vollzogen, der für die kulturelle Legitimation der dt. Sprache als einer abendländischen Kultursprache einmal notwendig war. Die bildungssoziologischen Folgen blieben nicht aus (s. V, 5).

V. Deutsch im 19. und 20. Jahrhundert

1. Der Weg zur Einheitssprache

Waren die gemeinsprachlichen Tendenzen lange Zeit im Wesentlichen auf bestimmte Stilarten und Gesellschaftsschichten beschränkt, so bringt das 19. Jh. eine sprachsoziologische Intensivierung dieser Entwicklung. Was die allgemeine Schulpflicht schon angebahnt hatte, wurde seit dem 19. Jh. verstärkt durch die Veränderungen der Sozialstruktur in Deutschland (Industrialisierung, Demokratisierung, nationale Einigung). Jetzt konnte und musste jeder die Zeitung lesen und war in seinem beruflichen und staatsbürgerlichen Leben zum Lesen und Schreiben gezwungen. Die freie Berufswahl und die Freizügigkeit brachten ebenso wie der Schnellverkehr und der Militärdienst Menschen aus allen Gegenden in enge und ständige Berührung miteinander. Seit 1945 kam noch die Einbürgerung der Heimatvertriebenen und Flüchtlinge hinzu. Die verstärkte Tendenz zur Gemeinsprache und damit die allmähliche **Zurückdrängung der Mundarten** entsprachen der Notwendigkeit sozialer Anpassung. Die kleinen örtlichen und landschaftlichen Sprachgemeinschaften der älteren Zeit weiteten sich mehr und mehr zur gesamtdeutschen Sprachgemeinschaft. Wie in Norddeutschland, wo die Mundart schon früher und stärker zugunsten des Hochdeutschen an Boden verlor, ist diese Entwicklung auch in dichtbevölkerten Industrie- und Stadtlandschaften wie Obersachsen und dem Ruhrgebiet schneller vorangeschritten als in Süddeutschland. Die Folge war entweder die Diglossie als eine Art Zweisprachigkeit (mundartliche Haussprache – überlandschaftliche Verkehrssprache), je nach dem Gesprächspartner oder der Gesprächssituation, oder eine Annäherung der Mundart an die Schriftsprache in Form der **regionalen Umgangssprache**, z. B. Schweizerdeutsch, Honoratiorenschwäbisch, Missingsch (in Norddeutschland), Sächsisch, Kohlenpottdeutsch im Ruhrgebiet. Genaue räumliche Abgrenzungen dieser Ausgleichssprachen haben sich bisher nicht feststellen lassen. Jede Großlandschaft hat einige primäre Mundartmerkmale bewahrt, die sie aber meist mit jeweils verschiedenen anderen Landschaften gemeinsam hat; z. B.:

Schwund des Endungs-*n* bei Verbalformen, Zungen-*r*/Zäpfchen-*r*, Behauchung und Stimmton bei Verschlusskonsonanten, *st*/*scht, net* ‚nicht‘, Diminutiva auf *-chen*/*-le*/*-el*/*-erl* oder lexikalische Unterschiede wie *Samstag / Sonnabend, Bub / Junge, Metzger / Fleischer, Rinde / Borke, klingeln / schellen, arbeiten / schaffen.* Nur aus der besonderen Art der Mischung solcher Merkmale und vor allem aus den (noch kaum untersuchten) Intonationsverhältnissen lässt sich heute die Herkunft des einzelnen Sprechers ungefähr erkennen. Die künftige Umgangssprachgeographie wird sicher nicht mit so klaren Raumverhältnissen rechnen können wie die herkömmliche Dialektgeographie. Die Umgangssprachen tendieren ja nicht zur räumlichen Abgrenzung gegeneinander, sondern sind alle gleichermaßen auf dem Wege zur dt. Gemeinsprache. Es zeichnet sich sogar schon die Entstehung einer gesamtdeutschen Umgangssprache ab, einer schriftfernen **Alltagssprache**, die in ferner Zukunft keine oder nur noch unbedeutende räumliche Unterschiede kennen wird. So sind schon heute allgemein verbreitet Lautungen wie *nich* ‚nicht‘, *nee* ‚nein‘, *is* ‚ist‘, Fügungen wie *dem Vater sein Hut*, Wörter und Wendungen wie *doof, bekloppt, kapieren, das hat geklappt, das haut hin, dolle Masche, geht in Ordnung, krumme Tour, mit achtzig Sachen* oder die Anrede *Mensch.* Die Gemeinsprachtendenz ist jetzt ein Bedürfnis aller Sprachteilhaber auch auf der Ebene des alltäglichen Sprachverkehrs geworden. Was die elitäre und deshalb neuerungs- und affektfeindliche Hoch- und Schriftsprache nicht bieten kann, entsteht spontan im mündlichen Sprachgebrauch und verbreitet sich rasch und teilweise auch ohne Nachhilfe der modernen Kommunikationsmittel über das ganze Sprachgebiet. Die deutsche Spracheinheit beruht nicht mehr allein auf der schriftlichen Vereinheitlichung, der sie ihre Entstehung verdankt. Es ist deshalb nicht verwunderlich, wenn sich die Weiterentwicklung der deutschen Sprache im öffentlichen wie im privaten Leben mitunter gegen die schriftsprachlichen und bildungssprachlichen Idealnormen vollzieht. Sprachpflege und Spracherziehung dürfen Sprache nicht um ihrer selbst willen zum Gegenstand haben; das hat in der Vergangenheit vielfach zur Fetischisierung der Sprache als eines nationalen Idols (H. L. Koppelmann) oder eines exklusiven Statussymbols geführt. Eine Beeinflussung der Sprache im Sinne einer Normenkontrolle ist nur dann berechtigt, wenn sie auf linguistischer und soziolinguistischer Grundlage als ‚Sprachplanung‘ (V. Tauli) oder als Sprachkompetenzförderung um der Sprecher willen betrieben wird. Nicht die Sprecher sollen der Sprache dienen, sondern die Sprache den Sprechern, deren Ausdrucks-, Kommunikations- und Handlungsinstrument sie ja ist.

Auf der Ebene der Hoch- und Schriftsprache sind am Ende des 19. Jh. im formalgrammatischen Bereich der Schreibung und Lautung bewusst geplante Vereinheitlichungen möglich gewesen, die das Werk der Grammatiker des 16. bis 18. Jh. abgerundet und auf diesem Gebiet eine Art ‚Einheitssprache' geschaffen haben. In der **Rechtschreibung** (Orthographie) haben im 19. Jh. zwei theoretische Grundsätze miteinander in Widerstreit gestanden: Die alte Regel, ‚Schreib, wie du sprichst!' war nicht zu verwirklichen, da es noch keine einheitliche Aussprache gab und jahrhundertealte Schreibtraditionen schon zu viele andersartige Schriftbilder gefestigt hatten. Das etymologisch-historische Prinzip, das die Germanisten J. Grimm und K. Weinhold einzuführen versuchten, widersprach den Notwendigkeiten einer lebenden Sprache. Der Grundsatz, der sich dann durchgesetzt hat (Respektierung der besten überkommenen und allgemein anerkannten Formen zugunsten der Einheit), ist vor allem von R. v. Raumer verfochten und seit der Rechtschreibkonferenz von 1876 von dem Schleizer Gymnasialdirektor **Konrad Duden** verwirklicht worden. Obwohl Bismarck die preußische Schulorthographie des mit Duden befreundeten Germanisten W. Wilmanns den Beamten unter Strafe verboten hatte, wurde sie, nach dem Erfolg von Dudens Orthographischem Wörterbuch (1880) in der Schweiz und anderswo, schließlich auch in Preußen und im Reich staatlich anerkannt (Zweite Orthographische Konferenz von 1901), bald darauf auch in Österreich. Dies war nur eine ‚kleine' Reform-Lösung. Es wurden nur einige Zweifelsfälle durch Vereinheitlichung beseitigt, Fremdwörter aus dem Lateinischen etwas der indigenen Schreibung angepasst (*Conditionalsatz > Konditionalsatz, Accusativ > Akkusativ*) und einige überflüssige *th* abgeschafft (*Thor, Thür*; aber am *Thron* wurde nicht gerüttelt). Schon damals als brennend angesehene Probleme wie die Abschaffung der Substantivgroßschreibung und die Regelung der Bezeichnung von Vokalquantitäten wurden ausgeklammert; ebenso blieben Getrennt- und Zusammenschreibung sowie die Setzung von Interpunktionszeichen offiziell ungeregelt.

Auch diese bescheidenen Reformen wurden von den Zeitgenossen heftig diskutiert. Karl Kraus schrieb eine ‚Elegie auf den Tod eines Lautes' (obwohl es sich nur um ein graphisches Phäno-

men handelte), deren erste Strophe sehr deutlich einen Verlust arti-
kuliert:

Weht Morgenathem an die Frühjahrsblüthe,
so siehst du Thau.
Daß Gott der Sprache dieses h behüte!
Der Reif ist rauh.

Der Schluss wird geradezu drastisch:

Nicht jedes Thier verwüstet tätig so
der Schöpfung Spur.
Nur manche Gattung Tier lebt irgendwo
fern der Natur.

Sie hat wol viel Gefül und dieses ist
dick wie das Tau.
Den Thau zertritt sie, Werth hat nur der Mist
für eine Sau.

Ein neuer Ansatz zur Rechtschreibreform auf Initiative des Bun-
desinnenministers und der Kultusminister der Länder der Bundesrepublik Deutschland rief im Jahre 1956 den Arbeitskreis für
Rechtschreibregelung ins Leben, dem Vertreter verschiedener kom-
petenter Berufe angehörten. Dieser brachte mit einer Mehrheit von
14 zu 3 Stimmen die ‚**Wiesbadener Empfehlungen**‘ vom 17. De-
zember 1958 heraus. Sie empfahlen ‚gemäßigte Kleinschreibung‘ –
so euphemistisch musste man die internationale Gewohnheit der
Großschreibung von Satzanfängen und Eigennamen unter Hin-
zunahme der Anredepronomina umschreiben – ferner Reduzierung
des Kommas auf rhythmisch-grammatische Einschnitte, Silben-
trennung nach Sprechsilben, *f, t, r* statt *ph, th, rh* in häufig ge-
brauchten Lehnwörtern griechischen Ursprungs und Getrennt-
schreibung ‚unechter‘ Zusammensetzungen. Die Reaktion in der
Presse war wegen der Reduzierung der Großschreibung sehr heftig.
Zwar schien damals dadurch, dass die Vertreter der DDR sich mit
diesen Empfehlungen einverstanden erklärten, die Chance für die
längst fällige Reform günstig. Aber die dafür eingesetzte Kommission Österreichs brachte es nur auf Stimmengleichheit mit 10:10,
und die schweizerische Kommission entschied sich mit allen gegen

eine Stimme für Beibehaltung der Substantivgroßschreibung. In der Bundesrepublik machte sich inzwischen die opponierende Wiesbadener Minderheit durch eine Kampagne in der ‚Frankfurter Allgemeinen Zeitung' und ein Votum der Darmstädter Akademie für Sprache und Dichtung stark. Somit war die Reform gescheitert. Die daraufhin erwogene ‚Liberalisierung' der Großschreibung im Übergangsbereich der Zweifelsfälle und der Vorschlag, die Großschreibung erst vom 5. Schuljahr an zu lehren, brachten keine Ersatzlösungen, denn das sprachpädagogische Problem wurde dadurch nur noch schwieriger. In der westdeutschen Reformphase um 1970 wurde die Kleinschreibung erneut und heftiger gefordert, vor allem von Linguisten, Grundschulpädagogen und Sozialpolitikern. Auch dieser Ansatz scheiterte, teils an innenpolitischen Gegensätzen, teils an der Gegenargumentation von beruflich und finanziell am Viel- und Schnelllesen Interessierten: Großgeschriebene Substantive erleichtern das rasche ‚Diagonallesen'. Das bildungspolitische Problem bleibt kontrovers nach Schreiber- und Leserstandpunkt.

1980 wurde dann der ‚Internationale Arbeitskreis für Orthographie' ins Leben gerufen, der zunächst zweijährlich, von 1986 an jährlich Arbeitstagungen abhielt. Dazwischen fanden teilweise intensive Arbeitstreffen statt. Mitglieder des Arbeitskreises waren Fachgruppen aus der Bundesrepublik Deutschland, der DDR, aus Österreich und der Schweiz. Im Februar 1987 beauftragt die Kultusministerkonferenz der damaligen Bundesrepublik Deutschland das Institut für deutsche Sprache, einen Vorschlag zur Neuregelung der deutschen Orthographie vorzubereiten. 1988 wurde ein Vorschlag unterbreitet, der 1989 veröffentlicht wurde und eine heftige Debatte auslöste. Dabei wurde, ähnlich wie 1876 nach der Ersten Orthographischen Konferenz und auch heute noch, nicht so sehr über das Regelwerk diskutiert, sondern die Ablehnung anhand von einzelnen Wörtern bzw. Beispielsätzen, die man für besonders verwerflich hielt, begründet:

Wenn der Keiser küsst oder Meis isst.
Es ist etzend, wenn der Keiser Bot fehrt.
Ein Kapiten gedänkt ■ *Ale zu fangen.*

Es spielte dabei keine Rolle, ob eine inkriminierte Änderungen tatsächlich vorgeschlagen war oder nicht. Die ‚gemäßigte Kleinschrei-

bung' war schon im Vorfeld von der westdeutschen Kultusministerkonferenz abgelehnt worden.

Da sich in der Folge ein großer Teil der deutschen Kultusminister ebenfalls negativ äußerte, wurden die Vorschläge zurückge-
zogen und ein neuer Vorschlag ausgearbeitet, der schließlich im
Jahre 1996 in Wien als eine internationale Absichtserklärung unter-
zeichnet wurde. Obwohl die Vorschläge vor der Unterzeichnung
zur Diskussion an einschlägige Organisationen und Einzelper-
sonen zur Stellungnahme geschickt worden waren, begann die Diskussion darüber im Wesentlichen erst nach der Unterzeichnung.
Von den wesentlichen Neuerungen wurde einige besonders

(1) Getrennt- und Zusammenschreibung:
Verb + Verb bleibt, unabhängig von der Bedeutung, immer
getrennt: *sitzen bleiben.*

Substantiv + Verb bleibt ebenfalls immer getrennt, das Substantiv wird groß geschrieben: *Auto fahren, Rad fahren.*

Adjektiv + Verb werden getrennt geschrieben, wenn das
Adjektiv steigerbar ist: *freisprechen* vs. *frei sprechen.*

(2) Groß- und Kleinschreibung: Nach Artikel werden z. B. Adjektive (fast) immer groß geschrieben: *im Wesentlichen, etwas zum
Besten geben.*

(3) Konsequente ss-Schreibung: *Er fasst das Fass im Fluss mit dem
Fuß*

(4) Drei gleiche Buchstaben hintereinander: *Schifffahrt, schuss-
sicher.*

(5) Weitere Eindeutschung von Fremdwörtern: *Spagetti, Tunfisch.*

(6) Schreibung von Einzelfällen (Normierung von ‚Volksetymolo-
gien‘): *Gräuel, verbläuen, belämmert.*

Trotz der Kritik wurde die ‚neue Rechtschreibung‘ an den Schulen
eingeführt. Die öffentliche Debatte versiegte langsam. Dann kam es
zu einigen spektakulären Ereignissen, vor allem im Bereich der

Presse: Im Jahre 2001 kehrte die ‚Frankfurter Allgemeine Zeitung‘ zur alten Rechtschreibung zurück. 2003 kündigten drei weitere Zeitungen bzw. Zeitungsverlage (‚Süddeutsche Zeitung‘, ‚Spiegel‘, Springer-Verlag) an, zur alten Rechtschreibung zurückzukehren, taten dies aber nur teilweise. Dies alles erregte große Aufmerksamkeit, denn einzelne dieser Zeitungen bzw. Zeitschriften hatten große Massenwirkung; zudem arbeiteten in einzelnen Redaktionen einflussreiche Journalisten. Somit hatten diese Aktionen ihre Wirkung: Im Jahre 2004 setzte die Kultusministerkonferenz in Absprache mit den anderen deutschsprachigen Staaten (Österreich, Schweiz, Liechtenstein, Südtirol, Deutschsprachige Gemeinschaft in Belgien) einen ‚**Rat für deutsche Rechtschreibung**‘ ein, der vor allem drei Bereiche zu prüfen und dafür Änderungen vorschlagen sollte: Getrennt- und Zusammenschreibung, Worttrennung am Zeilenende (*E-sel*), Interpunktions-, insbesondere Kommasetzung. Diese Aufträge wurde bis Anfang 2006 im Wesentlichen erledigt (vgl. www.rechtsprachrat.com) und von den zuständigen politischen Instanzen genehmigt.

Im Bereich der **Hochlautung** (Orthoepie) ist es das Verdienst des Germanistikprofessors Theodor Siebs, in Verbindung mit Fachkollegen und Theaterpraktikern den besten, d. h. von Einflussreichen am höchsten bewerteten Lautstil zusammengefasst zu haben in seinem Buch ‚Deutsche Bühnenaussprache‘ (1898). Die starke Hinneigung zur norddeutschen Aussprache war dabei nicht eine Willkür von Siebs, sondern entsprach einer lautästhetischen Entwicklung seit dem 18. Jh., die – abgesehen vom Aufstieg Preußens – darauf zurückgeht, dass das saubere Sprechen der Niederdeutschen nach der Schrift (aus dem schulmäßigen Erlernen des Hochdeutschen) weithin als vorbildlich empfunden wurde. Die Siebs'sche Normung hatte über die Bühnen hinaus eine große Wirkung in der Schule. Spätere Änderungen (1933, 1957) betrafen bisher nur unbedeutende Einzelheiten: Die Forderung nach einem lautlichen Unterschied der (phonematisch neutralisierten) Verschlusskonsonanten im Auslaut und vor stimmlosen Konsonanten (z. B. *ra:t* ‚Rad/Rat‘; *pfly:kt* ‚pflügt‘, *pflykt* ‚pflückt‘) wurde aufgegeben, und das überall vordringende Zäpfchen-r (uvulares *r*), das Siebs noch abgelehnt hatte, wurde als gleichberechtigt zugelassen. Die deutsche Hochlautung wird aber seit den 20er Jahren durch Rundfunk und Kino, später auch Fernsehen, an alle Bevölkerungsschichten herangetragen, ist aber gerade dadurch einem gewissen

Wandel ausgesetzt, da für die Mikrophonsprecher nicht die gleichen akustischen und physiologischen Bedingungen gültig sind wie
für die auf räumliche Distanz sprechenden Bühnenschauspieler
und Lehrer, an die Siebs sich wandte. Auch hat das schnellere
Sprechtempo und die unpathetische Haltung des modernen Groß-
stadtmenschen neue Sprechgewohnheiten gefördert, auch auf der
Bühne. Die einst durch auditive Auswertung von Theaterauffüh-
rungen (besonders der klassischen Verstragödie) gewonnenen Idealnormen des Siebs haben sich vielfach im Sprachunterricht als
nicht erreichbar und im Sprachgebrauch als fast nie erreicht erwie-
sen. Die deutschen Sprechkundler haben daraus auf zwei getrennten Wegen Konsequenzen gezogen. Einige westdeutsche, vor allem
die Herausgeber von Siebs und Duden-Aussprachewörterbuch,
wollen aus ästhetischen und sprachpflegerischen Motiven an der
platonischen Idealnorm als stimulierendem Leitbild festhalten und
allenfalls eine (pauschal formulierte) „gemäßigte Hochlautung"
(Siebs 1969) als Abweichungsspielraum je nach Situation und Thematik zulassen. Ein ostdeutsches Kollektiv dagegen hat aufgrund
von sprechkundlichen und instrumentalphonetischen Untersuchungen an zahlreichen Tonbändern aus der ost- und westdeutschen Rundfunkpraxis und aufgrund deren Beurteilung durch ost-
deutsche Gewährspersonen an den Universitäten Jena und Halle
unter Prof. **Hans Krech** eine Annäherung auch der Hochlautung
an die Gebrauchsnorm in der Massenkommunikation vorgeschlagen. Viele der Ergebnisse sind aufgenommen in das ‚Wörterbuch
der deutschen Aussprache', Leipzig 1964, das mit seiner toleranten
Haltung z. B. gegenüber allgemein üblichen Konsonanten-Koarti-
kulationen *(le: bm ‚leben', tra: gŋ* ‚tragen' usw.) und Reduzierungen
von Tieftonvokalen und *r* Aussicht hatte, zu einem ‚Gegen-Siebs'
auf breiterer sprachsoziologischer Grundlage zu werden; allerdings
ist die politische Entwicklung seit 1990 darüber hinweggegangen.
Gleichwohl, Lautnorm ist nicht mehr elitäres Statussymbol. Untersuchungen von W. König haben ergeben, dass das gesprochene
Standarddeutsch höchstens eine phonemisch, nicht aber eine phonetische Einheit ist.

2. Gemeinsprache und Fach- oder Gruppenwortschatz

Eine normative Einigung wie die orthographische und lautliche war und ist im Bereich des Wortschatzes nicht möglich. Selbst die Terminologie-Normung in Industrie und Technik (DIN-Ausschüsse) kann sich oft in der Praxis der Betriebssprache nicht ganz durchsetzen. Logisch aufgebaute Benennungssysteme werden da oft von sprachökonomischeren Ausdrücken gestört (z. B. *Blinker* statt *Fahrtrichtungsanzeiger*). Für neue Dinge und neue Begriffe braucht man Benennungen, Wörter für Veraltetes geraten schnell in Vergessenheit, und bei vielen Wörtern verändern sich durch neue Verwendungsweisen die Bedeutungen. Alle diese lexikalischen Neuerungen setzen sich meist ohne bewusste Sprachregelung in den betreffenden Sprechergruppen durch. Dabei haben seit dem frühen 19. Jh. die modernen Massenkommunikationsmittel eine hervorragende Bedeutung als Medien der Ausbreitung. Jeder Sprachteilhaber kommt als Zeitungsleser oder Hörer von Rundfunk und Fernsehen mit dem Wortschatz sehr vieler Berufe und Lebensbereiche in tägliche Berührung. Beim einzelnen Sprachteilhaber hat sich dadurch das Verhältnis zwischen aktivem und passivem Wortschatz stark zugunsten des letzteren verschoben. Jeder hört oder liest immer wieder Fachwörter wie *Kernenergie, bilaterale Verhandlungen, Sozialpaket, Preisindex, Psychoanalyse, Uraufführung*, selbst solche, die unsinnig oder unlogisch erscheinen (*Gesundheitsreform*), und lernt allmählich viele solcher Wörter zu verstehen, wird sie aber nicht alle selbst verwenden oder ist in der Gefahr, sie ungenau oder falsch zu gebrauchen oder sie nicht im rechten Augenblick auf der Zunge zu haben. Auf die Übersättigung des passiven Wortschatzes ist es sicher zurückzuführen, dass sich in unvorbereiteter öffentlicher Rede, z. B. im Rundfunkinterview, bei vielen Sprechern oft Sprechhemmungen oder Verlegenheitslaute einstellen, und zwar auch und oft gerade bei vielseitig interessierten und vielwissenden Menschen. Das ständige Hören ohne Antworten und Lesen ohne Sprechen beeinträchtigt bei vielen Menschen die Unbefangenheit gegenüber dem Sprachbesitz und die Sicherheit im Sprachgebrauch. Es besteht die Gefahr, dass die Sprachkompetenz der einzelnen Sprecher zugunsten der bloßen Reproduzierung der Gebrauchsnormen eingeschränkt wird.

Wie das Verhältnis zwischen aktivem und passivem Wortschatz
ist auch das zwischen Gemeinwortschatz und Fach- oder Gruppenwortschatz eines der schwierigsten, aber noch kaum untersuchten sprachsoziologischen Probleme des modernen Deutsch. Mit
der herkömmlichen Unterscheidung zwischen ‚**Fremdwort**‘ und
‚**Erbwort**‘ kann man es nicht lösen. In der Wirklichkeit des Sprachverkehrs spielt die Herkunft eines Wortes grundsätzlich keine
Rolle. Es kommt jeweils auf den sprachsoziologischen und stilistischen Gebrauchswert an. Bei den Lehnwörtern aus anderen
Sprachen wäre besser zu unterscheiden zwischen Gemeinsprach-
wörtern (z. B. *Krise, Formular, Information, Manager, Camping,
Hobby, Party, fair, testen*) und Fachwörtern (z. B. *Formant, Prädi-
kation, Anästhesie, Feature, Blues, Stylist, Output*). Viele Lehnwörter gehören zum gruppenspezifischen Wortschatz der akademisch
Gebildeten (z. B. *ästhetisch, jovial, stimulieren, nonkonformistisch*).
Eine Klasse für sich, also nicht mehr zu den Entlehnungen zu rechnen sind Zitatwörter, die nur beim Reden über Dinge gebraucht
werden, die es nur in dem betreffenden fremden Land gibt (‚Be-
zeichnungsexotismen‘ wie *Queen, Lord, Black Power, College,
Resistance, Siesta, Kolchos, Kibbuz, Geisha, Harakiri*); sie stehen
in ihrem lexikalischen Status den Eigennamen nahe (*London, Mis-
sissippi, Kreml, Louvre, Weißes Haus*). Diese sprachsoziologischen
(und sich natürlich auch stilistisch auswirkenden) Lexemklassen
sind aber keineswegs auf Wörter fremdsprachlicher Herkunft
beschränkt. **Lehnwörter** und Lehnwortbildungen wie *Illustrierte*
oder *Ministerium* gehören jedenfalls nicht anders als die aus altdeutschen Bestandteilen gebildeten Wörter *Zeitung* und *Verwaltung* dem Gemeinwortschatz an, während deutschgebildete Wörter
wie *Gattungsfrage* oder *Seinsgefühl* in der gleichen Weise zum
Fachwortschatz gehören wie die Lehnwortbildungen *Makrostruk-
tur* und *Existenzialität*. Was zu einem bestimmten Zeitpunkt in
einer Fachsprache schon ‚Lehnwort‘ ist, kann in der Gemeinsprache noch ‚Fremdwort‘ sein.

Der starke Einfluss des Fachwortschatzes auf die Gemeinsprache ist aber nicht nur von den Notwendigkeiten der sachlichen
Umwelterschließung im Zeitalter der beruflichen Spezialisierung
hervorgerufen. Die Gemeinsprache verhält sich nicht nur passiv
wie eine Registratur; man holt sich auch ohne sachlichen Anlass
vieles, was man zur Ausdrucksverstärkung braucht, aus dem Fach-
und Gruppenwortschatz. Der lebendige Sprachgebrauch hat sich

von jeher **Metaphern** aus anderen Sachbereichen geholt. Während das ältere Deutsch beispielsweise aus dem Wort- und Formelschatz der Schiffahrt, des Bergbaus, der Landwirtschaft oder des Waidwerks schöpfte, entlehnt man in der modernen dt. Gemeinsprache bildliche Ausdrücke vor allem aus der Technik (*ankurbeln, sich einschalten, Kontakt, Schmalspurstudium, Gipfeltreffen, entgleisen, auf vollen Touren*) oder aus dem Sport (*starten, Starthilfe, Endspurt, Training, Schrittmacher, Steigbügelhalter, Sprungbrett, eine Hürde nehmen, ferner liefen*). Und moderne militärische Metaphern wie *Rückzugsgefecht, Defensive, querschießen, Einheitsfront, Marschroute, Schützenhilfe leisten* sind sprachsoziologisch nicht anders zu beurteilen als ihre alten Vorläufer *die Klingen kreuzen, eine Bresche schlagen, den Laufpass geben, Lunte riechen, die Trommel rühren, verheerend*. Diese Erscheinungen sind weniger ein Zeichen für eine Technisierung, Versportung oder Militarisierung der deutschen Sprache als vielmehr ein Beweis dafür, dass sprachliche Gruppenerlebnisse aus diesen inoffiziellen Massenkommunikationsbereichen heute im Spannungsfeld zwischen Soziolekten und Standardsprache eine besondere Rolle spielen.

3. Englischer Spracheinfluss

Zu einer auffälligen Erscheinung, einer von Sprachkritikern gerügten „Engländerei in der dt. Sprache" (H. Dunger 1899) wurde die Einwirkung des Englischen auf das Deutsche erst im Laufe des 19. Jh. Sie begann aber – wenn man von hanseatisch-spätmittelalterlichen Entlehnungen der Schiffahrt wie *Boot, Lotse, Dock* absieht – auf literarischer Ebene schon im 17. und 18. Jh. (s. P. F. Ganz), und zwar seit der auf dem Kontinent Aufsehen erregenden bürgerlichen englischen Revolution von 1640–49. Von daher sind schon im 17. Jh. im Deutschen Lehnwörter und Lehnprägungen wie *Adresse, Akte, Debatte, Parlament, nonkonformistisch, Hochverrat* nachzuweisen. Im 18. Jh. gab es Zentren des englischen Spracheinflusses in Hamburg (engl. Handelskolonie, erste Moralische Wochenschrift), in Zürich (Bodmers und seiner Freunde Übersetzungen von Milton, Pope, Swift und Balladen), in Leipzig (Beschäftigung mit Pope und Addison im Gottsched-Kreis) und – *last not least* – in Göttingen (Studium von Engländern seit der Personalunion Hannovers mit Großbritannien). Die Entlehnungen finden sich in dieser Zeit vor allem auf drei Sachgebieten: im **Schöngeistig-Literarischen** (z. B. *Schöpfung, ätherisch, Elfe, Zahn der Zeit, Robinsonade, Egotismus, Originalität, sentimental/empfindsam, Heim, Humor, Blankvers, Volkslied, Gemeinplatz, Steckenpferd*), im **Politisch-Philosophischen** (z. B. *Freidenker, Pantheist, Materialist, utopisch, Nationalcharakter, Tatsache, Gemeinwohl, Pressfreiheit, Agitator, Legislatur, Parlament, Majorität/Mehrheit, Opposition, Koalition, Arbeitsteilung, europäisches Gleichgewicht*) und im Bereich der **Naturwissenschaften** und **Technik** (z. B. *Spektrum, Zelle, Zirkulation/Kreislauf, Zentrifugalkraft, Barometer, Ventilator, Dampfmaschine, Blitzableiter, Koks, Patent*).

Das starke Ansteigen des englischen Einflusses im 19. Jh. war auf der einen Seite nur eine innerdeutsche sprachsoziologische Angelegenheit, indem viele der in der philosophischen, politischen oder ökonomischen Fachliteratur längst bekannten englischen Termini nun durch die **Industrielle Revolution** und die ersten Ansätze der **Demokratisierung** in weiteren Kreisen Deutschlands bekannt, also zu Lehnwörtern wurden; auf der anderen Seite war es eine neue Art von Lehnbeziehung insofern, als jetzt Theorie und Praxis miteinandergingen und deshalb die Wörter zugleich mit den Sachen entlehnt wurden. England war im 19. Jh. das große Vorbild in Industrie und Handel (*Kartell, Trust, Partner, Standard* usw.), im Verkehrswesen (*Lokomotive, Tunnel, Viadukt, Waggon, Express* usw.), im Pressewesen (*Leitartikel, Essay, Reporter, Interview* usw.) und seit der zweiten Hälfte des Jh. auch in der Politik bei der Ablösung der ständischen Demokratie durch die repräsentative in heftigen Kämpfen (*Demonstration, radikal, lynchen, Stimmvieh, Mob, Streik, Imperialismus* usw.).

Die Beziehungen zwischen Deutschland und England im Viktorianischen Zeitalter, dem Höhepunkt bürgerlicher Kultur in Europa, wirkten auch in den äußerlichen Dingen des **modischen Gesellschaftslebens**. Für die persönlichen Berührungen von Engländern und Deutschen in beiden Ländern waren damals dynastische Verbindungen symptomatisch und auch einflussreich: Königin Viktoria heiratete den Prinzen Albert v. Sachsen-Coburg-Gotha, und der liberal gesinnte preußische Prinz Friedrich (der spätere 99-Tage-Kaiser Friedrich III.) hatte deren Tochter Viktoria zur Frau. Englisch war um 1900 in Berlin als modische Konversations- und Renommiersprache der *oberen Zehntausend* an die Stelle des (seit Revolution und Napoleon schwindenden) Französischen getreten. Man war *Gentleman, Snob, Dandy* oder *Selfmademan*, gehörte einem *Club* an, benahm sich *fair*, fand die Dinge *allright* oder *tiptop*, trug den *Cutaway, Frack, Smoking* oder die *Breeches*, aß *Beefsteak, Toast, Keks* (< *Cakes*) und *Pudding*, trank in der Bar einen *Whisky, Sherry* oder *Cocktail*, trieb *Sport*, spielte *Tennis* oder *Hockey*, machte *Picknick* und erlaubte sich einen *Flirt* oder gar einen *Spleen*.

Im 20. Jh. hat der englische Lehneinfluss weiterhin ständig zugenommen. Auf vorübergehende Rückläufigkeiten durch puristische Haltung während des 1. Weltkrieges und in der Nazizeit folgten jedesmal neue Wellen der Aufnahmebereitschaft, teils als politische Reaktion gegen Nationalismus und Konservatismus, teils durch den starken wirtschaftlichen und kulturellen Einfluss Amerikas nach dem 1. Weltkrieg und später, **nach 1945 in Westdeutschland** durch die amerikabezogene Bündnispolitik, die mit internationalen Organisationen im politischen, militärischen und wirtschaftlichen Breich in allen westeuropäischen Staaten (Vgl. das Buch von Étiemble: *Parlez-vous franglais?*) den angloamerikanischen Fachjargon bis zur Mischsprache oder zur Mehrsprachigkeit gefördert hat. Der amerikanische Anteil ist dabei kaum vom britisch-englischen zu unterscheiden, da das britische Englisch seit dem 1. Weltkrieg ebenfalls unter starkem amerikanischem Einfluss steht. Viele moderne Lehnwörter sind bereits in den 20er Jahren im Deutschen üblich gewesen (z. B. *Film, Bestseller, Bluff, Jazz, Song, Foxtrott, Pullover, Manager, tanken*). Dass der amerikanisch-englische Einfluss nach dem 2. Weltkrieg bis in die Niederungen des einfachen privaten Gesellschaftslebens reichte (*Teenager, Make-up, Music-Box, Bikini, Sex, Striptease, Callgirl, Playboy, Rocker*), sollte man nicht einfach nach der fragwürdigen alten Wellentheorie (s. Einleitung) als ‚Einfluss‘ oder ‚Strömung‘ auffassen und mit dem Schlagwort *Amerikanisierung* abtun. Es handelt sich bei dieser sprachlichen Interferenzerscheinung um eine aktiv aufnehmende Sprachhaltung der Nachkriegsdeutschen aller sozialen Schichten, wobei man möglichst viele von den kleinen, äußerlichen und als neu, freiheitlich und modern bewerteten Dingen mit engl. Wörtern benannte, im Falle von *Twen* (analog am.-engl. *teen*[*ager*] zu engl. *twenty*) sogar durch eigene Wortschöpfung (‚Scheinentlehnung‘): *Dressman, Handy, Beamer*. Treibende Kräfte bei dieser Lehnwortschicht waren und sind die *Manager, Macher* und *Texter* von Werbeprospekten, Rundfunk- und Fernsehsendungen, Filmen, Schla-

gern, Illustrierten und Boulevardblättern, die Bedürfnisse, Denk-
und Verhaltensweisen der *Wirtschaftswunder*-Deutschen *manipu-
lieren*. Der amerikanische Spracheinfluss hat aber ebenso stark
auch auf höheren kulturellen Niveaus gewirkt; man denke nur an
die vielen Lehnwörter des wissenschaftlichen und technologischen
Nachholbedarfs und Fortschritts (z. B. *Radar, Laser, Computer,
Kybernetik, Automation, Input, Output, Test, Paper, Pattern,
Sample, Trend, Team*, oder in der Sprachwissenschaft: *Linguistik,
Morphem, Allomorph, Distribution, generativ, Transformation,
Grammatizität* usw.). Man sollte auch die Zahl der wirklichen
Lehnwörter nicht zu hoch anschlagen. Vieles, was philologischer
Sammeleifer in Untersuchungen zusammengetragen hat (Carsten-
sen, Neske), ist his heute kaum bekannter Fach- und Zitatwort-
schatz geblieben (z. B. *Combo, Blues, Full-Time-Job, Highbrow,
Hardtop, Displaced Person*).

Die weite Verbreitung des Englischen als zweite oder dritte
Fremdsprache in deutschen Schulen seit vielen Jahrzehnten brachte
es mit sich, dass bei der Entlehnung von englischen Wörtern an
Schreibung und **Lautung** nur wenig geändert wurde. In älterer
Zeit (meist nur vor 1945) sind einzelne Schreibungen verdeutscht
worden: *k* für *c* (*Klub, Koks, kraulen*), *sch* für *sh* (*Schal, Schock*), *ß*
für *ss* (vor der Orthographiereform von 1996: *Boß, Dreß, Stewar-
deß*, seit 1996: *Boss, Dress, Stewardess*). In *Streik, streiken* ist 1884
die Schreibung *ei* für *i* eingeführt worden. Solche graphemischen
Substitutionen wurden erst durch die Rechtschreibreform von
1996 wieder durchgeführt. Demgegenüber wird in der Wirtschaftswerbung sogar bei älteren Lehnwörtern das engl. *c* für dt. *k* oder *z*
wiederhergestellt und auf andere Handelswörter übertragen worden, sodass offenbar die Marktregel gilt, dass sich gewisse Waren
mit amerikanisierendem *c* besser verkaufen lassen (*Cigarette,
Camera, Automatic, Elastic, exclusiv*). Dem Buchstaben *c* scheint
überhaupt höheres Prestige zuzukommen, sodass moderne Groß-
städte *Congresscentren* oder vornehme Hotels nur eine *Reception*
haben können. Dass andererseits die *Camping-Fans* ihr Hobby als
[tsampiŋ] benennen sollen, ist nur ein schlechter Witz im Munde
der *Snobs*, die ihrerseits als [ʃnɔps] verspottet werden. Bei älteren
Entlehnungen war man darin noch großzügiger. In den 20er und
30er Jahren sprach man *Jazz* als [jats], so noch in *Jazz anno 30*. Solche älteren verdeutschten Aussprachen haben sich bis heute gehal-
ten in *lynchen*: [lynçən] statt [lintʃən], *USA*: [uːɛsaː], *k. o.*: [kaːoː]

(aber nach 1945: *o. k.* als [*oːkeː*]). Wohl aber gibt es bis heute Laut-substitutionen, die vom deutschen Phonemsystem her regelmäßig bei allen Sprechern mit wenig Übung im Englischsprechen vor-kommen: [ʃ] statt [s] vor Konsonant (*stop, Spleen, Snob* usw., wobei die korrekte Aussprache [st, sp, sn] als gesellschaftliches Bildungs-symptom fungiert), stimmlose Verschlusslaute im Auslaut (*Job, Trend, Shag* usw.), Monophthong [*oː, eː*] statt Diphthong (*Toast, Spray* usw.). Wegen der großen Schwierigkeit, engl. [θ] und [ð] rich-tig auszusprechen und nicht durch [s] oder [f] zu substituieren, ist offenbar lange Zeit kein einziges engl. Wort mit *th* entlehnt wor-den. Falls sich das von der Filmindustrie in jüngster Zeit in Anzei-gen verbreitete *thriller* allgemein und ohne Lautsubstitution durch-setzen sollte, wäre auch diese Entlehnungsschranke gefallen.

Morphologische Veränderungen bei der Entlehnung sind sel-ten. *Schlips, Koks* und *Keks* sind aus den eng. Pluralformen *slips, cokes* und *cakes* in den Singular umgedeutet worden. Keinesfalls darf man die Verbindung von englischen Lehnlexemen mit deut-schen Flexionsmorphemen, Ableitungsmorphemen oder Kompo-sitionsgliedern (*test-en/-e/-est,* usw., *test-bar, aus-testen, Verbrei-tungs-test-s, Test-beginn*) als ‚hybride‘ Formen verurteilen, denn linguistisch ist die Verwendung von Lehnlexemen in den grammati-schen Umgebungen heimischer Lexeme gleicher syntaktischer Klasse eine unumgängliche Selbstverständlichkeit in jeder Sprache. Ebenso verhalten sich endungslose Plurale wie *Gangster, Teenager* ganz regelrecht nach den Distributionsregeln entsprechender deut-scher Lexeme wie *Meister, Richter.* Dass die meisten engl. Lehn-wörter den *s*-Plural behalten (*Tests, Partys/-is, Snobs*), verstärkt die Frequenz dieser neuhochdeutschen Pluralbildungsweise, stört aber in vielen Fällen die sich im System anbahnenden Distributions-regeln des Plural-*s* (s. IV, 1). Im allgemeinen sind die englischen Lehnwörter morphematisch stärker in das deutsche Sprachsystem integriert als graphernatisch und phonematisch.

Vielfach ist bei oder nach der Entlehnung ein **Bedeutungswan-del** eingetreten. Ein *Flirt* ist nur ein Vorgang, engl. *flirt* dagegen daneben auch die diesen Vorgang ausübende Person. Dem dt. *Keks* entspricht im Englischen nicht *cakes,* sondern *biscuit. Ticket* wird heute fast nur im Bereich des Flugverkehrs verwendet, hat also eine engere Bedeutung als das englische Wort. In ähnlicher Weise blieb *Band* im Deutsche auf Tanzkapellen beschränkt, die *heiße* Musik spielen, während *band* im Engl. auch für dt. *Orchester* oder überhaupt *Bande* stehen kann. Das Verb *killen*, dessen englisches Vorbild *to kill* jede Art von Töten auch ohne abschätzige Beurteilung bezeichnen kann, ist im Deutschen eingeschränkt auf eine vorsätzliche, böswillige, hinterlistige Handlung, vielleicht anstelle des veraltenden *meucheln*. Das englische Wort *sex* bedeutet zunächst allgemein ‚Geschlecht‘, während es im gegenwärtigen Deutsch auf ‚Geschlechtsverkehr‘ beschränkt ist.

Viel wichtiger als das abstrakte Verhältnis zwischen beiden Sprachen und ihren Elementen sind für die Beurteilung des Lehnwortproblems die **innersprachlichen Relationen**, in denen die Lehnwörter in der entlehnenden Sprache zu ihren herkömmlichen Elementen und deren Relationen stehen. Diese Fragen führen meist auf Entlehnungsgründe. Es gibt außersprachliche Ursachen für die Entlehnungswelle: Englischunterricht in der Schule, Übersetzung zahlreicher Fachtexte aus dem Englischen, Abhängigkeit der deutschen Massenkommunikationsmittel von den meist englisch schreibenden Nachrichtenagenturen und Auslandskorrespondenten, punktueller Übersetzungsverzicht durch Arbeitteile der Journalisten, wirtschaftliche, politische und kulturelle Internationalisierungstendenz, atlantische Bündnispolitik, soziale Anpassung der Besiegten an die prosperierenden und subventionierenden Sieger des 2. Weltkrieges, Imitation zu wirtschaftlichen Werbezwecken oder aus intellektuellem bzw. sozialem Prestigebedürfnis, usw. Diese sind in ihrem Zusammenwirken zwar für das Ausmaß der Lehnwörterflut verantwortlich zu machen, nicht aber für die Motive der Entlehnung von Wörtern in jedem einzelnen Falle. Hier muß auf strukturelle Zusammenhänge innerhalb des Deutschen geachtet werden.

Viele englischen Lehnwörter haben gegenüber ihren (tatsächlichen oder möglichen) dt. Entsprechungen den Vorteil der **Kürze des Ausdrucks**: z. B. *Hobby / Steckenpferd, Lieblingsbeschäftigung; Fan / Liebhaber, Verehrer, Anhänger, Shorts / kurze Hose*. Ein sehr großer Teil der englischen Lehnwörter ist überhaupt einsilbig: *Snob, Sex, Boy, Box, fair, Quiz, Jazz, Pop, Team, Test, Trend*, usw., Lexeme mit diesem Vorteil haben für eine Sprache, die sich ständig durch neue mehrsilbige Ableitungen und Zusammensetzungen fortzeugt, ohne Zweifel einen formalen Mehrwert. Nur durch solche Entlehnungen (neben der Kurzwortbildung) können die vielen unbesetzten Möglichkeiten von Morphemsequenzen innerhalb des deutschen Phonemsystems ausgenutzt werden, was wiederum die Bildung von mehrgliedrigen Zusammensetzungen erleichtert. Damit hängt auch der Vorteil zusammen, innersprachlich motivierte Wörter oder solche, deren Motivierung sinnlos, irreführend, mehrdeutig oder gleichgültig geworden ist, durch **unmotivierte** zu ersetzen: *Backfisch* durch *Teenager*, *Steckenpferd* durch *Hobby* (das Spielzeug *St.* gibt es nur sehr selten), *Liebhaber* durch *Fan* (*Liebhaber* bezeichnet in erster Linie einen Mann, der mit einer Frau eine sexuelle Beziehung hat). Bei Lehnwörtern wie *Sex, sexy* kommt noch das stilistische Motiv des Euphemismus hinzu: Seit man dieses Lexem hat, ist man nicht mehr auf die genierlichen und obendrein umständlichen Ableitungen und Zusammensetzungen mit *Geschlecht* angewiesen. Über *Callgirls* lässt sich ungenierter sprechen als etwa über **Telefonhuren*. Euphemismen waren – zumindest am Anfang – wohl auch *Dandy, Snob, Playboy, Flirt, Spleen*. Ein stilistisches Motiv für den Lehnwortgebrauch ist auch das **Oxymoron**, für das sich englische Lehnwörter meist gut eignen, weil sie den Stilwert des Modernen, Unkonventionellen haben. Dieser Stilfigur des (oft anachronistischen) Nicht-Zusammenpassenden bedient sich zu polemischen Zwecken gern das Nachrichtenmagazin ‚Spiegel‘: *Christus-Fan, Wiedervereinigungs-Job, Richard-Wagner-Festival* (statt *-Festspiele*), *King-Size-Kalesche* (für ‚Mercedes 600‘, mit einer Größenbezeichnung der Zigarettenindustrie und einem veralteten Wort für einen leichten offenen Pferdewagen, eine schlechte *Kutsche*).

Das wichtigste Entlehnungsmotiv ist die **Begriffsdifferenzierung** oder überhaupt die Benennung neuer Sachen und Begriffe. Den *Jazz* oder einen *Swing* konnte man nur mit dem mitimportierten Wort benennen, weil es die Sache vorher in Deutschland noch nicht gab. Ein *Song* ist weder ein *Lied* noch ein *Chanson* noch ein *Schlager* noch eine *Arie. Job* ist weder mit *Beruf* noch mit *Arbeit, Tätigkeit* oder *Anstellung* identisch; es enthält zusätzlich die Merkmale ‚Gelegenheit‘, ‚öfters wechselnd‘, ‚nicht zum Aufopfern ernstgenommen‘, ‚nur zum Geldverdienen‘ usw. Ein *Department* ist etwas anderes als ein deutsches *Institut* oder eine *Abteilung.* Der Anwendungsbereich von *Baby* deckt sich nicht mit denen von *Säugling* oder *Kleinkind:* In der Klinik gibt es offiziell nur *Säuglinge, Säuglingsstationen, -schwestern* usw., aber keine *Babys, *Babystationen, -schwestern* usw. Im Privatleben und in der Wäscheabteilung des Warenhauses bevorzugt man dagegen *Baby* und meidet *Säugling.* Dies und *Kleinkind* sind amtliche Bezeichnungen ohne den Gefühlswert, den *Baby* hat und den es allenfalls mit dem Diminutiv (eigentlich Hypokoristikum = Kosewort) *Kindchen* gemeinsam hat. *Baby* hat offenbar eine Lücke im deutschen Wortfeld gefüllt; die Verdeutschung *Kleinkind* war ein Misserfolg. – Nicht Wortfeldbereicherung, sondern Pauschalbenennung zur Ersparung differenzierterer Wortwahl liegt wohl vor bei Lehnwörtern wie *clever, fit, k. o., o. k.*

Die Wortentlehnungen aus dem Englischen ließen im Deutschen manchmal neue **Homonyme** (gleichlautende Wörter mit verschiedener Bedeutung) entstehen: Neben das ältere *realisieren* ,verwirklichen' trat nun *realisieren* ,sich vorstellen, bemerken' (*to realize*), neben *toasten* ,einen Trinkspruch ausbringen' *toasten* ,Weißbrot rösten', neben *stoppen* ,die Zeit messen (beim Sport)' *stoppen* ,anhalten', neben *feuern* ,schießen' bzw. ,Feuer machen' *feuern* ,entlassen' (*to fire*), neben *Mop* ,Staubbesen' *Mob* ,Pöbel', neben *Scheck* ,Zahlungsanweisung' *Shag* ,Tabaksorte'; bloße Homographen sind (wegen unterschiedlicher Betonung) *Service* ,Tafelgeschirr' und *Service* ,Kundendienst'. Die englischen Lehnwörter treten öfters in **Konkurrenz** zu älteren Entlehnungen aus dem **Französischen** (A. Burger), wobei das englische das französische Lehnwort verdrängt oder zurückdrängt, so etwa bei *Mannequin* und *Modell*, bei *Revue* und *Show*, bei *Bonvivant, Belami, Beau* und *Playboy*, bei *Fete* und *Party*, bei *Hautevoleé* und *[High] Society*, bei *Pointe* und *Gag*, bei *Tendenz* und *Trend*, bei *Hausse* und *Boom*. Hier ist aber darauf zu achten, ob nicht doch semantische oder stilistische Unterschiede das ältere Lehnwort am Leben erhalten. Auch verdrängen engl. Schreibungen und Lautungen die der lexematisch ähnlichen älteren Lehnwörter: *Apartment* statt *Appartement*, *Publicity* statt *Publizität*. Wenn sich diese Tendenz auch in der Entwicklung der deutschen wissenschaftlichen und technischen Fachterminologie durchsetzen sollte, so wäre das eine bedauerliche Beeinträchtigung des deutschen Wortbildungssystems, denn der deutsche Fachwortschatz aus lateinischen, griechischen und französischen Wurzeln hat seit der Aufklärungszeit leistungsfähige Ableitungsmittel wie *-ismus, -ist, -ologe, -är, -ianer, -ität, -ation, -abel, -[is]ieren, -fizieren* entwickelt, die in der Fachterminologie genutzt werden sollten; bei englischen Lehnlexemen aus germanischen Wurzeln besteht sogar die Möglichkeit, sie mit allen alten deutschen Ableitungsmitteln für den deutschen Wortschatz fruchtbar zu machen (*testbar, Playboytum*). Es kommt auch sonst viel auf das Verhältnis der englischen Lehnwörter zu den älteren aus anderen Sprachen an. Viele von ihnen können als eine Art Lehnprägungen aus heimischem Material aufgefasst werden. Das sind die **Internationalismen** aus lateinischen oder griechischen Bestandteilen, die heute in jeder der heutigen Kultursprachen selbständig hätten entstehen können, deren Bildung also auch im modernen Deutsch selbst jederzeit durchaus möglich wäre, deren Üblichkeit sich aber wohl erst durch das englische Vorbild durchgesetzt hat: z. B. *Lokomotive, Demonstration, Imperialismus, Distribution, institutionalisieren.*

Die Breite und Tiefe des englischen Spracheinflusses wird erst deutlich werden, wenn die Vielfalt der **inneren Lehnbeziehungen** (s. II, 4) vollständiger erkannt sein wird. Komposita wie *Atombombe, Gehirnwäsche, Schwarzmarkt, Gipfelkonferenz, Wunschdenken, Elektronengehirn, Entwicklungsland, Froschmann, Lautsprecher, Schnappschuss, Flutlicht* u. v. a. sind Lehnübersetzungen aus den lexematisch genauen englischen Entsprechungen. Das gleiche gilt für phraseologische Verbindungen (Lehnwendungen) wie *Eiserner Vorhang, Kalter Krieg, offene Tür, das Beste machen aus etwas, in einem Boot sitzen, unter die Haut gehen, einmal mehr (once more), eine gute Presse haben, jemandem die Schau stehlen, das Gesicht wahren/verlieren.* Etwas freier, als Lehnübertragungen, sind *Wolkenkratzer, Luftbrücke, Untertreibung, Einbahnstraße, Flugfeld* den englischen Vorbildern *sky-scraper, air-lift, understatement, one-way-street, airfield* nachgebildet. Um Bedeutungsentlehnung (Lehnbedeutung) handelt es sich bei *kontrollieren ‚beeinflussen, beherrschen‘, manipulieren ‚hinterhältig beeinflussen‘, Flaschenhals ‚wirtschaftlicher Engpass‘ (bottleneck)* und bei der modischen Bejahungs-Interjektion *genau (exactly).*

4. Stilschichten

Die sprachschöpferischen Neuerungen der Fachsprachen, Gruppensprachen und der Alltagssprache sind in neuerer Zeit vielfach unbesehen als Anzeichen eines ‚Sprachverfalls‘ abgewertet worden. Sie sind aber, sofern sie den Wortschatz der Gemeinsprache bereichern, eine Gewähr dafür, dass die deutsche Sprache nicht zu einer lebensfernen Bildungssprache erstarrt, die alles unterdrückt, was nicht der schriftsprachlichen Tradition, der schöngeistigen Distanzierung vom Alltagsleben oder der fachlichen Rationalisierung entspricht. Die **Hochsprache** (im Sinne von ‚gehobener' Sprache) hat eine elitäre, konservierende Funktion; aber sie ist nur eine Stilart unter mehreren, die erst alle zusammen die deutsche Sprache bilden. Die Spracherziehung hat heute nach wie vor die Aufgabe, die Unterschiede zwischen Textsortenstilen bewusst zu machen; sie würde aber sozialer Diskriminierung dienen, wenn sie alle Abweichungen von der schriftsprachlichen Tradition oder Idealnorm als ‚restringiert', ‚entartet' oder als ‚Sprachverderb' aufzufassen lehrte. Der stilistische Kanon der klassischen deutschen Literatur hat viele Sprachkritiker seit dem Ende des 19. Jh. darüber hinweggetäuscht, dass auch die funktionalen Stilarten des Alltagslebens ihr Recht fordern und dass sich die deutsche Sprache auch nach jenem kultursprachlichen Höhepunkt weiterentwickelt und weiterentwickeln muss, zumal sich die Sozialstruktur und die Beziehungen zwischen Idealnorm und Gebrauchsnorm, sozialer Machtverteilung und Bildungsprivilegien seitdem sehr gewandelt haben.

In der alltäglichen Gebrauchssprache der verschiedensten Sachbereiche sind Tausende neuer Wörter entstanden. Dabei sind bestimmte **Wortbildungsmodelle** produktiv geworden, die zwar als solche meist schon alt sind, für die aber in neuerer Zeit ein besonderes Bedürfnis entstanden ist. So wird das alte Personensuffix *-er* häufiger genutzt, um ältere Wortzusammensetzungen durch kürzere Wörter zu ersetzen (*Eisenbahner* statt *Eisenbahnbeamter*, *Werbetexter* statt *Werbetextverfasser*), ebenso bei dem auch schon alten Typus der Instrumentenbezeichnungen (*Fernsprecher / Fernsprechapparat, Füller / Füllfederhalter, Laster / Lastkraftwagen, Zweitakter / Zweitaktmotorfahrzeug, Umsteiger/Umsteigefahrkarte*). Diese Tendenz zur **Kurzwortbildung** wirkt der deutschen Kompositionsfreudigkeit heilsam entgegen. – Als modernes Wortbildungsmittel breitet sich seit Ende des 19. Jh. die Initialabkürzung aus (*BGB, SPD, DIN, BMW, Kfz*), allerdings meist nur bei Eigennamen, denn da ist die Motivierung des sprachlichen Zeichens aus seinen Bestandteilen und die semantische Beziehung zum übrigen Wortschatz noch weniger notwendig als bei den appellativischen Wörtern. Die aktuelle Bedeutung eines Namens wie BMW versteht man auch ohne seine Herkunft und Bildungsweise zu kennen. Dem besseren Verständnis sucht man aber seit etwa den 20er Jahren vielfach nachzuhelfen mit leichter sprechbaren und deutbaren Silbenabkürzungen (*Schupo, Komintern, Mitropa, Touropa,*

Euratom, Benelux, Interbau, Moped). Das deutsche Wortschatz-system wird von der Abkürzungsmode jedoch kaum beeinflusst, da Abkürzungen meist Namencharakter haben und deshalb so eng an die Sachen gebunden sind, dass sie mit ihnen schnell wieder vergehen.

Bei den **Adjektiven** hat die Zahl der *-bar*-Ableitungen seit dem 18. Jh. stark zugenommen (*verwendbar, begehbar, zerlegbar, erkennbar, haltbar, fahrbar*). Dabei ist die semantische Vielfalt des mhd. *-bære* auf einen eindeutigen, lebenskräftigen Typus konzentriert worden: Dinge werden nach ihrer Verfügbarkeit und Nutzbarkeit für den Menschen benannt, oft zur Einsparung eines Nebensatzes (*ein Gegenstand, der sich zerlegen lässt/zerlegt werden kann – ein zerlegbarer Gegenstand*). Das gleiche gilt für die zunehmende Bildung von Adjektiven auf *-mäßig* oder *-lich* (*wohnungsmäßige Verhältnisse, charakterliche Beurteilung*), die vielfach ältere Fügungen mit *in Bezug auf, was … betrifft* ersetzen.

Im Sprachgebrauch der Zeitungsredakteure hat sich – ohne dass dies je ein Schulmeister oder Grammatiker sie gelehrt hätte – ein (trotz manchen Missbrauchs) sehr nützliches syntaktisches System von Sparformen in der **Schlagzeile** entwickelt, vor allem seit dem Kriegsausbruch von 1914 (B. Sandig): Man begnügte sich nicht mehr mit der bloßen Angabe von Korrespondenzorten und -daten oder mit den nur hinweisenden Thema-Überschriften (z. B. *Die Ereignisse in Wien*). Nun sollte der Hinweis mit einer Kurzinformation verbunden werden. Dabei hat sich während der 20er und 30er Jahre eine deutliche Tendenz ergeben von den anfangs häufigeren Nominal-Kurzsätzen (z. B. *Rückkehr des Kaisers*) zu Verbal-Kurzsätzen, in deren mehrgliedrigem Prädikat das finite Verb erspart (*Holländischer Dampfer auf Mine gelaufen*) oder das Verbum des Sagens durch den Doppelpunkt ersetzt wird (*Seebohm: Stauungen nicht zu vermeiden*) oder das Subjekt im Restprädikat impliziert ist (*An Kreuzung zusammengestoßen*). Dabei werden die Kontextbedingungen der Lexeme (Valenzen, Klasseme, semantisch-syntaktische Interdependenzen) ausgenutzt, so auch bei der völligen Ersparung des Prädikats, das in der Präpositionalergänzung inhaltlich aufgehoben ist (*Cohn-Bendit nach London, Synodale vor schwerer Wahl*). Der Situationskontext einer bestimmten wiederkehrenden Stelle in jeder Zeitungsausgabe gestattet es sogar, dem Wetterbericht eine eindeutige Kurzinformation wie *kühler*

voranzustellen. Die Journalisten haben hier ohne sprachwissenschaftliche Anleitung grammatische Grundtatsachen entdeckt und
unreflektiert, aber erfolgreich genutzt wie die, dass die kommunikative Einheit ‚Satz‘ keineswegs an eine bestimmte Satzform wie
den vollständigen Verbalsatz gebunden ist, dass vieles in den natürlichen Sprachen redundant (überflüssig) ist und dass sich Wortbedeutungen wie Satzbedeutungen aus dem (inner- wie außersprachlichen) Kontext determinieren.

Das Streben nach Kürze und Komprimierung des Ausdrucks
hat auch einen Typus von Verben stark vermehrt, den Sprachkritiker unter dem Stichwort ‚**Akkusativierung**‘ als Zeichen der ‚Ent-
persönlichung‘ des Menschen bewertet haben (L. Weisgerber).
Dabei werden Personenbezeichnungen als Akkusativobjekte verwendet, die das Ziel einer transitiven Handlung benennen. Beispiele dafür finden sich allerdings schon im Mittelhochdeutschen
(*beschirmen, beschemen, betrüeben, beschuochen* ,*mit Schuhen versehen*‘, *bespîsen* ,*mit Speise versehen*‘, *betrehenen* ,*beweinen*‘,
betriuwen ,betreuen‘, ,schützen‘). Dieses Modell wird in der neueren Zeit häufig(er) verwendet, indem es neben entsprechende
Dativfügungen trat oder sie verdrängte (*beglückwünschen, bezu-
schussen, ermutigen, beliefern, bedrohen, bedienen, beraten*). Die
Ursachen dafür sind in den syntaktischen Vorteilen zu suchen, die
solche transitiven Verben dem rationalisierten Sprachstil bieten (H.
Kolb): Möglichkeit des persönlichen Passivs (*er wird beliefert*), der
Substantivierung (*die Belieferung des Kunden*), der Adjektivbil-
dung (*der belieferte Kunde*), der Einsparung des Sachobjekts (*wir
beliefern Sie bis Monatsende;* bei *liefern* wäre ein Sachobjekt wie
Ware notwendig). Die Person rückt hier in den Mittelpunkt der
Aussage, indem sie als Objekt einer Handlung dargestellt wird.
Kulturpessimistische Sprachkritik sieht darin eine ‚inhumane‘
Denkweise (D. Sternberger). Man sollte aber nicht vergessen, dass
es dem Menschen selbst zugute kommt, wenn bequeme grammatische Möglichkeiten im raschen Sprachverkehr des modernen Alltags genutzt werden. Die sachliche Nüchternheit und Kürze gewisser Stilarten erscheint nur vom stilistischen Standpunkt anderer
Lebensbereiche aus als Untugend. In der Sprache der emotionalen
zwischenmenschlichen Beziehungen werden solche sprachlichen
Verfahrensweisen freilich gemieden, sofern die zu ‚sekundären Systemen‘ erstarrten öffentlichen Gebrauchsnormen die Sprachkompetenz der Sprecher nicht ganz überwuchert haben.

Das gestiegene Bedürfnis nach der nominalen Benennung von Vorgängen, Handlungen oder Zuständen hat seit einiger Zeit die Bildung **substantivierter Infinitive** gefördert, die oft mit Bedeutungsdifferenzierungen neben den älteren Verbalabstrakten stehen (*das Können – die Kunst, das Wollen – der Wille, das Erleben – das Erlebnis, das Prüfen – die Prüfung, das Tiefbohren – die Tiefbohrung*; umgekehrt: *die Einschreibung – das Einschreiben*). Solche nominale Vorgangsbenennung erforderte wiederum neue Verben, mit denen solche substantivischen Vorgangsbezeichnungen als Subjekte oder Objekte im Satz verwendet werden können (z. B. *das Prüfen des Materials erfolgt auf folgende Weise/a.f.W. durchführen*). Die Universalverben *erfolgen* und *durchführen* begegnen schon im 19. Jh., vor allem in Texten mit abstraktem Inhalt (Rechtsprechung, Verwaltung, Wissenschaft, Technik). Dieser **Substantivstil** hat ohne Zweifel über das notwendige Maß hinaus gewuchert. Aber es gibt sprachliche Situationen, in denen solche Objektivierung von Vorgangsbegriffen schon aus syntaktischen Gründen unumgänglich ist. Wer in einem langen Text immer wieder über Dinge zu sprechen oder zu schreiben hat, die z. B. damit zusammenhängen, dass eine Straße *verlegt* wird, kommt nicht umhin, den Vorgangsbegriff öfters als nominales Satzglied (*Straßenverlegung*) wiederaufzunehmen. Der Substantivstil bedeutet nicht immer eine Verkümmerung des vorgänglichen Denkens, sondern bietet die grammatische Möglichkeit, über Vorgangsbegriffe etwas auszusagen. Ohne diese Art gedanklicher Abstrahierung wäre die moderne Zivilisation und Geisteskultur nicht denkbar. Was die frühen Übersetzer und die Mystiker mit ihren Verbalabstrakten in der dt. Sprache angebahnt und die deutschen Gelehrten mit ihrem Nominalgruppenstil seit dem 17. Jh. weiterentwickelt haben, ist zu einem der wesentlichsten Kennzeichen des modernen Deutsch geworden.

Eine gewisse Gefahr im Sinne der Verstärkung von ‚Sprachbarrieren‘ könnte darin gesehen werden, dass der Unterschied zwischen **geschriebener** und **gesprochener Sprache** vielfach nicht mehr genügend beachtet, z. B. dass die mündliche Rede allzusehr vom Schreibgebrauch beherrscht wird. Die weitgehende Verschriftlichung des öffentlichen Lebens hat dem Grundsatz ‚Sprich wie du schreibst!‘ Vorschub geleistet. Bewährte und im alltäglichen Sprachgebrauch sehr nützliche Wörter und Wendungen der durchschnittlichen Sprechsprache werden beim Schreiben und auch in

der offiziellen Rede gemieden und durch höhere, der schriftlichen
Tradition und Idealnorm entsprechende Stilvarianten ersetzt
(*manchmal / bisweilen, jetzt / nunmehr, viele / zahlreiche, bekommen / erhalten, brauchen / benötigen, können / vermögen, nur /
lediglich*). Die Sprachpädagogik des 19. Jh. hat den Gebrauch so
nützlicher Grundverben wie *sein, haben, tun, machen* zurückgedrängt, sodass heute eine große Zahl semantisch oft unnötiger
Ersatzverben besteht: *sich befinden, weilen, existieren; besitzen,
verfügen über, aufweisen, zeigen; verrichten, ausüben, begehen,
bewerkstelligen, durchführen; herstellen, erstellen* usw. Teilweise
wirkt hier eine preziöse Stiltendenz, die aus alter sprachsoziologischer Distanzhaltung das alltägliche Wort meidet. Auch verlangt
die schriftsprachliche Norm den möglichst präzisen und differenzierten Ausdruck, den man aber in der Sprachnot des raschen Rede-
verlaufs nicht so schnell findet, sodass man sich mit Allgemeinwör-
tern behilft (*interessant, großartig, tolle Sache, es geht, es ist weg, es
ist kaputt, es klappt, es haut hin*). Die Scheu vor den einfachen und
bequemen Wörtern hat in der deutschen Hoch- und Schriftsprache
anspruchsvolle Forderungen der Ästhetik und übersteigerten Idealnorm wirksam werden lassen, die das Deutsche im Fremdsprachunterricht zu einer der schwierigsten Sprachen gemacht haben und
bei den Deutschen selbst zu sprachpathologischen Stilschwierig-
keiten führen, wie sie Kabarettisten immer wieder parodieren.

    Syntaktische Forderungen der logischen Pedanterie, die in der
spontanen Sprechsprache nicht erfüllt werden, beherrschen den
Schreibgebrauch und die schriftnahe Hochsprache, z. B. das starre
Durchhalten des Konjunktivs in Gliedsätzen längerer abhängiger
Rede oder der Gebrauch des Futurs mit *werden* in Sätzen, deren
Verben oder Adverbien die Hilfsverbumschreibung überflüssig
machen (z. B. ich *werde morgen abreisen*). Möglichkeiten und
Gewohnheiten der geschriebenen Sprache werden oft unbedenk-
lich in der mündlichen Rede verwendet, ohne Rücksicht auf den
Hörer, der ja größere syntaktische Zusammenhänge nicht so leicht
erfassen kann wie der Leser. So ist das im gelehrten und administrativen Schreibstil besonders weitgehend ausgebildete Gesetz der
Umklammerung seit dem 17. Jh. so sehr zum schriftsprachlichen
Vorbild geworden, dass es bei gebildeten Menschen auch den Redestil übermäßig beherrscht und vielfach schon als zwingende Norm
aufgefasst wird. Das gilt besonders für die Verbalklammer, die
erweiterte Attributgruppe und die eingeschalteten Nebensätze.

Der Gebrauch des erweiterten Attributs, der im 19. Jh. in Umfang und Frequenz seinen Höhepunkt erreicht hatte, ist nach neueren Untersuchungen (H. Weber) um etwa ein Drittel zurückgegangen. Der ältere Bürokraten- und Juristenstil war noch von der Neigung zum ,Schachtelsatz' geprägt; z. B.:

Gegen den Angeklagten wird, weil er sich einer Ungebühr schuldig gemacht hat, indem er, nachdem er wiederholt zur Ruhe verwiesen und ihm schließlich eine Ordnungsstrafe angedroht war, sich der Worte ... bediente, gemäß § ... eine Ordnungsstrafe von 10 M. festgesetzt.

Eine gegenläufige neuere Stiltendenz, die teilweise schon um 1900 im Bürgerlichen Gesetzbuch gewirkt hat, vermeidet in solchen Texten möglichst alle Klammern und ersetzt die syntaktische Unterordnung durch eine Nacheinanderordnung von Substantiven, wobei die Beziehungen durch genitivische oder präpositionale Fügungen ausgedrückt werden:

Gegen den Angeklagten erfolgt die Festsetzung einer Ordnungsstrafe gemäß § ... in Höhe von 10 M. aufgrund der Ungebühr seines Gebrauchs der Worte ... nach wiederholtem Ruheverweis und schließlicher Androhung einer Ordnungsstrafe.

Für diese Art des Substantivstils mit Nominalgruppen sind Anfänge schon im 17. Jh. zu beobachten (W. G. Admoni). Die Umklammerungen werden beseitigt, ein inhaltsarmes finites Verb wie *erfolgen* ermöglicht die Komprimierung des Prädikats im Verbalsubstantiv (nomen actionis) *Festsetzung*, und der ganze Satz wird in kleinere, für Sprecher und Hörer leichter erfassbare Nominalgruppen gegliedert. Diese Lösung ist aber mit äußerster Abstraktheit des Wortgebrauchs und der Fügemittel erkauft. Das Dilemma dieser beiden Extreme ist verursacht von der Tendenz gewisser Stilarten, möglichst viel in einem Satz unterzubringen und alles möglichst genau zu formulieren. Die Komplizierung des Denkens im verschriftlichten öffentlichen Leben, – vom Techniker, Gelehrten oder Gesetzgeber bis zum Büroschreiber – hat an die dt. Sprache Anforderungen gestellt, die weit über das vernünftige Maß gesprochener Sprache hinausgehen. Neuerdings versucht man dieses Problem mit der Einführung von Abkürzungen und künstlichen Formelsymbolen zu lösen, zur Entlastung der Syntax, aber zu Lasten der lexikalischen Kenntnisse.

Es hat andererseits den Anschein, als ob die Übermacht der **geschriebenen** Sprache über die **gesprochene** nicht mehr unvermindert weiterwirkt und dass der lebendige, ungezwungene Sprachgebrauch stark genug ist, die Stilistik der Schriftsprache aufzulockern. Freier Diskussionsbeitrag oder Interview zwingen zu kürzeren, wenig verschachtelten Sätzen. In der populärwissenschaftlichen Prosa ist gegenüber dem 19. Jh. ein Rückgang der durchschnittlichen Satzlänge festzustellen (H. Eggers). Von der beherrschenden Rolle des Rundfunks und des Fernsehens in der Massenkommunikation darf man auf die Dauer vielleicht eine heilsame Rückwendung zur hörerbezogenen Sprache erwarten. Dazu ist allerdings eine sorgfältige stilistische und sprechkundliche Bearbeitung der Textvorlagen notwendig, die vielfach schon üblich ist, aber noch zu sehr nach konservativen Idealnormen geübt wird.

In der **öffentlichen Rede** hat sich seit dem akademisch-rhetorischen Redestil des 19. Jh. manches gewandelt. Publikumswirksame Redner, die frei und einprägsam sprechen, bedienen sich vielfach grammatischer Möglichkeiten zur Verkürzung des weiten Spannungsbogens, die sich gegen die schriftsprachliche Idealnorm entwickelt oder erhalten haben: Der zweite Prädikatsteil wird vorweggenommen, nominale Satzglieder werden nachgestellt (z. B. *Ich möchte Sie zunächst herzlich begrüßen zur 25. Jahresfeier unserer Vereinigung*); entfernte Satzglieder werden am Ende des Spannungsbogens wiederaufgenommen (z. B. *Die Entwicklung der Forschung im letzten Jahrzehnt auf diesem Fachgebiet, das langezeit vernachlässigt worden ist – diese Entwicklung gibt zu einigen Befürchtungen methodologischer Art Anlass – Befürchtungen, die* ...). Solche Verfahrensweisen der gesprochenen Hochsprache werden ganz unbewusst angewendet; in den Grammatiken der deutschen Gegenwartssprache werden sie noch kaum behandelt, da diese ihre Beispiele fast ausnahmslos gedruckten und literarischen Texten entnehmen. Nachdem die antike Rhetorik im Laufe des 19. Jh. allmählich in Vergessenheit geraten ist, erscheint für die deutsche Sprache eine neue Lehre des vernünftigen Redestils nötig als Gegengewicht gegen das seit Jahrhunderten wirkende schriebsprachliche Vorbild.

Die ‚Medienrevolution‘ durch die **elektronische Datenverarbeitung** hat neue Textsorten hervorgebracht (Web-Site, E-Mail,

Chat) und dadurch sowohl das Verhältnis von gesprochener und geschriebener Sprache als auch die Kooperation unterschiedlicher Zeichensysteme (Sprache, Bild, Farbe, Bewegung, Ton), die Multimedialität, geschaffen bzw. ermöglicht und neu ‚geordnet‘ (U. Schmitz). E-Mails und besonders Chats sind zwar weiterhin schriftlich konstituierte Textsorten, sie werden wie jede Form geschriebener Sprache mit dem Gesichtsinn rezipiert, und es fehlt das wesentliche Kennzeichen gesprochener Sprache, die Intonation; doch auf verschiedene Weise, dringt die Mündlichkeit in die Schreibe: Die Normen, die für geschriebene Sprache gelten, werden sehr locker gehandhabt, gerade in Chats begegnen Anakoluthe, Ellipsen in vielfältiger Form und unterschiedlichste Versuche, Lautstärke und Emotionalität durch Buchstabenwiederholungen (*wunnnnnnnnderbaaaaar*), neue Interjektionen (*seufz!*, *grins!*), die z. T. durch Comics angeregt sind, sowie neue Zeichen wie die sogenannten ‚Emotikons‘, deren bekanntestes der ‚Smiley‘ ist (☺). Interessant ist auch, dass vor allem die konservative Sprachkritik, die immer auch Kulturkritik ist, die neuen Medien mit ähnlichen Argumenten ablehnt wie seinerzeit das neue Medium des Buchdrucks abgelehnt worden ist.

5. Literatursprache und Sprachkrise

Die Entwicklung der deutschen Literatur von der Mitte des 19. Jh. zur Moderne ist gekennzeichnet von einer bis heute nicht überwundenen Krise des sprachlichen Wertbewusstseins. Die Klassiker hatten die deutsche Sprache zu einer vergeistigten, veredelten Hochsprache emporgehoben, die fortan so sehr als unüberbietbares Vorbild angesehen wurde, dass Grillparzer bekennen musste: ‚Ich möchte, wär’s möglich, stehen bleiben, wo Schiller und Goethe stand‘. Die **traditionelle Literatursprache** mit ihrem Schillerschen Pathos und rhetorischen Flitter, mit schmückendem Beiwort, Archaismus und Personifizierung, mit Parallelismus und Chiasmus, Antithese und Klimax, rhetorischer Frage und Sentenz, hat tief auf Literatur und Bildungsleben des 19. Jh. eingewirkt, von Theodor Körner bis zu Wildenbruch, von Heine und Geibel bis zur Gesangvereinspoesie, ja in handwerklicher Perfektion bis hinab zum gymnasialen Schulaufsatz und zum Trivialroman oder zum pathetischen Variations- und Periphrasenstil der Sportreportage.

Das bewährte Vorbild musste zum Klischee erstarren, nachdem es
pädagogisiert war und schließlich hundertfach aus hochstilisierten
Festreden in der Öffentlichkeit ertönte. Die kultursprachliche Leis-
tung der deutschen Klassik war so fruchtbar geworden, dass sie in
Gefahr geriet, verbraucht zu werden. Das Hochsprachideal der
Gebildeten war so nahe an den dichterischen Sprachstil heran-
gerückt, dass die Dichter selbst sich in die Rolle vorbildgebender
Sprachmeister gedrängt sahen; sie sollten so schreiben, wie nun alle
Gebildeten sich zu schreiben oder zu sprechen bemühten. Und im
sog. Professorenroman (Freytag, Dahn) war die Dichtung in die
Nähe des akademischen Stils geraten, ähnlich wie die bildende
Kunst in der Historienmalerei des 19. Jh.

Eine Abwendung von dieser einseitigen Entwicklungsrichtung
der deutschen Literatursprache lag in der Luft. Die Dichter besan-
nen sich allmählich wieder auf die Unvereinbarkeit von Kunstspra-
che und Gemeinsprache. Die mildeste Art solcher Umkehr war die
parodistische Ironisierung des großbürgerlichen Konversationsstils
in den Romanen Th. Manns, in denen alle sprachstilistischen Traditionen des 19. Jh. noch einmal zur Virtuosität gesteigert wurden.
Die anderen gingen meist neue Wege. Die einen verzichteten in
ihrem Misstrauen gegen die erhabenen und schönen Worte auf die
sprachliche Sonderstellung der Dichtung und näherten sich der
emotional gefärbten Alltagssprache; die anderen suchten nach
neuen Möglichkeiten, der Dichtung ihren eigenen, unangreifbaren
Stilbereich zu sichern. Die erstere Richtung setzt bei den Tages-
schriftstellern des Jungen Deutschland ein, die das **feuilletonisti-
sche Zeitalter** einleiteten. Sie gipfelte in der eigenwilligen sprachschöpferischen Leistung Nietzsches, der dem Journalismus der
Folgezeit das Vorbild für den grellen Reizstil gab. Der Leser sollte
nicht mehr mit erbaulich schönen und logisch perfektionierten
Belehrungen eingeschläfert, sondern sollte überrascht und überwäl-
tigt werden von zündenden Schlagwörtern, ironischen Wortspielen
und paradoxen Analogiebildungen (*Nächstenhass, unbefleckte
Erkenntnis, Tugendbock, Moraltrompeter, Trunkenbold Gottes,
Zweisiedler, Hinzulügner*). Dieses **Spielen mit der Sprache** ist nur
ein Symptom für den Verlust des Vertrauens zur konventionellen
Sprache. Die Sprachspielerei ist im Anfang des neuen Jahrhunderts
literarisch gepflegt worden von Dichtern wie Morgenstern, Ringel-
natz und den Dadaisten, ja sogar in einer akademischen Schüttel-
reimerei (Pinder, Kippenberg), und ist als intellektueller Wortwitz in

der Umgangssprache der Gebildeten zur Mode geworden (*tiefsta-peln, Klavier-Klafünf, Damen-Dämlichkeiten, abendfüllender Aus-schnitt*). Daneben gab es auch die Möglichkeit, die Hinwendung zur Alltagssprache ganz ernsthaft und konsequent zu vollziehen, etwa in naturalistischen Stilversuchen von Arno Holz oder in der mundartnahen Sprache der sozialkritischen Dramen Gerhart Hauptmanns. Aber dieser entsagungsvolle Abstieg der Dichter-sprache zur sprachlichen Unterschicht konnte die literatursprach-liche Krise nicht überwinden. Diese Richtung lebt nur von der Opposition gegen das Konventionelle und bedeutet in der moder-nen dt. Dichtung nur eine Unterströmung, die sich meist mit ande-ren Stilhaltungen zu neuen poetischen Experimenten vereinigt.

Der andere, ganz neue Ausdrucksmöglichkeiten erschließende Weg führte zum Anders-Sagen, zur dichterischen **Verfremdung** und **Verrätselung** der Sprache. Man versuchte sich im Sagen des Unsagbaren, im Andeuten von tieferen Wirklichkeiten, die von den abgegriffenen Wörtern der herkömmlichen Sprache nur verdeckt werden, die nur durch das Wachrufen von überraschenden Asso-ziationen, durch das Lesen hinter den Wörtern erschlossen werden können. Etwas von alledem ist den verschiedenen Richtungen und großen Gestalten der ‚Moderne' gemeinsam, sei es im Impressio-nismus oder Expressionismus, sei es bei George, Rilke, Hofmanns-thal, Trakl oder Benn. Die sprachlichen Mittel dieses Ringens mit dem Ungenügen der Sprache waren vielfältig: von harten nomina-len Wortblöcken bis zur verbalen Ekstase, von der parataktischen Reihung bis zum verblosen Satz und zur völligen Auflösung der Syntax. Das Bedürfnis nach ungewöhnlichen, den Normen wider-sprechenden Wortverbindungen öffnete der sprachschöpferischen Kraft kühner Wortbildung alle Schranken. Dichtersprache wurde zum Gegenteil von konventioneller, vorbildlicher Sprache. Die Dichter haben sich vom Zwang des Allgemeinverbindlichen freige-kämpft, so wie sich die bildenden Künstler im Zeitalter der Foto-grafie von der alltäglichen, nutzbaren Wirklichkeitsdarstellung gelöst haben. Sie haben sich einer tödlichen Umarmung entzogen, indem sie sich in den Bereich der autonomen Kunst retteten. – Andere, die politisch in die Welt hinein wirken wollten, betrieben die Sprachverfremdung ganz systematisch und reflektiert: Die „Schwierigkeiten beim Schreiben der Wahrheit" und die „faule Mystik der Wörter" (Bert Brecht) können nur durch die „List" überwunden werden, dass – wie etwa bei Brecht, Johnson und

Grass – entgegen aller Vortäuschung einer ‚heilen‘ Sprache die
grundsätzliche Inkongruenz zwischen den Codes des Autors und
der Leser sprachlich vorgeführt wird durch ein werkspezifisches
System von grammatischen und semantischen Irregularitäten und
durch die Ausnutzung der Assoziations- und Analogiefreudigkeit
spontaner Umgangssprache in bestimmten redeintensiven Text-
abschnitten (H. Steger).

Das pädagogische Vertrauen auf einen Kanon des guten
Sprachgebrauchs ist seit etwa der Jahrhundertwende ins Wanken
geraten. Die Beziehungen zwischen Dichtersprache, Hochsprache
und Gemeinsprache sind fragwürdig geworden. Diese Entwicklung
hat man auch in der Öffentlichkeit gespürt. Um die Jahrhundertwende wirkte, noch langezeit verkannt und ignoriert, der bedeutende Sprachkritiker Fritz Mauthner als Vorläufer späterer
philosophischer Sprachkritik. Er geißelte den „Wortfetischismus"
traditioneller Wissenschaftssprache.

Konservative Sprachkritiker (z. B. G. Wustmann) sahen im
Sprachwandel durch sozioökonomische Veränderung und in der
Eigenständigkeit der Stilschichten, Fach- und Gruppensprachen
meist nur ‚Entartung‘ und ‚Sprachverderb‘. In der gleichen Zeit
(1885) ist auch der Allgemeine deutsche Sprachverein gegründet
worden. Er setzte sich ein für ‚Pflege und Hebung der dt. Sprache‘,
‚Heilung von Entartungen und Verkrüppelungen‘, ‚Abwerfung von
Künsteleien und Ziererei en‘, ‚Anregung zum richtigen, sachgemä-
ßen Denken im Zusammenhange mit dem richtigen, treffenden
Ausdruck‘. Die Aktivität dieser bürgerlichen Sprachnotwehr stieß
bei Schriftstellern wie Fontane, Freytag, Groth, Spielhagen, die
sich ihre dichterische Freiheit nicht rauben lassen wollten, auf heftigen Widerstand, vor allem in der Fremdwortfrage. Die Wirkung
des Vereins in weiten Kreisen war aber beträchtlich. Doch eine
Lösung zur Überwindung der Sprachkrise ist auf diesem Wege
nicht gefunden worden. Voreingenommene Kritik und Intoleranz
fördern nur die Vorurteile und sprachlichen Hemmungen. Die
1915 als Nachfolgerin gegründete ‚Gesellschaft für deutsche Sprache‘ bemüht sich um eine gerechte Beurteilung der Sprachnöte der
modernen Welt. Die Auskunftsstelle der Gesellschaft leistet heute
in einer Flut von Anfragen aus Verwaltung, Wirtschaft und Technik
ihre nützliche Sprachberatungsarbeit, ebenso in Mannheim die
Duden-Redaktion und das ‚Institut für deutsche Sprache‘. Eine
über sachliche Beratung auf wissenschaftlicher Grundlage hinaus-

gehende Sprachnormung ist jedoch sehr problematisch, vor allem wenn das Gesellschaftsspiel der Sprachanfragen eifriger Pedanten etwa dazu benutzt würde, bei jeder ‚Sprachauskunft' neue Normen zu setzen, die die Zahl der Restriktionen freier Varianten vermehren, anstatt sie zugunsten der sich kommunikativ regulierenden Sprachkompetenzen der Sprachteilhaber abzubauen.

6. Politik und Sprache: vor 1945

Die Gründung des kleindeutschen Kaiserreiches im Jahre 1871 hat nicht nur einheitssprachliche Äußerlichkeiten wie die erwähnte orthographische und orthoepische Normung gefördert. Sie und der stark irrationale Nationalismus der wilhelminischen Zeit haben auch eine neue Welle der **Eindeutschung** ausgelöst. Die Fremdwortjagd beherrschte besonders in den Anfangsjahren die Arbeit des Sprachvereins. Sein Gründer, Herman Riegel, forderte als nationale Ehrenpflicht: „Gedenke auch, wenn du die deutsche Sprache sprichst, daß du ein Deutscher bist!" Mit Fremdwortverdeutschung verband sich auch eine demokratische Haltung, die in den Wörtern fremder Herkunft Bildungsvorrechte beargwöhnte. Die Wirkung der seit 1889 erschienenen zehn ‚Verdeutschungsbücher' und der Zeitschrift des Sprachvereins (später ‚Muttersprache') ist kaum abzuschätzen. Der Verein zählte im Jahr 1910 über 30.000 Mitglieder, zu denen viele Mitarbeiter auch aus Verwaltungsberufen gehörten. Gerade in einigen Bereichen der Verwaltung zeigt sich die Wirkung des Sprachvereins oder der ihn tragenden Bewegung am deutlichsten. Der Generalpostmeister Heinrich Stephan wurde 1887 erstes Ehrenmitglied des Vereins, weil er seit 1874 die Verdeutschung von 760 Fremdwörtern des Postwesens angeordnet hatte (*einschreiben* für *recommandieren*, *Fernsprecher* für *Telephon*, *postlagernd* für *poste restante* usw.). Auch im Verkehrswesen ist in den folgenden Jahrzehnten viel verdeutscht worden (z. B. *Bahnsteig / Perron*, *Abteil / Coupé*, *Fahrgast / Passagier*, *Fahrkarte / Billet*, *Bahnhof / Station*). Die Verdeutschungstendenz hat auch in anderen Bereichen bis heute weitergewirkt (vgl. *Rundfunk / Radio*, *Fernsehen / Television*, *Zeitschrift / Journal*, *Anzeige / Annonce*, *Werbung / Reklame*). Auf die kleindeutsche Wirkung solcher Regelungen ist es zurückzuführen, dass sich in Österreich und in der Schweiz auf diesen Gebieten noch viele der alten (und oft internationalen) Wörter bis heute erhalten haben (*Perron, Coupé, Retourbillet, Zertifikat, Advokat, Offerte* usw.). Auch in Naturwissenschaft und Technik ist der altdeutsche Wortschatz immer häufiger für Neubildungen genutzt worden, wie z. B. die Wortfamilie *Kern-* zeigt (*Atomkern, Kernspaltung, Kernenergie, Kernwaffen* usw.). Aber der internationale Sprachverkehr in Politik und Wirtschaft und die Notwendigkeit der Adjektivbildung forderten Ausnahmen (z. B. *nukleare Abrüstung*), ebenso wie auch die Sprachregelung der Post aus innersprachlich-grammatischen Gründen nicht in allen Fällen ganz durchgedrungen ist: *Telefon* und *Adresse* haben sich in der Umgangssprache gegen *Fernsprecher* und *Anschrift* behauptet, wahrscheinlich weil man auf die wortbildungsmäßige Produktivität der Lehnwörter nicht verzichten wollte (*telefonieren, telefonisch, Telefongespräch ≠ Ferngespräch; adressieren, Adressat, Adressbuch*). Auch staatliche Sprachnormung ist also solchen innersprachlichen Erfordernissen gegenüber machtlos. Bei der Beurteilung der Motive für den Gebrauch gruppenspezifischen Wortschatzes und für die Wortentlehnung aus anderen Sprachen sind ferner sehr verschiedene stilistische Absichten zu unterscheiden: Präzisierung, Bedeutungsdifferenzierung, Internationalisierung, Terminologisierung, aber auch Ironie, Wohlklang, Zeitmode, Arroganz, Ablenkung, Tarnung oder Täuschung. Urteile über einen Wortgebrauch im Sinne von Sprachkritik sind nur möglich, wenn sie als Sprecherkritik gefällt werden und den jeweiligen (inner- und außersprachlichen) Kontext berücksichtigen, denn Wörter existieren niemals für sich, sondern nur als Elemente bestimmter Äußerungen von Sprechern in bestimmten Situationen.

Diesen sprachwissenschaftlichen Grundsatz haben die **Puristen** (Sprachreiniger) nicht beachtet. An den Höhepunkten dieser Bewegung haben sie, besonders im Rahmen des Sprachvereins, ihre Aktivität in den Dienst nationalistischer Stimmungsmache gestellt (vgl. P. v. Polenz): zu Ausbruch und während des 1. Weltkrieges („Die Welscherei ist geistiger Landesverrat", „Nur ein deutschsprechendes deutsches Volk kann Herrenvolk werden und bleiben") und in den ersten Jahren der Herrschaft des Nationalsozialismus („die entdeutschte und verausländerte Sprache des marxistischen und demokratischen Parlamentarismus"; „Jüdische und westeuropäische Einflüsse haben die deutsche Sprache zersetzt"; „Der Sprachverein ist die SA unserer Muttersprache"). Die Sprachreiniger haben selbst bei den Nazis auf die Dauer keinen Erfolg gehabt, die dieser naiven Art von Deutschtümelei misstrauten und sich Kritik am eigenen Redestil schon gar nicht gefallen ließen. Hitler selbst hat 1940 durch einen Erlass die Sprachreinigung untersagt. Es kam damals hinzu, dass man nach der Eroberung europäischer Länder und im Hinblick auf den Angriff auf die Sowjetunion die Ideologie der ‚Verteidigung des Abendlandes‘ aktivierte und sich deshalb ‚europäisch‘ zu geben bemühte, weshalb man während des Krieges auch die ‚Deutsche Schrift‘ – die in Deutschland am längsten und mit ideologischer Motivierung gepflegten ‚gotischen‘ Schriftarten (Fraktur, Schwabacher) und die (spätmittelalterliche Verwilderung konservierende) ‚deutsche‘ Schreibschrift – zugunsten der in anderen Ländern seit langem üblichen (humanistischen) Antiqua bzw. ‚Lateinschrift‘ aufgab. Der deutsche Sprachpurismus nährte sich aus zwei Wurzeln: aus der Fetischisierung der Sprache, in der man nicht nur ein Kommunikationsmittel, sondern ein ‚rein‘ und ‚echt‘ zu erhaltendes Idol sah – ein typisches Merkmal des irrationalen Nationalismus (H. L. Koppelmann) – und aus der einseitig diachronischen Betrachtungsweise der traditionellen Sprachwissenschaft, Philologie und Sprachlehre, die in Deutschland durch den Historismus länger und ausschließlicher gepflegt wurde als in anderen Ländern. In der modernen Linguistik, die Sprache als einen systematischen synchronischen Zusammenhang betrachtet, spielt die diachronische Frage nach der Herkunft einzelner Sprachelemente nur eine sehr beschränkte Rolle: erstens – aber nur in stark reglementierten Kultursprachen wie dem Deutschen – in der Kombinationsbeschränkung von Lehnlexemen in der Wortbildung (Man darf nur *Germanist, Revanchist, Neutralist* sagen, aber nicht **Deutschist, *Rachist, *Unparteiischist*), zweitens in der synchronischen Wirksamkeit des Lehnwortschatzes in sprachsoziologisch-stilistischen Gruppierungen wie Gemeinwortschatz, Fachwortschatz, Bildungswortschatz (vgl. V, 2). Das popularwissenschaftliche Schlagwort ‚**Fremdwort**‘ ist in der Sprachwissenschaft nur dann brauchbar, wenn jeweils die Frage beantwortet wird: Wem ist das Wort ‚fremd‘? Hier sind nur sprachsoziologische Antworten zulässig: der Person X, der Personengruppe Y, der Sprechsituation Z usw., aber nicht: der deutschen Sprache, denn der deutschen Sprache können nur die anderen Sprachen ‚fremd‘ sein und die aus ihnen gelegentlich entnommenen Zitatwörter (vgl. V, 2, V, 7) –, nicht aber Wörter, die regelmäßig in deutschen Sätzen verwendet werden und die im semantischen System des deutschen Wortschatzes ihren Platz

haben. – Nach 1945 hat es in Deutschland (auch in der Nachfolge-
organisation des Sprachvereins, der ‚Gesellschaft für deutsche Sprache‘) keine öffentliche Fremdwortjagd mehr gegeben. Doch in der
jüngeren Vergangenheit bemüht sich ein ‚Verein Deutsche Sprache‘,
der sich zur Zeit seiner Gründung ‚Verein zur Erhaltung der deutschen Sprache‘ genannt hat, meist auf höchst poemische Weise vor
allem Anglizismen zum öffentlichen Problem zu machen und durch
Verleihung von „Sprachpantscher“-Preisen Personen des öffentlichen Lebens an den Pranger zu stellen. Dabei fällt auf, dass dieser
Verein in seinen eigenen Publikationen seinen Verdeutschungsvor-
schlägen nicht (immer) folgt.

   Auch die andere politische Bewegung des 19. Jh., die allmähliche **Demokratisierung** seit der Französischen Revolution, hat sich
auf den deutschen Wortschatz ausgewirkt. Viele französischen und
englischen Wörter des politischen Lebens wurden entlehnt oder
nachgebildet: *Parlament, Sprecher, zur Ordnung rufen, eine Vorlage durchpeitschen, Tagesordnung, Koalition, Staatsbürger, öffentliche Meinung, Revolution, Streik.* Der politische Wortschatz
wurde vor allem inhaltlich geprägt vom ursprünglich wissenschaftlichen Denkschema der ‚Ismen und sonstiger abstrakter oder ver-
allgemeinernder Begriffe für politische Gruppenbildungen. Solche
Wörter tendieren aber oft als Schlagwörter, Tarn- oder Schimpf-
namen zum Gegenteil von exaktem Wortgebrauch: *Anarchismus,
Nihilismus, Materialismus, Kommunismus, Marxismus, Sozialismus, Kapitalismus, Militarismus, Klerikalismus, Agrariertum,
Bourgeoisie, Proletarier).* Man hatte gelernt, bei popularwissen-
schaftlichen Fachtermini fremdsprachlicher Herkunft (*national,
patriotisch, sozial, liberal, reaktionär, ultramonten,* später *faschistisch, plutokratisch, imperialistisch*) oder Wörtern mit starkem Bild-
gehalt (*Ausbeuter, Fortschritt, Errungenschaften, Krautjunker,
Schlotbaron, Stehkragenproletarier, Kriegsbrandstifter*) zum Zweck
der politischen Polemik die emotionalen Assoziationen zu nutzen,
sodass die denotative Wortbedeutung (die definierbare Begrifflich-
keit) von den Konnotationen (den assoziativen Nebenvorstellun-
gen) überwuchert wurde, wie z. B. bei den pauschalen Bezeichnungen für politische Richtungen: *fortschrittlich, rot, links, rechts,
reaktionär, extrem, radikal, ultra-* und der Substantivierung *die
Ultras,* die schon 1848 belegt ist (auch als *ultramontan* aus *ultra
montes* ‚nach jenseits der Alpen gerichtet, papistisch‘, in der Bis-
marckzeit für das Zentrum).

Das für die neuere deutsche Sprachgeschichte wichtigste, aber recht
düstere Kapitel im Bereich von ‚Sprache und Politik' ist das, was
man in der bisherigen Publizistik und Forschung ungenau und irreführend ‚**Wörterbuch des Unmenschen**', ‚**Sprache des Dritten
Reiches**' oder ‚**NS-Sprache**' genannt hat. Man hat sich dabei
anfangs in der Art der alten Wörterbuchphilologie damit begnügt,
ohne Textanalyse einzelne Wörter ohne Kontext zusammenzustel-
len und sie für Elemente eben jener ‚Sprache' oder jenes ‚Vokabu-
lars' zu erklären. Die Einseitigkeit, mit der man dabei den Blick
entweder auf ‚die Nazis' oder ‚den Unmenschen' konzentrierte,
verleitet dazu, einerseits die unbeabsichtigte politische Wirkung
von Einzelwörtern noch heute überzubewerten, andererseits die
enge Verflechtung des Sprachgebrauchs der deutschen Faschisten
und ihrer Mitläufer mit den Stilmerkmalen zu ignorieren, die in
Deutschland seit Generationen der politischen Werbesprache der
einflussreichsten Gruppen eigen waren. So wie der Nationalsozialismus überhaupt nur zu verstehen ist als deutsche Erscheinungs-
form des Faschismus – und dieser selbst nur im Zusammenhang
mit wirtschafts-, sozial- und geistesgeschichtlichen Entwicklungen
seit der Mitte des 19. Jh. – so lässt sich die Art von Sprachgebrauch,
mit dem die Nationalsozialisten Macht errungen und Gewalt ausgeübt haben, nur vor dem Hintergrund der seit langem herrschenden Stilistik der politischen und gesellschaftlichen Öffentlichkeit
begreifen. Die spezifische ‚Nazisprache' war nicht neu; die Nazis
warben mit einer zynisch-virtuosen Mischung aus Schlag- und
Fangwörtern – zur Betäubung des eigenen Denkens bei einfachen
Gemütern – und aus allem, was den konservativ-konformistischen
Deutschen in den 20er und 30er Jahren vertraut und angenehm im
Ohr klang und seine Wurzeln in vielfältigen ‚Bewegungen' und
Ideologien hatte: im Geist der Freiheitskriege und der bonaparti-
tisch korrumpierten Reichsidee, in Obrigkeitsdenken und Staats-
kirchentum, in preußischem Militarismus und wirtschaftlichem
Expansions-Chauvinismus, in Historismus und Antisemitismus, in
Romantik und Biedermeier, in Jugendbewegung und Georgekreis
(vgl. C. Berning, W. Dieckmann).

Statt Vokabularien – wären Textlesebücher der politischen
deutschen Sprachgeschichte des 19. und 20. Jh. nötiger. Die herkömmliche Einzelwortmethode ist auch von der Sprachwissenschaft her anfechtbar. Wir sprechen nicht in Wörtern, sondern in
Sätzen, ja in Texten; Wortbedeutungen werden vom Kontext her

determiniert (s. H. Weinrich). Deshalb ist es besser, von Texten aus-
zugehen. Die nachstehende kleine Auswahl von Abschnitten aus
Reden und Proklamationen von 1848 bis 1943 hat inhaltlich
gemeinsam, dass diese Texte öffentlich gewirkt haben und ihre Meinungen denjenigen Richtungen entsprechen, die sich in der deutschen Politik von der Paulskirchenversammlung bis zum Garni-
sonskirchen-Staatsakt folgenreich durchgesetzt haben.

*An das deutsche Volk. Brüder! Deutsche Flotten wiegten einst
ihre Masten auf allen Meeren, schrieben fremden Königen
Gesetze vor, verfügten selbst über die Kronen der Feinde deutscher Macht und Herrlichkeit. Jetzt sind wir wehrlos auf der
weltverbindenden See, jetzt sind wir wehrlos selbst auf den heimathlichen Strömen. Ihr wißt es, was mit gerechtem heiligen
Zorn jedes deutsche Herz entflammt. Das kleine Dänemark ver-
höhnt das große, im Lichte seiner Freiheit, im Bewußtsein seiner
hohen Weltsendung doppelt mächtige Deutschland. ...* (Prokla-
mation des 50er-Ausschusses, Frankfurt a. M., 12.5.1848)

*... Katholiken und Protestanten! Vereinigt euch in brüderlicher
Liebe gegen den Todfeind des Deutschtums, den Judenkapita-
lismus und die asiatische Geldmoral! Zeigt den Mut des stolzen
Germanen, indem Ihr alle, die ihr unter der skrupellosen Konkurrenz des Judentums und der furchtbaren Geißel des Groß-
kapitals leidet, am 16. Juni für diejenige Partei eintretet, von
welcher das fremde Parasitenvolk mit Entschlossenheit und
nach Gebühr bekämpft wird. – CHRISTLICHSOZIAL muß
jeder Arbeiter, Bürger und Bauer, jeder [...] sein, der arischen
Blutes ist und der seine Muttersprache und seine Heimat liebt!*
(Plakat der Christlich-sozialen Partei zur Reichtagswahl München 16.6.1903)

*... Man will nicht dulden, daß wir in entschlossener Treue zu
unserem Bundesgenossen stehen, der um sein Ansehen als Großmacht kämpft und mit dessen Erniederung auch unsere Macht
und Ehre verloren ist. So muß denn das Schwert entscheiden.
[...] Jedes Schwanken, jedes Zögern wäre Verrat am Vaterlan-
de. Um Sein oder Nichtsein unseres Reiches handelt es sich, das
unsere Väter sich neu gründeten. Um Sein oder Nichtsein deutscher Macht und deutschen Wesens. Wir werden uns wehren bis*

zum letzten Hauch von Mann und Roß, und wir werden diesen Kampf bestehen auch gegen eine Welt von Feinden. Noch nie ward Deutschland überwunden, wenn es einig war. Vorwärts mit Gott, der mit uns sein wird, wie er mit den Vätern war! (Kaiser Wilhelm II., ,An das deutsche Volk', 6.8.1914)

... Aus Bauern, Bürgern und Arbeitern muß wieder werden ein deutsches Volk. Es soll dann für ewige Zeiten in seine treue Verwahrung nehmen unseren Glauben und unsere Kultur, unsere Ehre und unsere Freiheit. [...] Heute, Herr Generalfeldmarschall, läßt Sie die Vorsehung Schirmherr sein über die neue Erhebung unseres Volkes. Dies Ihr wundersames Leben ist für uns alle ein Symbol der unzerstörbaren Lebenskraft der deutschen Nation. So dankt Ihnen des deutschen Volkes Jugend und wir alle mit, die wir Ihre Zustimmung zum Werk der deutschen Erhebung als Segnung empfinden. Möge sich diese Kraft auch mitteilen der nunmehr eröffneten neuen Vertretung unseres Volkes. (Hitler, Garnisonskirche Potsdam, 21.3.1933)

... Jeder deutsche Stamm und jede deutsche Landschaft, sie haben ihren schmerzlichen Beitrag geleistet zum Gelingen dieses Werkes. Als letzte Opfer der deutschen Einigung aber sollen in diesem Augenblick vor uns auferstehen jene zahlreichen Kämpfer, die in der nunmehr zum Reich zurückgekehrten alten Ostmark die gläubigen Herolde der heute errungenen deutschen Einheit waren und als Blutzeugen und Märtyrer mit dem letzten Hauch ihrer Stimme noch das aussprachen, was von jetzt an uns allen mehr denn je heilig sein soll: Ein Volk, ein Reich. Deutschland! Sieg Heil! (Hitler, Reichstagsrede 18.3.1938)

... In dieser geschichtlichen Auseinandersetzung ist jeder Jude unser Feind, gleichgültig, ob er in einem polnischen Ghetto vegetiert oder in Berlin oder in Hamburg noch sein parasitäres Dasein fristet oder in New York oder Washington in die Kriegstrompete bläst. Alle Juden gehören aufgrund ihrer Geburt und Rasse einer internationalen Verschwörung gegen das nationalsozialistische Deutschland an. [...] Eine dieser Maßnahmen ist die Einführung des gelben Judensterns, den jeder Jude sichtbar zu tragen hat. [...] Es ist das eine außerordentlich humane Vorschrift, sozusagen eine hygienische Prophylaxe, die verhindern

*soll, daß der Jude sich unerkannt in unsere Reihen einschleichen
kann, um Zwietracht zu säen. ...* (Goebbels, in ‚Das Reich‘,
16.11.1941)

*Der Ansturm der Steppe gegen unseren ehrwürdigen Kontinent
ist in diesem Winter mit einer Wucht losgebrochen, die alle
menschlichen und geschichtlichen Vorstellungen in den Schatten
stellt. Die deutsche Wehrmacht bildet dagegen mit ihren Ver-
bündeten den einzigen überhaupt in Frage kommenden Schutz-
wall. [...] Zehn Jahre Nationalsozialismus haben genügt, das
deutsche Volk über den Ernst der schicksalhaften Problematik,
die aus dem östlichen Bolschewismus entspringt, vollkommen
aufzuklären.* (Goebbels, Sportpalast Berlin, 18.2.1943)

Vom historischen Ergebnis des Hitlerfaschismus her könnte man
erwarten, seinem Sprachgebrauch kämen vor allem Eigenschaften
wie ‚**brutal**‘, ‚**gewaltsam**‘, ‚**totalitär**‘ zu. Selbstverständlich hat es
auch das gegeben; aber es ist die Frage, ob dies das Wesentliche,
Wirksame und Gefährliche im nationalsozialistischen Sprachgebrauch war. Die brutalste, unmenschlichste Art von Sprechen ist
die Lüge, so etwa in Goebbels' Leitartikel die geradezu kriminelle
Verwendung des Wortes *human* oder die Behauptung *Alle Juden
gehören aufgrund ...* Aber solche offenen Zynismen sind außersprachliche Erscheinungen. Wenn das jeder sprachlichen Äußerung
implizierte Assertions-Element (H. Weinrich) – die Voraussetzung
der Gültigkeit und Wahrheit des Gemeinten – objektiv missbraucht
wird, so ist dies nur eine Störung des Verhältnisses zwischen Meinung und Wirklichkeit. Hier wurde nicht mit Sprache, sondern mit
bewusst falschen Meinungen mörderische Gewalt ausgeübt. – Was
man ferner unter ‚Sprache der Gewalt‘ zu fassen meint, ist meist
etwas sehr Vordergründiges und leicht zu Entlarvendes, wie die
arroganten Wörter und Wendungen der forschen Totalität und
Kraftmeierei: *jeder, alle, vollkommen, noch nie, mehr denn je, von
jetzt an, für ewige Zeiten, unzerstörbar, gleichgültig ob ..., einzig
überhaupt in Frage kommend, entschlossen, stolz, groß, hoch, letzte,
mächtig, Welt, Großmacht, Macht und Herrlichkeit, Ehre, Ansehen, Kampf, Sieg, Kraft, Wucht, Mut, Vorwärts,* die je nach
Kontextverhältnissen und Häufungsgrad eine sprachliche Appell-
wirkung haben können, die man mit ‚Solidarisierungs- und Affir-
mationszwang‘ oder ‚Erzeugung eines kollektiven Gruppenego-

ismus' umschreiben könnte. Sie waren – zusammen mit der ausgiebigen Verwendung von *deutsch, Volk* und *Nation* – schon in der Wilhelminischen Zeit Mode (dazu auch in ähnlichen Kontexten: *einmalig, unvergleichlich, nie dagewesen, großartig, kolossal, schneidig, heroisch, restlos, ein für allemal, unabdingbar, total, absolut, schlagartig, energisch, rücksichtslos* usw.).

Sprachlicher Totalitarismus, der über solchen Angeberjargon hinaus eine beträchtliche Wirkung bei der Erzeugung von **Konformismus** ausgeübt hat (und es noch heute tut), zeigt sich im *wir-* und *unser-*Stil, mit dem der Redner dem Hörer eine undiskutierte und undiskutable Gemeinsamkeit suggeriert. In Hitlers Ganisonskirchenrede entlarvt sich dieses Mittel selbst, indem offenbleibt, wen denn das *unser* in *unseren Glauben und unsere Kultur, unsere Ehre und unsere Freiheit, die* es [nämlich das Volk] *in seine treue Verwahrung nehmen* solle, wirklich meint. Hier wie anderswo, wenn das *Wir* in unklarer Kontextbeziehung zu *Volk* oder *Nation* steht, beginnt die sprachliche Mythisierung eines Volksbegriffs, der sich mit dem (durchaus mit *Volk* identifizierten) *Wir* nicht mehr deckt, sondern ihm wie ein selbständiges Wesen gegenübergestellt wird (z. B. *Wir glauben an die Kraft unserer eigenen Nation*). – Ein wirksames Mittel totalitärer Simplifizierung ist auch der kollektive Singular: *der Germane, der Jude* statt *die Germanen, die Juden.* Diese Gewohnheit stammt aus wissenschaftlicher Abstraktion (*der Maikäfer, die Buche, der mittelalterliche Mensch*), ein Mittel der Typisierung, das in bestimmten Kontexten die Funktion haben kann, das Gruppenbewusstsein aggressiv zu polarisieren. – Hierher gehört auch das Wort *arisch*, das schon auf dem Wahlplakat von 1903 seine Wirkung tat. Es war ursprünglich ein Fachterminus der Sprachwissenschaft und Ethnologie für ‚indopersisch', später verallgemeinert auf ‚indogermanisch' (vgl. I, 1), und begegnet schon bei Richard Wagner im Sinne von ‚nichtjüdisch'. Das Gefährliche an der Antonymie *arisch – nichtarisch* war es, dass der privative ‚Begriff nichtjüdisch' mit dem nichtprivativen, rein hypothetischen Fachterminus *arisch* bezeichnet und diesem wieder die privative Bezeichnung *nichtarisch* für den nichtprivativen Begriff ‚jüdisch' gegenübergestellt wurde, sodass die pejorisierende und begrifflich simplifizierende Wirkung der Privation (vgl. *undeutsch, ungeistig, Unruhe, Unsitte, Unzucht, entartet* usw.) doppelt ausgenützt wurde. Einem für die meisten Menschen unklaren ‚Wir'-Begriff stand hier ein verteufelter und für viele ebenso unklarer ‚Nicht-

Wir'-Begriff gegenüber, ein sprachlicher Terror, der sicher viel zu den bekannten Folgen beigetragen hat. – Eines der beliebtesten diffamierenden Stilmittel, das unreflektierte Ängste erwecken soll, ist die Darstellung politisch-gesellschaftlicher Verhältnisse und Vorgänge mit biologisch-pathologischer Metaphorik: *Parasitenvolk, parasitäres Dasein, vegetieren, hygienische Prophylaxe* und überhaupt *Rasse*. Vieles davon begegnet auch heute wieder in der Polemik gegen Nonkonformisten, sei es aus alter Gewohnheit (*zersetzende Kritik, ansteckend, krankhaft, anormal*), sei es neu aus einer allgemeinen Tendenz der Verächtlichmachung durch Pathologisierung (*Symptom, Komplex, Bazillus, Neurose, Exzess, Reformfieber, Anerkennungspsychose, Verzicht-Masochismus*).

Mindestens ebenso folgenreich wie die sprachlichen Mittel der Aufstachelung waren die der **Tarnung** und **Ablenkung**, der Umarmungstaktik und sanften Verführung zur Anpassung und Selbstbestätigung. Dazu gehörten nicht nur Euphemismen wie *muss das Schwert entscheiden, Auseinandersetzung, Kampf* statt des gemiedenen *Krieg*, oder *aufklären* statt *propagieren, beeinflussen* (in anderen Texten: *Frontbegradigung* für *Rückzug*, *Krise* für *Niederlage*, *Sicherstellung* für *Beschlagnahme*, *Minderheitenstatus* für *Pogrom*, *Sonderbehandlung* und *Endlösung* für *Massenmord*). Euphemismen dieser Art sind bald durchschaut worden, vor allem wenn sie etwa auf ausdrückliche Sprachregelung durch das Goebbels-Ministerium zurückgingen (R. Glunk). Weitaus wirksamer für die (in den Jahren der ‚Machtergreifung' und der Konsolidierung des Regimes ausschlaggebende) Mitläuferschaft von rechts und von ‚oben' waren die atmosphäreschaffenden Stilzutaten, die vor allem das Bürgertum in ein Hochgefühl von Legitimierung durch **Religiosität** und **Gemüthaftigkeit** versetzen sollten. Der Paulskirchenausschuss wandte sich mit *heiligem Zorn* und *deutschem Herzen*, im Bewusstsein von *hoher Weltsendung* wegen der *heimathlichen Ströme* an die *Brüder*. Die Christlich-sozialen Münchner von 1903 vergaßen nicht, ihren Antisemitismus in *brüderliche Liebe* und in Liebe zur *Muttersprache* und zur *Heimat zu* verpacken. Der viel und gern redende Kaiser appellierte an *Treue, Vaterland, unsere Väter* und *Gott* (den er sonst auch *unseren alten Alliierten dort droben* zu nennen beliebte). Hitler sprach noch tiefsinniger von der *Vorsehung*, mythisierte mit *unserem Glauben, deutscher Erhebung, wundersamem Leben, Symbol, Segnung, letztem Opfer, auferstehen, gläubigen Herolden, Blutzeugen und Märtyrern, heilig, Heil* und sentimentalisierte mit *treuer Verwahrung* und *schmerzlichem Beitrag*. Einer predigthaften Syntax und Wortstellung bediente er sich in der Garnisonskirche, wo er an vergoldetem Barockpult im Frack die Gunst der Preußisch-Konservativen zu gewinnen trachtete. Als historistischen bürgerlichen Bildungskitzel benutzte man Archaismen. Man versetzte sich und die zu Überredenden in eine Welt, in der es noch *Germanen, Stämme*, eine *Ostmark, Geißeln, Schwerter, Herolde* und *Schutzwälle* gab. Des Kaisers *ward* statt *wurde* und des Führers vorangestelltes Genetivattribut (*des deutschen Volkes Jugend*, übrigens noch drei weitere Fälle genau in dem Passus, der sich an den *greisen* Hindenburg richtete) waren ebenso wirksame politische Werbemittel an die Adresse der ,Gebildeten' wie die **poetisch-preziösen Elemente:** *was jedes deutsche Herz entflammt, im Lichte seiner Freiheit, der arischen Blutes ist* (preziösarchaistischer Genitiv), *bis zum letzten Hauch, von Mann und Ross, zum Gelingen dieses Werkes, nunmehr, mit dem letzten Hauch ihrer Stimme, Zwietracht säen.*

Während solche Stilmerkmale als verkommenes Erbe der rhetorisch-literarischen Bildung dem sog. **Kitsch** und der sog. Trivialliteratur nahestanden (die durchaus keine ganz unpolitischen Erscheinungen sind), so befriedigten eine bildungssoziologische Stufe höher Elemente des **Jargons der Geisteswissenschaften** die Tiefsinnsbedürfnisse der schöngeistig Gebildeten: *im Bewusstsein; Sein oder Nichtsein* (Zitat aus Shakespeares ,Hamlet'), *deutsches Wesen, unsere Kultur, geschichtliche Auseinandersetzung, Ansturm der Steppe, ehrwürdiger Kontinent, alle menschlichen und geschichtlichen Vorstellungen, Ernst der schicksalshaften Problematik.* Wer so reden konnte, empfahl sich als treuer Schüler der ,humanistischen' deutschen Gymnasial- und Universitätsbildung. Goebbels, der erfolgreiche Rattenfänger von ,Gebildeten', die nicht ,Intellektuelle' sein wollten, konnte es in seiner Beschwichtigungsrede nach dem sowjetischen Sieg bei Stalingrad für wirksam halten, mit den pejorativen Konnotationen von Wörtern wie *Steppe* und *östlich* (vgl. auch *asiatisch* im Wahlplakat von 1903!) eschatologische Stimmung zu erwecken. Das war nur möglich aufgrund eines traditionellen deutschen Geschichts- und Geographieunterrichts, der die *Abendlands*-Ideologie mit Kontrastvorstellungen wie Hunnen, Türken, Dschingis Khan, Schlitzaugen, Polnische Wirtschaft nährte und die slawischen Völker und den Marxismus aus dem europäischen Kulturkreis auszuschließen bemüht war. Es ist dabei auch auf die Auflösung semantischer Kontextrelationen zu achten. *Östlicher Bolschewismus* war hier keineswegs als Gegenbegriff zu **westlicher Bolschewismus* gemeint, sondern als ein Bolschewismus, der mit dem Epitheton *östlich* nur pejorisiert ist.

Die Bevorzugung des **Worte-Sprechen**s auf Kosten des Sätze-Sprechens (entsprechend dem bloßen Wortdenken der Halbgebildeten) war überhaupt ein Kennzeichen des chauvinistisch-faschistischen Werbestils, nicht nur in Deutschland. Diese Art von ‚**Vokabelmusik**‘ (V. Pareto, vgl. E. Topitsch) wandte sich mehr an das Gefühl als an den Verstand. Das wurde schon deutlich an jenem Satz Hitlers mit der unklaren Beziehung zwischen Volk und *unser Glaube* usw. In der Redeweise der rationalen Argumentation ist man eher geneigt, Abstrakta wie *Glaube, Freiheit, Ehre* in die ihnen entsprechenden einfachen und vollständigen Prädikationen aufzulösen, bzw. den Gebrauch der Abstrakta von solchen Sätzen herzuleiten; z. B.: x *glaubt an y, x hat den Glauben an y; x ist frei von y für z, x hat die Freiheit zu z; x ehrt y, x ist eine Ehre für y, y hat Ehre von x* usw. In der Art, wie die Abstrakta in unseren Beispiel-Kontexten verwendet werden, fallen die Mitspieler *x, y, z* weg und sind meist kaum rekonstruierbar. Die Wörter werden aus dem ihnen eigenen Prädikationszusammenhang gelöst; sie stehen nur noch als Symbole für bloße ‚Wortinhalte‘, die nicht mehr integrierte Bestandteile eines ‚Satzinhalts‘ sind, sondern beliebig auswechselbare und zu vermehrende Ausstellungsstücke, denen der Satz nur noch wie eine Vitrine dient. Die Herkunft dieser Art von Umgang mit Wörtern aus hymnischer Dichtung und Liturgien ist offensichtlich. Der Gebrauch von Abstraktsubstantiven in solchen Texten, in denen die Sprache weniger Darstellungs-, vielmehr Appell- oder Symptomfunktion hat (K. Bühler), ist vielfach eine Pervertierung des wissenschaftlichen Stils, in dem solche Wortbildungen als ‚Satzwörter‘ ja großenteils zuerst verwendet worden sind (vgl. III, 4; IV, 8). In Ableitungen wie *Deutschtum* und *Judentum* ist infolge unklarer Kontextdetermination die Suffixopposition aufgehoben (vgl. *Christentum ≠ Christenheit, Beamtentum ≠ Beamtenschaft*). Bei diesen -*tum*-Bildungen fließen Gruppenbezeichnung (‚alle Menschen, die Deutsche/Juden sind‘) und Qualitätsbezeichnung (‚Eigenschaft, die alle Deutschen/Juden gemeinsam, haben‘) ineinander. Dieses sprachliche Mittel der Ideologisierung des Gruppenbewusstseins hat hier so stark gewirkt, dass diese beiden -*tum*-Ableitungen heute tabu sind.

Bei der Frage nach dem Weiterwirken dieses vor 1945 in Deutschland herrschenden politischen Sprachgebrauchs ist nicht viel gewonnen, wenn man eine Liste von Wörtern tabuisiert, indem man sie für ‚unmenschlich‘, ‚nazistisch‘, ‚faschistisch‘ oder ‚faschistoid‘ erklärt. Die Geschichte dieses Sprachstils reicht viel weiter zurück, und sein Merkmalsbündel ist zu vielfältig für solche pauschalen Klassifizierungen. Außerdem sind diese sprachlichen Werbemittel meist geradezu benutzt worden, um über die politischen, gesellschaftlichen und wirtschaftlichen Ursachen und Merkmale des Faschismus hinwegzutäuschen. Um zu verhindern, dass mit solcher ‚Vokabelmusik‘ jemals wieder politische Verführung und Gewalt ausgeübt werden kann, wäre nichts dringender zu empfehlen als eine neue Sprachpädagogik, die sich von jedem normativen Anspruch des dichterischen, archaistischen und religiösen Sprachstils distanziert, die auch kritische Analysen von politischen und anderen Werbetexten einbezieht und vor allem auf der Grundlage der Linguistik und modernen Logik die Verbindung mit Fremdsprachunterricht, Kommunikationslehre, Soziologie, Psychologie und demokratischer Verfassungslehre sucht. Nur mit einer neuen Stilistik pragmatisch-semantischer Analyse und Argumentation, die die Sprachkompetenz der Sprecher gegen die Macht der Vorbilder stärkt, kann der bloßen Reproduktion üblicher Muster und der Erstarrung der Sprache des öffentlichen Lebens in ‚sekundären Systemen‘ (E. Pankoke) entgegengewirkt werden.

7. Politik und Sprache: nach 1945

Die Ergebnisse des 2. Weltkrieges brachten für die deutsche Sprache eine Veränderung ihrer **räumlichen Verbreitung** im Osten. Mit Ausnahme des Siebenbürgisch-Sächsischen in Rumänien und geringer vereinzelter Reste in Polen, der Tschechoslowakei (später: in der Tschechischen und der Slowakischen Republik), Ungarn und der Sowjetunion bzw. Russland, sind die ostdeutschen Dialekte (Nieder-, Hoch- und Westpreußisch, Ostpommersch, Neumärkisch, Schlesisch, Nord-, West- und Südböhmisch und die der Sprachinseln) durch Auswanderung und Vertreibung von rund 14 Millionen Deutschen in den Jahren 1941 bis 1945 und durch deren Integration in die Bevölkerung der verbliebenen deutschen Länder ihrem allmählichen Untergang preisgegeben. Sie haben sich noch einigermaßen im privaten Sprachgebrauch der älteren Generation erhalten. Bei den Kindern der Umsiedler und Flüchtlinge hat sich sehr schnell die (gesellschaftlich und wirtschaftlich mehrwertige) bodenständige Mundart oder regionale Umgangssprache durchgesetzt. Aber im allgemeinen haben die große Bevölkerungsmischung von 1945 und die Abwanderung oder Flucht von etwa 3 Millionen Bewohnern der sowjetischen Besatzungszone und späteren DDR bis 1961 die Tendenz zur Hoch- und Gemeinsprache und damit die Zurückdrängung der örtlichen und landschaftlichen Besonderheiten wesentlich verstärkt. – Die einst durch Hitlers Abmachung mit Mussolini zum Untergang verurteilte deutsche Sprache der Südtiroler in der italienischen Provinz Bozen/Bolzano ist durch Verträge zwischen Italien, Österreich und der Provinzverwaltung trotz wirtschaftlicher und gesellschaftlicher Benachteiligung wieder gesichert. In den französischen Départements Haut- und Bas-Rhin ist bei den Jüngeren das Deutsche auf elsässerdeutsche Haussprache und Deutsch als Schulfremdsprache zurückgegangen. In Luxemburg hat – neben dem Französischen – das Letzeburgische (ein seit einigen Jahrzehnten, vor allem seit 1945, als Schriftsprache gefördertes eigenständiges Moselfränkisch) gegen das Deutsche als zweite Schriftsprache Bedeutung gewonnen, besonders im Schulunterricht und Behördenverkehr. In einigen Randgebieten Frankreichs, Belgiens, der Niederlande und Dänemarks hat durch den Empfang deutscher Fernsehsendungen das private Interesse für deutsche Sprachkenntnisse wieder leicht zugenommen. – Deutsch als Fremdsprache ist seit dem Krieg in aller Welt zugunsten des Englischen beträchtlich zurückgegangen, am wenigsten zunächst in den skandinavischen Ländern und den Niederlanden, wo es als 1. oder 2. Schulfremdsprache gelernt wurde, heute aber auch vom Englischen verdrängt worden ist bzw. wird. Auch in den osteuropäischen Ländern einschließlich der Sowjetunion wird noch viel Deutsch gelernt und im wirtschaftlichen und wissenschaftlichen Verkehr benutzt. Auf internationalen wissenschaftlichen Kongressen kann es vorkommen, dass ungarische, tschechische, slowakische oder polnische Gelehrte ihre Vorträge auf deutsch halten, während westdeutsche Kollegen englisch sprechen. Um die Förderung der deutschen Sprache und Kultur im Ausland bemühen sich mit vielen Zweigstellen das Goethe-Institut (München). – Eine der letzten fremdsprachlichen Minderheiten im deutschen Sprachgebiet, die etwa vierzigtausend **Sor-**

ben (Wenden) mit ihrer aus dem Mittelalter resthaft erhaltenen westslawischen Sprache in Teilen der Ober- und Niederlausitz, hat nach jahrhundertelanger Ignorierung oder Unterdrückung im Jahre 1945 eine Kulturautonomie mit dem Mittelpunkt in Bautzen erhalten; durch den Einigungsvertrag zwischen der seinerzeitigen Bundesrepublik Deutschen und der DDR ist das Sorbische auch im wiedervereinigten Deutschland eine anerkannte Minderheitensprache geworden. Die Chancen dieser nun auch literarisch gepflegten Sprache sind etwa die gleichen wie die des Westfriesischen in der niederländischen Provinz Friesland. An der Westküste und auf vorgelagerten Inseln Schleswig-Holsteins spricht man z. T. noch Nordfriesisch; das Ostfriesische ist zu Anfang des 20. Jh. untergegangen. In Kärnten kämpft eine slowenische Minderheit um mehr Rechte. Ein neuartiges soziolinguistisches Minderheitenproblem (Entstehung eines deutschen Pidgin?) bildet die Sprache der Gastarbeiter. Gestiegenes Selbstbewusstsein haben eine solche Mischsprache mit dem Namen ‚**Kanakisch**' entstehen lassen, das ebenfalls, vor allem von ‚türkischstämmigen' Kabarettisten auch literarisch gepflegt wird.

Die **Teilung Deutschlands** in Besatzungszonen, aus denen sich die Bundesrepublik Deutschland mit amerikanisch-westlicher und die Deutsche Demokratische Republik (DDR) mit sowjetisch-östlicher Orientierung der Politik, Gesellschaftsordnung und Wirtschaft entwickelt haben, wirkte sich im lexikalischen Bereich auf die deutsche Sprache aus. Die neueste Phase des englischen Spracheinflusses (vgl. V, 3) und die Einbeziehung in den internationalen Sprachausgleich der westlichen Welt (Fachterminologie des modernen öffentlichen Lebens) blieb durchaus nicht auf westliche Länder beschränkt. Es darf nicht unterschätzt werden, wieviel davon durch Literatur, Empfang westdeutscher Rundfunk- und Fernsehsendungen oder private Reise- oder Briefkontakte auch in der DDR üblich oder bekannt geworden ist (Kristensson). Der **russische Spracheinfluss** in der DDR ist dagegen weitaus geringer gewesen. Daran scheint auch der obligatorische Russischunterricht in den Schulen nicht viel geändert zu haben. Es fehlen hier die alte Tradition, die sprachstrukturelle Verwandtschaft und die individuelle, private Aufnahmebereitschaft, die den amerikanisch-englischen Einfluss in der Bundesrepublik und anderen westlichen Staaten nach 1945 so sehr haben ansteigen lassen. Mit der Behauptung russischen Lehneinflusses in der DDR sollte man sehr vorsichtig sein (vgl. W.

Dieckmann, H. H. Reich). Nicht als russische Lehnwörter zu rechnen sind **Zitatwörter** (vgl. V, 2), die nur in Berichten über sowjetrussische Dinge verwendet werden: *Kreml, Sowjet, Bolschewiki, Towarischtsch* ‚Genosse‘, *Kolchos* ‚landwirtschaftliche Produktionsgenossenschaft‘, *Komsomol* ‚sowj. Jugendverband‘, *Datscha* ‚russ. Landhaus‘, *Sputnik, njet* ‚nein‘ usw. Sie sind z. T. auch in der Bundesrepublik und in anderen Ländern über den Nachrichtenverkehr bekanntgeworden und haben innerhalb des deutschen Wortschatzes (auch der DDR) im Grunde nur einen ähnlichen Status wie Eigennamen oder andere Bezeichungsexotismen. Bei den wenigen wirklichen **Wortentlehnungen** aus dem Russischen ist es auffällig, aber erklärlich, dass keines dieser Wörter ein altes russisches Wort ist, also eines mit russischer Morphemstruktur, sondern alle aus lateinischen oder griechischen Lexemen des internationalen Bildungswortschatzes bestehen: *Diversant, Kapitulant, Kursant, Aspirant, Kollektiv, Politökonomie, Kombinat, Exponat, Agronom.* Sie alle sehen aus, als ob sie im Deutschen in der DDR selbst aus den lateinischen oder griechischen Elementen gebildet worden wären; sie hätten auch in der Bundesrepublik entstehen können. Hier kommt zu dem alten west- und mitteleuropäischen Sprachausgleich (von Kirche, Humanismus und Aufklärung her) ein mittel- und osteuropäischer der Sozialistischen Länder hinzu. Da dieser selbst von Französischer Revolution, deutscher Philosophie und Marxismus vorbereitet worden ist, sind diese Transferenzen nicht eigentlich als russischer Spracheinfluss, sondern als ein Teil des europäischen Sprachausgleichs aufzufassen, der nicht nur ein ‚abendländischer‘ war (vgl. G. Korlén). Auch wirken hier die griechisch-lateinische, französische, englische und deutsche Sprachkenntnisse der russischen Gebildeten der Zeit vor der Oktoberrevolution indirekt nach. So ist es nur ein zufälliges Symptom für die Spaltung des **europäischen Sprachausgleichs**, dass die Weltraumfahrer in der Bundesrepublik nach amerikanischem Vorbild *Astronauten*, in der DDR dagegen nach russischem Vorbild *Kosmonauten* heißen; die einen fahren zu den ‚Gestirnen‘, die anderen ins ‚Weltall‘, aber nur nach der griechischen Etymologie. Es sind sogar englische Lehnwörter, die in der Bundesrepublik nicht oder nur in anderer Bedeutung üblich sind, in der DDR nach russischem Vorbild zu offiziellen Termini geworden: *Meeting* ‚polit. Massenversammlung‘, *Dispatcher* ‚Betriebsfunktionär mit zentralen Steuerungs- und Kontrollaufgaben‘, *Kombine* ‚Mähdrescher‘.

In vielen Fällen haben sich in der offiziellen Sprache der DDR **Lehnübersetzungen** nach russischen Vorbildern durchgesetzt: *volkseigen, Plansoll, Perspektivplan, Kulturhaus, Held der Arbeit*; oder **Lehnbedeutungen:** *Akademiker* ‚Mitglied einer Akademie' (eines sozialistischen Staates außer der DDR), *parteilich* ‚den Grundsätzen der Partei (SED) entsprechend', *aufklären* (zweiwertig mit persönlichem Akkusativ) ‚jemanden politisch belehren, überzeugen'; oder **Lehnwendungen:** *im Ergebnis* (z. B. *Im Ergebnis der Politik der Hitlerfaschisten ist der Produktionsapparat zerstört worden), mit ... an der Spitze* (z. B. *Die Delegation unserer Republik mit dem Genossen X an der Spitze*). Gelegentlich ist auch die Verwendung attributiver Zugehörigkeitsadjektive vom Russischen beeinflusst, dessen Sprachstruktur die Zusammensetzung nicht in dem Maße zulässt wie das Dt.: *tierische/pflanzliche Produktion* statt *Vieh-/Pflanzenproduktion, sowjetischer Mensch* statt *Sowjetmensch, friedliebende Kräfte* statt *Friedenskräfte* (vgl. I. Kraft). Auf die Nachwirkung des alten **revolutionären** Pathos der deutschen Arbeiterbewegung gehen dagegen viele für die eigene Sache werbende Epitheta zurück: *heroisch, stolz, groß, ruhmreich, hervorragend, kämpferisch, schöpferisch, stürmisch, flammend, brüderlich, leidenschaftlich, kühn*. Diese Epitheta, ferner Archaismen (*heroisch, kühn, Patriot, Banner, Bollwerk, Bastion, Kampagne, Kerker*) und andere Stilmittel militanter Emotionalität bilden die eine, die **traditionalistische** Seite des offiziellen Sprachgebrauchs der DDR; dazu ein Textbeispiel:

Stalins Worte in jedes Haus, in jede Familie tragen! [...] Unser Volk muß dem großen Führer der friedliebenden Menschheit, J. W. Stalin, für seine Worte ganz besonders dankbar sein. Er gibt damit allen Patrioten und Friedenskämpfern neue scharfe Waffen für den Friedenskampf in die Hand und erfüllt sie mit der Zuversicht, daß der Friede erhalten und gefestigt wird, „wenn die Völker die Sache der Erhaltung des Friedens in ihre Hände nehmen und den Frieden bis zum Äußersten verteidigen". (Neues Deutschland, 22.2.1951).

Scheinbare Anklänge an das Pathos der Deutschtümler und der Nationalsozialisten erklären sich aus der gemeinsamen Herkunft der sozialistischen wie der nationalistischen Werbesprache aus dem gefühlsseligen 19. Jahrhundert. In ähnlicher Weise ist der **feierliche**

Redestil in der Bundesrepublik, besonders wenn es sich um die
Erzeugung von *Verbundenheit* mit *verlorener Heimat* oder mit
Brüdern und Schwestern jenseits des Eisernen Vorhangs handelt,
stark vom kirchlichen Predigtstil abhängig; z. B.:

> *Der Tag der deutschen Einheit ist für uns ein Tag der Besin-*
> *nung. [...] Der Tag der deutschen Einheit soll uns sein ein Tag*
> *ernster Mahnung. [...] Die Wiedervereinigung Deutschlands in*
> *Frieden und in Freiheit ist für uns eine Gewissenspflicht und*
> *unser unverzichtbares Recht. Daß wir die 18 Millionen Deut-*
> *schen, die in Not und Bedrängnis, ohne Recht und Gerechtig-*
> *keit, in schmachvoller Unterdrückung durch die Schergen einer*
> *diktatorisch regierten Macht dahinleben, daß diese Deutschen*
> *ein Recht auf unsere Liebe, auf unsere Treue, auf unsere Hilfe*
> *haben, das muß uns dieser Tag vor allem klarmachen.* (Adenau-
> er, Rede am 16.6.1954)

Solche sentimentalen, poetisierenden oder archaisierenden
(*schmachvoll, Schergen*) Stilmittel sind altmodische Zutaten, in
denen Politiker hüben und drüben nur ein altes rhetorisches Erbe
nutzen, in der Erwartung, dass viele Deutsche sich noch immer
davon rühren lassen. Vielleicht wird man hierin später einen Stil-
unterschied der politischen Rede nicht so sehr zwischen West und
Ost als vielmehr zwischen verschiedenen Epochen der Nachkriegs-
politik feststellen, die von stilistischen Gewohnheiten der Generationen bestimmt sind.

Ein wesentlicher Unterschied zwischen ‚Ostdeutsch' und
‚Westdeutsch' besteht auch nicht in den Stilmitteln der **politischen
Polemik**. Nur die Meinungen, das Außersprachliche, sind verschie-
den. Was dem einen sein *Kriegsbrandstifter, Militarist, Natobischof,
Spalter, Arbeiterverräter, Revanchist, Ultra, Neofaschist* usw. ist,
das ist dem anderen sein *Machthaber, Marionettenregierung, Satel-
litenregime, moskauhörig, Linientreuer, Hundertfünfzigprozenti-
ger, Schandmauer,* usw. Unterschiedlich sind nur das Vorkommen
und die Häufigkeit. In der DDR sind alle Massenkommunikationsmittel viel offensichtlicher politisch gelenkt, und eine stilistische
Trennung von sachlichem Bericht und emotionaler Polemik wird
meist nicht angestrebt. In der Bundesrepublik und anderen westlichen Ländern dagegen wird dies in ‚seriösen' Publikationsorga-
nen meist konsequent unterschieden, und es wird der Anschein

eines unpolitischen und unparteiischen Teils der Öffentlichkeit erweckt. Bei einem sprachlichen Vergleich von west- und ostdeutschen Zeitungen darf man sich also für den Westen nicht auf Zeitungen vom Typ der ‚Frankfurter Allgemeinen' beschränken, sondern muss offensichtliche Parteiblätter, Wahlpropaganda und die Boulevardpresse hinzunehmen.

Man sollte auch nicht den Wortschatz der **Verwaltung und Wirtschaft der DDR** verdächtigen, eine ‚Spaltung' der deutschen Sprache herbeizuführen. Erstens ist nicht nachgewiesen, dass die sprachlichen Neuerungen auf diesen Gebieten in der DDR zahlreicher seien als in der Bundesrepublik. Dort gibt es *Staatsrat, Volkskammer, Volksarmee, Kombinat, Kollektiv, Plansoll, Produktionsgenossenschaft, Agronom, Aktivist, Kader, Brigade, Objekt, VEB, MTS, HO* usw., hier gibt es *Bundesebene, Bundeswehr, Kressbronner Kreis, Konfessionsproporz, soziale Marktwirtschaft, Lastenausgleich, Soforthilfeprogramm, Zonenrandgebiete. Weiße Kreise, Splitting-Verfahren, Hearing, Team, konzertierte Aktion, EKD, WRK* usw. Zweitens gibt es ähnliche Unterschiede der politischen und administrativen Terminologie von jeher auch zwischen Deutschland, Österreich und der Schweiz, ohne dass von einer Spaltung der deutschen Sprache gesprochen worden wäre.

Die für Schwierigkeiten der Kommunikation und für die weitere Entwicklung der deutschen Sprache wesentlichen Unterschiede zwischen dem offiziellen Sprachgebrauch der Bundesrepublik und dem der DDR liegen auf dem Gebiet der Semantik des **Wortschatzes der politischen Ideologien.** Wenn Wörter wie *Frieden, Recht, gerecht, Demokratie, fortschrittlich, Freiheit, freiwillig, Humanismus, Gesellschaft, wissenschaftlich, diskutieren, aufklären* usw. hüben und drüben meist wesentlich voneinander abweichende Bedeutungen, d. h. kontextuelle Gebrauchsbedingungen haben, so kann dies keineswegs in der Weise dargestellt werden, dass im Westen die alten, ‚nichtideologischen' Bedeutungen erhalten geblieben seien, im Osten dagegen ein ideologischer Bedeutungswandel eingetreten sei. Die meisten dieser Bedeutungsunterschiede bestanden schon früher, etwa in den 20er Jahren zwischen Kommunisten, Sozialdemokraten, Liberalen, Konservativen und Nationalsozialisten in verschiedenen Abstufungen. Selbst innerhalb der Bundesrepublik bestehen wesentliche Unterschiede in der Auffassung von Begriffen wie *Pressefreiheit* oder *Demokratie* zwischen den Politikern und Anhängern der verschiedenen Richtungen von rechtsaußen bis linksaußen. Die Meinung, ein Wort könne nur eine einzige ‚Bedeutung‘ haben und nur die der eigenen Gruppe bewusste und von ihr propagierte sei die ‚richtige‘ und ‚nicht-ideologische‘, ist selbst eine Ideologie, die als sehr wirksames, weil für die meisten Menschen nicht erkennbares Machtmittel des Kollektivverhaltens gehandhabt wird. So sind auch in der Bundesrepublik viele der genannten politischen Schlüsselwörter in ihrer Polysemie (Mehrdeutigkeit) eingeschränkt, d. h. auf bestimmte Gebrauchsbedingungen hin ideologisiert worden durch eine jahrzehntelange konservative bis rechtsliberale Einseitigkeit der Politik, durch die ständige Konfrontation mit der gegenläufigen Agitation von seiten der DDR und wohl auch durch die Pressekonzentration in der Hand von jene Politik kritiklos unterstützenden Konzernen sowie durch Schulbücher (s. Th. Schippan).

Für Sprachgeschichte wie Sprachtheorie wichtig ist die Frage nach den Methoden dieser ideologischen Festlegung von Wortbedeutungen, d. h. nach den Mitteln der **politischen Sprachlenkung** (vgl. W. Betz). Darunter darf nicht nur der Sonderfall der expliziten **Sprachregelungen** verstanden werden wie sie z. B. im Dritten Reich, besonders im Krieg, von Goebbels und seinem ‚Ministerium für Volksaufklärung und Propaganda‘ über Pressekonferenzen und Presseanweisungen verordnet wurden. Da wurden einzelne Wörter verboten (z. B. *Ersatzstoff, Funktionär, Luftschutzkeller, Partisan*) und andere dafür befohlen (*neuer Werkstoff, politischer Leiter, Luftschutzraum, Heckenschütze*), oder es wurden Wörter durch ausdrückliche Kontextanweisungen auf eine bestimmte Verwendungsweise eingeschränkt (z. B. *Führer, Propaganda, Mischehe*). Solche Einzelwortregelungen hatten meist nur teilweise und nur vorübergehend Erfolg, zumal hier mangels eines ausgebildeten Begriffs- und Definitionssystems nicht das Weltbild an sich und schon gar nicht die Wirklichkeit selbst verändert wurde, sodass diese die betreffende Sprachregelung im Bewusstsein der Sprachteilhaber bald korrigieren konnte (R. Glunk). Eine solche punktuelle Sprachregelung durch direkte Anweisungen ist in der Nachkriegszeit auch wiederholt vom Ministerium für Gesamtdeutsche Fragen der Bundesrepublik praktiziert worden (von J. Kaiser bis zu E. Mende, vgl. G. Korlén), indem der Staatsname *DDR* in beiderlei Form tabuisiert und der Ersatzname *Ostdeutschland* für mit der Politik der Bundesregierung unvereinbar erklärt und dafür der vieldeutige Name *Mitteldeutschland* empfohlen wurde, bei dem mindestens in politischen Kontexten eine ‚Oder-Neiße'-Konnotation möglich ist. Diese Sprachregelung hatte bis zum Entstehen der Großen Koalition Erfolg, obwohl ihr statt einer totalitären Pressegewalt nur der Konformismus der Presse selbst zur Verfügung stand, der seinerseits das unnötig hochgespielte Benennungsproblem mit den verschämten Anführungszeichen oder dem Zusatz *sog.* zum Namen *DDR* lösen zu sollen glaubte. Vergleichbar, aber mit staatlichem Zwang durchgesetzt, waren entsprechende Namensetzungen in der DDR: *Staatsgrenze West* für *Zonengrenze, Friedensgrenze* für *Oder-Neiße-Linie, Demokratischer Sektor von Berlin* für *OstBerlin, Bonner Kriegsministerium* für *Bonner Verteidigungsministerium, SP* für *SPD.*

Weitaus mehr Wirkung als solche beiläufige, punktuelle Art von Sprachlenkung hat die Ausnutzung des in allen natürlichen Sprachen gültigen Prinzips der **Bedeutungsdeterminierung** durch ständige **Wiederholung** bestimmter Elemente im gleichen oder gleichtypischen **Kontext**. In der Deutschlandpolitik der Bundesregierung vernahm man in der Ära Adenauer hundertfach die gleiche Leerformel *Wiedervereinigung Deutschlands in Frieden und Freiheit.* Damit schien zwar *Wiedervereinigung* definiert, aber da man *Freiheit* undefiniert ließ, blieb stets offen, ob man dabei überhaupt an politische Zugeständnisse dachte oder an bedingungslose Festlegung auf den bürgerlich-individualistischen Freiheitsbegriff mit allen seinen politischen Implikationen. Der offizielle Sprachgebrauch der DDR dagegen erscheint – wenn man sich nur genügend darüber orientiert – hart und deutlich bis zur bürokratischen Pedanterie. Das zweite, das strengere Gesicht der offiziellen DDR-Sprache ist das einer systematisch ausgebildeten und propagierten **Fachsprache** einer nach starren wissenschaftlichen Dogmen agierenden politischen Gruppe. Dazu ein Textbeispiel:

> *Durch das Referat des Genossen Walter Ulbricht zieht sich wie ein roter Faden: Die Lösung der Aufgaben zur Gestaltung des entwickelten gesellschaftlichen Systems des Sozialismus, des ökonomischen Systems und zur Meisterung der wissenschaftlich-technischen Revolution bedarf ständig einer eindeutigen Position des konsequenten ideologischen Kampfes. [...] Genosse Honecker hat sich in seinem Diskussionsbeitrag prinzipiell mit der Konvergenztheorie auseinandergesetzt, die den Klasseninhalt der gesellschaftlichen Entwicklung verleugnet und damit*

den Stoß gegen die historisch objektiv notwendige führende Rolle der Partei der Arbeiterklasse und der sozialistischen Ideologie führt. (Neues Deutschland, 27.10.1968)

Dieser Polit-Jargon, der die Zeitungen der DDR täglich seitenweise füllt und den manche Leute ‚Parteichinesisch' nennen, ist weit entfernt von der emotionalen ‚Vokabelmusik' der Faschisten und ebenso vom gefälligen Beschwichtigungsstil der herkömmlichen Bundespolitik. In nur 2 Satzgefügen mit nur 5 finiten Verben häufen sich hier mit z. T. mehrfacher Unterordnung 14 Adjektivattribute, 11 Genetivattribute und 3 Präpositionalattribute, wie im trockensten Gelehrten- oder Bürokratenstil. Diese Häufung sekundärer Syntagmen enthält aber kein einziges überflüssiges Epitheton. Die meisten Wörter und Phraseologismen – von *entwickeltes gesellschaftliches System* bis *historisch objektiv notwendig, führende Rolle* und *sozialistische Ideologie* – sind terminologisch geformt, d. h. im Sprachbesitz der SED-Genossen und der *bewusstseinsmäßig entwickelten* DDR-Bürger mit feststehenden **offiziellen Definitionen** versehen, die bei Bedarf angewandt werden können. Diese Art von Sprachlenkung arbeitet nicht mit geheimen Presseanweisungen, nicht mit punktuellem Wortdenken, nicht mit billigen Ablenkungsflittern, sondern mit einem entwickelten Begriffssystem, das noch dazu weithin mit einer gegenüber der bürgerlich-kapitalistischen Welt stark veränderten Wirklichkeit verbunden ist. Gelernt wird es regelmäßig in Schulunterricht, Schulungen und rituellen Diskussionen; und selbst der Orthographie-Duden wird in seiner Leipziger Ausgabe als Instrument der Sprachlenkung benutzt, indem zu den wichtigsten politischen Termini die jeweils offiziellen Definitionen nach Klassikerzitaten (Marx, Engels, Lenin, Stalin) hinzugesetzt und bei jeder Neuauflage nach dem jeweiligen ideologischen Stand überprüft und geändert werden (W. Betz, H. H. Reich). Dieses Verfahren fördert auf der einen Seite viele semantische Differenzierungen in Oppositionspaaren, z. B. *bürgerliche Demokratie ≠ sozialistische Demokratie, (sozialistischer) Gewinn ≠ (kapitalistischer) Profit, (soz.) Leistungslohn ≠ (kap.) Akkordlohn, (soz.) Gesellschaftswissenschaft ≠ (bürgerl.) Soziologie.* Auf der anderen Seite wird mit dieser sprachlichen Meinungssteuerung das Denken festgelegt auf unausweichliche Entscheidungen nach ‚Freund' und ‚Feind', ‚fortschrittlich' und ‚reaktionär', ‚gut' und ‚schlecht', auf stets den gesell-

schaftlichen und den Zukunftsaspekt, auf ganz bestimmte Wortbedeutungen auf Kosten der anderen, und zwar nach dem Marxis-
mus-Leninismus, der jeweiligen Parteidoktrin und den Erfordernissen des Prosowjetismus.

Im Vergleich mit der sprachlichen Verführungsmacht des
faschistischen Stils, die rationales politisches Denken gar nicht erst
aufkommen ließ, bedeutet dieser DDR-Sprachgebrauch eine formale Politisierung der Staatsbürger, die so mit einem in sich sys-
temhaften Vorrat von Formeln und Argumenten für die politische
Diskussion versorgt werden. Aber es ist weithin nur eine Anleitung
zum kollektiven, unkritischen Denken, mit dem Erfolg, dass die
eigenen Oppositionellen durch diese semantische Festlegung der
Wörter ziemlich sprachlos gemacht und dass die Bürger der DDR
gegen die so unsystematische, emotionale und individualistische
Redeweise der Westdeutschen weitgehend immunisiert werden.
Dies impliziert aber auch für den kommunistischen Staat selbst die
fast unkontrollierbare Gefahr, dass Sprachlenkung und Meinungs-
lenkung in der Weise auseinandergehen, dass viele innerlich Wider-
strebende oder Gleichgültige die Pflichtübung in dieser politischen
Terminologie und Argumentationsart nur als ‚**Sprachritual**‘ zu
ihrem politischen Schutz absolvieren (H. H. Reich). Viele DDR-
Bürger jedenfalls wissen sehr genau, in welchen Situationen und
gegenüber welchen Personen sie zu ihrem eigenen Nutzen z. B.
statt der Abkürzung *DDR* die Vollform des Staatsnamens mit dem
gruppensymbolischen Zusatz *unsere* zu sprechen haben.

Seit 1990 ist auch dies Geschichte. Von den zahlreichen DDR-
spezifischen Wörtern hat sich nur der *Broiler* ‚Grillhähnchen‘ ins
vereinigte Deutschland gerettet und wurde sogar durch die Aufnahme in den Rechtschreib-Duden auf spezielle Weise ‚geadelt‘.

Wenn heute die Kommunikation zwischen offiziellen Vertre-
tern der zweieinhalb ‚westlichen‘ deutschsprachigen Staaten und
denen des östlichen trotz der Gemeinsamkeit des grammatischen
Systems und des Grundwortschatzes der deutschen Sprache stark
behindert ist, so geht dies primär auf eine Auseinanderentwicklung
und planvolle Veränderung der politischen Begriffssysteme und
Wirklichkeiten zurück. Keinesfalls ist dieses Problem mit dem
Rückzug auf ideologische Theoreme wie ‚Magie des Wortes‘,
‚Missbrauch der Sprache‘, ‚kranke Sprache‘ zu lösen. Weder wirkt
‚die Sprache‘ selbständig, noch kann man einer politischen Gruppe
das Recht absprechen, den Sprachverkehr für ihre Zwecke aus-

zunutzen, das man ja sich selbst und der eigenen Gruppe zubilligt. Menschenlenkung ist eine außersprachliche Erscheinung, die sich schon immer der Sprache als eines ihrer wirksamsten Mittel bedient hat. Ihre Berechtigung kann nicht von der Sprachwissenschaft beurteilt werden (s. W. Dieckmann, R. Glunk). Die Sprachwissenschaft und ihre Teildisziplin Sprachgeschichte sind in der Gefahr, sich in den Dienst dilettantischer Politik zu stellen, wenn deutsche Sprachforscher und Sprachlehrer sich etwa darauf einlassen, den Sprachgebrauch derer, die nicht zur eigenen Gruppe gehören, als ein ‚anderes', ‚uneigentliches' oder ‚falsches' Deutsch aufzufassen. Es gibt keine bestimmte Norm, die man ‚die deutsche Sprache' nennen und von der man den Sprachgebrauch bestimmter Gruppen als abweichend unterscheiden könnte. Deutsche Sprache ist vielmehr nur die abstrakte Summe der potentiellen Sprachanlagen (‚Kompetenz' nach N. Chomsky) aller der in mehreren Staaten lebenden und verschiedenen Gruppen zugehörigen Menschen, die von Kind an gewohnt sind, mit Hilfe des deutschen Grundvokabulars und grammatischen Regelsystems sich auszudrücken und zu handeln. Sprachwissenschaft und Sprachlehre haben die Aufgabe, Kommunikationsschwierigkeiten und -wirkungen beim Gebrauch der verschiedenen Gruppennormen und Sachnormen innerhalb einer Sprache und zwischen Sprachen in Vergangenheit und Gegenwart aufzudecken bzw. sie überwinden zu helfen. Da das Fortwirken alter Sprachideologien schon immer als Mittel sozialer Kontrolle benutzt wurde, ist kritische Reflexion über das kollektive Reden und Urteilen über Sprache ein wichtiger Teil der Primärsprachlehre.

In der Gegenwart spielt ein spezieller Zusammenhang von Sprache und Politik eine nicht unproblematische Rolle: Im Augenblick werden im Gefolge der ‚Bologna-Prozesses' auch im deutschen Sprachraum die Hochschulstudien grundlegend geändert. Für alle Studiengänge werden *Bachelor-* und *Master-*Studiengänge geplant. Es hat den Anschein, dass das Deutsche als Wissenschaftssprache, nicht nur in den Naturwissenschaften, auf dem Rückzug ist und vom Englischen abgelöst werden soll. An machen Universitäten kann man *Political and Social Studies* sowie *Political and Social Science* studieren, und in diesen Studiengängen gibt es ein *Bachelor-* und ein *Master-*Diplom. An der Freien Universität in Berlin gibt es eine *Friedrich Schlegel Graduate School of Literary Studies*; Leiter ist ein Germanist. Im Zuge der sogenannten Exzellenz-Initiative der Jahre 2006 und 2007 in Deutschland mussten Germanisten mit deutscher Muttersprache auf Englisch diskutieren, damit deren Exzellenz auch Leuten sichtbar wird, die zwar nicht Deutsch können, aber ein germanistisches Forschungsvorhaben beurteilen. Die Beurteilung dessen beruht aber nicht nur der eingeschränkten Sicht von Germanisten. Auch unter Naturwissenschaftlern regt sich Widerstand. Der Wissenschaftsjournalist Stefan Klein, der über theoretische Biophysik promoviert wurde, hat im Jahre 2007 formuliert (zit. Schneider 2008):

> „Ein Haufen Puzzleteile ist noch keine Wissenschaft. Jede Disziplin braucht auch Veröffentlichungen, die Zusammenhänge aufzeigen, aufregende Ideen vermitteln und neue Konzepte umreißen."

Dazu kommt, dass jede Fachsprache der Metaphern bedarf, die aus der Muttersprache des Wissenschaftlers geholt werden. In jeder Sprache kondensiert sich die jahrhundertalte Erfahrung einer Sprachgemeinschaft, oder wie es der Journalist Wolf Schneider in seinem jüngst erschienen Buch formuliert:

> „Es sind die Wörter, die geballten Erfahrungen und Erinnerungen unserer Ahnen, die uns, je nach Gebrauch, in Vorurteile einmauern oder unseren Gedanken Flügel geben."

Es sind dies nicht nur die Wörter, es sind dies auch lautliche, morphologische und syntaktische Strukturen sowie Konventionen des Textierens. Wenn bestimmte Fachbereiche nur noch auf Englisch verbalisiert werden, dann verliert das Deutsche die Fähigkeit, die Fachsprache weiterzuentwickeln, dann begibt man sich der Gelegenheit, weite Teile der Gesellschaft an wissenschaftlichen Diskurs zu beteiligen. Demgegenüber hat der frühere Ministerpräsident Edmund Stoiber als Mitglied des Universitätsrates der TU München mehr „Elitebildung" gefordert und dies durch die Notwendigkeit von mehr „englischsprachige[n] Angeboten" (SZ 06.12.07) konkretisiert. Wenn also von politischer Seite Elite mit Englisch-Sprachigkeit gleichgesetzt wird, dann fragt sich, wie lange noch Deutsch die vollfunktionsfähige Wissenschaftssprache bleibt, die sie heute noch ist.

Textproben

Die Geschichte der deutschen Sprache läßt sich an keinem Beispiel so konkret veranschaulichen wie am Vergleich zwischen deutschen Bibelübersetzungen aus verschiedenen Zeiten. An Textproben wie den folgenden aus dem Lukasevangelium (Kap. 2, 4–6) zeigt sich – abgesehen von inhaltlichen Übersetzungsunterschieden – in Schreibung, Lautung, Flexion, Wortstellung und Satzbau ebenso wie in Wortschatz und Stil vieles von den Wandlungen, die sich in der deutschen Sprache von germanischer Zeit (für die stellvertretend das Gotische stehen muß) bis zur Gegenwart vollzogen haben.[1])

1. Gotisch (Bibelübersetzung des Bischofs Wulfila, um 350):
   Urrann þan jah Iosef us Galeilaia, us baurg Nazaraiþ, in Iudaian, in baurg Daweidis sei haitada Beþlahaim, duþe ei was us garda fadreinais Daweidis, anameljan miþ Mariin sei in fragiftim was imma qeins, wisandein inkilþon. warþ þan, miþþanei þo wesun jainar, usfullnodedun dagos du bairan izai.

2. Althochdeutsch (Übersetzung der Evangelienharmonie des Tatian, Fulda, um 830):
   Fuor thō Ioseph fon Galileu fon thero burgi thiu hiez Nazareth in Iudeno lant inti in Dauides burg, thiu uuas ginemnit Bethleem, bithiu uuanta her uuas fon huse inti fon hiuuiske Dauides, thaz her giiahi saman mit Mariun imo gimahaltero gimahhun sō scaffaneru. Thō sie thar uuarun, vvurðun taga gifulte, thaz siu bari.

3. Spätes Mittelhochdeutsch (Evangelienbuch des Matthias v. Beheim, mitteldeutsch, 1343):
   Abir Jōsēph gīnc ouch ūf von Galilēa von der stat Nazarēth in Judēam in di stat Dāvīdis, di geheizen ist Bēthlehēm, darumme

---

1 Eine Auswahl der wichtigsten deutschen Bibelübersetzungen ist in Paralleldruck zusammengestellt in dem Buch von Fritz Tschirch, 1200 Jahre deutsche Sprache in synoptischen Bibeltexten, ein Lese- und Arbeitsbuch, 2. Aufl. Berlin 1969.

*daz her was von dem hūse und von dem gesinde Dāvīdis, ūf
daz her vorjehe mit Marīen ime vortrůwit zů einer hůsvrowin
swangir. Und geschēn ist, dō si dā wāren, dō sint irfullit ire tage,
daz si gebēre.*

4. Frühneuhochdeutsch (Martin Luther, 1522):
   *Da macht sich auff, auch Joseph von Gallilea, aus der stadt
   Nazareth, ynn das Judisch land, zur stad Dauid, die da heyst
   Bethlehem, darumb, das er von dem hauße vnd geschlecht
   Dauid war, auff das er sich schetzen ließe mit Maria seynem
   vertraweten weybe, die gieng schwanger. Vnnd es begab sich,
   ynn dem sie daselbst waren, kam die zeyt das sie geperen sollte.*

5. Neuhochdeutsch, 18. Jh. (Nikolaus Ludwig Graf v. Zinzendorf, 1739):
   *Da machte sich aber auch Joseph auf, von Galiläa, aus der stadt
   Nazareth, in Judäa, in die stadt Davids, die Bethlehem heisset,
   weil er aus dem hause und familie David war, auf daß er sich
   aufschreiben liesse mit seiner braut Maria, die empfangen hatte.
   Und als sie daselbst waren, kam die zeit, daß sie gebähren solte.*

6. Neuhochdeutsch, Anfang 20. Jh. (Hermann Menge, 1926):
   *So zog denn auch Joseph aus Galiläa aus der Stadt Nazareth
   nach Judäa hinauf nach der Stadt Davids mit Namen Bethlehem, weil er aus Davids Haus und Geschlecht stammte, um sich
   daselbst mit Maria, seinem jungen Weibe, die guter Hoffnung
   war, eintragen zu lassen. Während ihres dortigen Aufenthalts
   kam für Maria die Zeit ihrer Niederkunft.*

7. Neuhochdeutsch, Mitte 20. Jh. (Jörg Zink, Womit wir leben
   können, das Wichtigste aus der Bibel in der Sprache unserer
   Zeit, 1963):
   *Da wanderte auch Joseph von Galiläa, aus der Stadt Nazareth,
   nach Judäa in die Stadt der Familie Davids, nach Bethlehem.
   Denn er gehörte zur Familie und zum Stamme Davids. Und er
   ließ sich in die Listen des Kaisers mit Maria zusammen, seiner
   Verlobten, eintragen. Maria aber war schwanger. Als sie in
   Bethlehem waren, kam die Zeit für sie, zu gebären.*

8. Mittelniederdeutsch, um 1478 (Kölner Bibel, ostwestfäl. Fassung):
   vnde ock ioseph de gynck vp van galilea van der stad nazareth in iudeam in de stad dauids de dar is geheten bethlehem darumme dat he was van dem huse vnde van dem ingesinde dauids. dat he sick apenbarde ok mit maria siner getruweder swangeren husfrowen. vnde dat geschach do se dar weren. de dage worden voruult dat se geberen scholde.

9. Neuniederdeutsch (Ernst Voß, Dat Ni Testament för plattdütsch Lüd in ehr Muddersprak oewerdragen, 3. Aufl. 1960. [nordniedersächsisch]):
   Un ok Joseph reist' ut Galiläaland, ut dei Stadt Nazareth, nah Land Judäa nah David sin Stadt, nah Bethlehem. Denn hei stammt' jo her ut David sin Hus un Geslecht. Hei müßt sik ok ni upschriwen laten. Un sin Fru Maria nehm hei mit. Dei drög 'n Kind unner'n Harten, un as sei nu dor wiren, dunn wiren ok ehr Dag' dor.

10. Niederländisch (Ned. Bijbelgenootschap, 1968):
    Ook Jozf trok op van Galilea, uit de stad Nazaret, naar Judea, naar de stad van David, die Betlehem heet, omdat hij uit het huis en het geslacht van David was, om zich te laten inschrijven met Maria, zijn ondertrouwde vrouw, welke zwanger was. En het geschiedde, toen zij daar waren, dat de dagen vervult werden, dat zij baren zou.

11. Afrikaans (Komm. Holl.-Afrik. Kerke in Suid-Afrika, 1967):
    En Josef hei ook opgegaan van Galilea, uit die stad Nasaret, na Judea, na die stad van David, wat Betlehem genoem word, omdat hy uit die huis en geslag van Dawid was, on hom te laat inskrywe saam met Maria, die vrou aan wie hy hom verloof het, wat swanger was. En terwyl hulle daar was, is die dae vervul dat sy moes baar.

12. <u>Jiddisch</u>[2] (Der B[e]RITH CHADASCHAH[3] fun unser har un
goël[4] JESCHUA HAMASCHI'ACH[5], getrai un genoi iber-
sezt fun grichisch un farglichn mit andere un merschprachleche
ibersezungen fun Aharon Krelnboim. Philadelphia 1949):

אַון יוסף

איז אויך אַרויפגעגאַנגען פון גליל, אויס דער
שטאַט נצרת, קיין יהודה, אין דער שטאַט פון דוד,
וועלכע הייסט בית לחם, ווייל ער איז געוווען פון
דעם הויז און משפחה פון דוד (המלך); אַז ער זאָל
זיך לאָזן רעגיסטרירן צוזאַמען מיט מרים, וואָס איז
געוווען פאַרקנסט צו אים, און איז געוווען מעוברת.
און עס איז געשעען, בשעת זיי זענען דאָרט געוווען,
דאָס די טעג פון איר קימפעט זענען דערפילט
געוואָרן,

Transskription in lat. Alphabet[6]:
un jossef is oich aroifgegangen fun golil, oiss der schtot nazareth,
kën[7] j[e]hudeh, in der schtot fun dowid, welche hëisst bëith
lechem, wail er is gewen fun dem hois un mischpoche[8] fun
dowid (hamelech[9]); as er sol sich losn registrirn zusamen mit

<hr>

2 Für die Beschaffung des Textes und für Unterweisung und Hilfe bei der Transskription und Kommentierung habe ich Prof. M. Sprecher, Heidelberg, viel zu
danken. Da es vom Neuen Testament keine offiziellen jidd. Übersetzungen gibt,
muß hier – um die Vergleichbarkeit mit den anderen Textproben zu gewähr-
leisten – eine moderne christliche Übersetzung benutzt werden.
3 hebr., ‚Neuer Bund'.
4 hebr., ‚Erlöser'.
5 hebr., ‚Jesus der Gesalbte'.
6 Der hebräisch geschriebene Text ist von rechts nach links zu lesen. Der Buchstabe
Alef hat vor vokalischem Wortanlaut keine phonetische Bedeutung. Bei Lehnwörtern und Namen aus dem Hebräischen werden meist keine Vokalzeichen geschrieben. Bei der Transskription ist die Opposition zwischen (stimmhaftem) Sajin und
(stimmlosem) Ssamech durch s und ss angedeutet, die zwischen offenerem und
engerem Diphthong für Doppel-Jod durch ai und ëi; hochgestelltes [e] bedeutet den
Indifferenzvokal Schwa; ch ist stets velarer Reibelaut.
7 nhd. gen ‚gegen'.
8 hebr., ‚Geschlecht'.
9 hebr., ‚der König'.

mirjem, woss is gewen farknasst[10] *zu im, un is gewen mëube-*
reth[11]*. un ess is gescheen, b^eschath*[12] *sëi senen dort gewen, doss*
di teg fun ir kirmpet[13] *senen derfilt geworn.*

---

10 ‚verlobt', zu hebr. *knass* ‚Geldbuße' (z. B. als Bedingung für die Auflösung des
   Vertrages).
11 hebt., ‚schwanger'.
12 hebr., ‚in der Zeit', ‚während'.
13 nhd. *Kindbett.*

Auswahlbibliographie

Über alle theoretischen, methodischen und Detail-Fragen der (deutschen) Sprachgeschichte informieren die zahlreichen Artikel in: Sprachgeschichte. Ein Handbuch zur Geschichte der deutschen Sprache und ihrer Erforschung. 2. Aufl. Hg. von W. Besch/A. Betten/O. Reichmann/S. Sonderegger. Berlin/New York. 4 Teilbde. 1998/2000/2003/2004.

Allgemeine Sprachwissenschaft

H. Arens, Sprachwissenschaft. Der Gang ihrer Entwicklung von der Antike bis zur Gegenwart. 2 Bde. Freiburg-München 1969. – G. Helbig, Geschichte der neueren Sprachwissenschaft unter dem besonderen Aspekt der Grammatik-Theorie. München 1971. – G. C. Lepschy, Die strukturale Sprachwissenschaft. München 1969. – H. H. Robins, Ideen- und Problemgeschichte der Sprachwissenschaft mit besonderer Berücksichtigung des 19. und 20. Jh. Frankfurt 1973.

H. P. Althaus/H. Henne/H. E. Wiegand, Lexikon der Germanistischen Linguistik. Tübingen 1973. – W. Abraham, Terminologie zur neueren Linguistik. Tübingen 1974. – Th. Lewandowski, Linguistisches Wörterbuch. 3 Bde. Heidelberg 1973, 1975. – W. Welte, Moderne Linguistik: Terminologie. Bibliographie. München 1974. – H. Bussmann, Lexikon der Sprachwissenschaft. München 2002. – H. Glück, Metzler-Lexikon Sprache. Stuttgart/Weimar 2000.

L. Bloomfield, Language. New York 1933. – K. Bühler, Sprachtheorie, 2. Aufl. Stuttgart 1965. – N. Chomsky, Aspekte der Syntax-Theorie. Frankfurt/Berlin 1969. – Funkkolleg Sprache. Eine Einführung in die moderne Linguistik. 2 Bde. Frankfurt 1973. – K. H. Göttert/W. Herrlitz, Linguistische Propädeutik. 2 Bde. Tübingen 1977. – R. W. Langacker, Sprache und ihre Struktur. Tübingen 1971. – Lehrgang Sprache. Einführung in die moderne Linguistik. Tübingen 1974. – J. Lyons, Einführung in die moderne Linguistik. München 1971. – A. Martinet (Hrsg.),

Linguistik. Ein Handbuch. Stuttgart 1973. – H. Penzl, Methoden der germanischen Linguistik. Tübingen 1972. – F. de Saussure, Grundfragen der allgemeinen Sprachwissenschaft. 2. Aufl. Berlin 1967. – B. A. Serébrennikow (Hrsg.), Allgemeine Sprachwissenschaft. 2 Bde. München 1973, 1975. – L. Weisgerber, Die vier Stufen in der Erforschung der Sprachen. Düsseldorf 1963. – W. v. Wartburg, Einführung in Problematik und Methodik der Sprachwissenschaft. 3. Aufl. Tübingen 1970.
H. E. Brekle, Semantik. München 1972. – E. Coseriu, Einführung in die strukturelle Betrachtung des Wortschatzes. Tübingen 1970. – H. Geckeler, Strukturelle Semantik und Wortfeldtheorie. München 1971. – P. Schifko, Bedeutungstheorie. Einführung in die linguistische Semantik. Stuttgart 1975. – Th. Schippan, Einführung in die Semasiologie. Leipzig 1972. – L. Schmidt, Wortfeldforschung. Darmstadt 1973. – St. Ullmann, Grundzüge der Semantik. Berlin 1967. – U. Weinreich, Erkundungen zur Theorie der Semantik. Tübingen 1970.
Sociolinguistics/Soziolinguistik. An International Handbook of the Science of Language and Society/Ein internationales Handbuch zur Wissenschaft von Sprache und Gesellschaft. Hg. v. U. Ammon/N. Dittmar/K. J. Mattheier/P. Trudgill. 3 Bde. Berlin/New York 2004/2005/2006. – U. Ammon, Probleme der Soziolinguistik. Tübingen 1973. – N. Dittmar, Soziolinguistik, mit kommentierter Bibliographie. Frankfurt 1973. – J. A. Fishman, Soziologie der Sprache. München 1974. – R. Große/A. Neubert, Beiträge zur Soziolinguistik. Halle 1974. – J. O. Hertzler, A Sociology of Language. New York 1965. – W. Klein/D. Wunderlich, Aspekte der Soziolinguistik. Frankfurt 1971. – A. Schaff (Hrsg.), Soziolinguistik, Wien 1976. – B. Schlieben-Lange, Soziolinguistik. Eine Einführung. 7. Aufl. Stuttgart 1973. – G. Simon, Bibliographie zur Soziolinguistik. Tübingen 1974. – N. Dittmar, Grundlagen der Soziolinguistik. Tübingen 1997. – H. Löffler, Germanistische Soziolinguistik. 3. Aufl. Berlin 2005.

Historische Sprachwissenschaft

D. Cherubim (Hrsg.), Sprachwandel. Reader zur diachronischen Sprachwissenschaft. Berlin 1975. – B. Coseriu, Synchronie, Diachronie und Geschichte. Das Problem des Sprachwandels. München 1974. – G. Dinser (Hrsg.), Zur Theorie der Sprachveränderung. Kronberg 1974. – H. Isenberg, Zur Theorie des Sprachwandels, in: Syntaktische Studien (Studia Grammatica V). Berlin 1966, 133–168. – O. Höfler, Stammbaumtheorie, Wellentheorie, Entfaltungstheorie, in: Beitr. 77, Tübingen 1955, 30–66, 424–476. – R. King, Historische Linguistik und generative Grammatik. Frankfurt 1971. – W. P. Lehmann, Einführung in die historische Linguistik. Heidelberg 1969. – W. P. Lehmann, Historiolinguistik, in: LGL 389–398. – D. Nübling, Historische Sprachwissenschaft des Deutschen. In Zusammenarb. mit A. Dammel/J. Duke/R. Szczepaniak. Tübingen 2006. – H. Paul, Prinzipien der Sprachgeschichte. 8. Aufl. Tübingen 1970. – V. Pisani, Die Etymologie. Geschichte – Fragen – Methode. München 1975. – Sprache, Gegenwart und Geschichte. Probleme der Synchronie und Diachronie. Düsseldorf 1969.

A. Borst, Der Turmbau von Babel. Geschichte der Meinungen über Ursprung und Vielfalt der Sprachen und Völker. 6 Bde. 1957 ff. – A. Borst, Die Geschichte der Sprachen im abendländischen Denken, in: WiWo 10, 1960, 129–143. – F. Tschirch, Wachstum oder Verfall der Sprache? in: Mspr. 75, 1965, 129–139, 161–169.

M. Clyne, Forschungsbericht Sprachkontakt. Kronberg 1975. – J. Juhász, Interferenzlingustik, in: LGL 457–462. – B. Lüllwitz, Interferenz und Transferenz. (= Germanistische Linguistik 2/72). Hildesheim 1972. – U. Weinreich, Sprachen in Kontakt. München 1977.

Deutsche Sprachgeschichte

E. Agricola/W. Fleischer/H. Protze (Hrsg.), Die deutsche Sprache. (Kleine Enzyklopädie). 2 Bde. Leipzig 1969. – A. Bach, Geschichte der deutschen Sprache. 9. Aufl. Heidelberg 1970. – H. Eggers, Deutsche Sprachgeschichte. I: Das Althochdeutsche. II: Das Mittelhochdeutsche. III: Das Frühneuhochdeutsche. Hamburg 1963, 1965, 1969. – W. Besch/N. R. Wolf, Geschichte der deutschen Sprache. Berlin 2008. – Th. Frings, Grundlegung einer Geschichte der dt. Sprache. 3. Aufl. Halle 1967. – Th. Frings, Zur Grundlegung …, in: Beitr. 76, Halle 1955, 402–534. – R. Keller, The German Language. London/Boston

1978. Dt. von K.-H. Mulagk. Tübingen/Basel 1994. – W. König, dtv-Atlas Deutsche Sprache. 14. Aufl. München 2004. – K. Mollay, Einführung in die dt. Sprachgeschichte. Budapest 1971. – H. Moser, Dt. Sprachgeschichte, 6. Aufl. Tübingen 1969. – P. v. Polenz, Deutsche Sprachgeschichte vom Spätmittelalter bis zur Gegenwart. Berlin/New York. Bd. 1: Einführung, Grundbegriffe. 14. bis 16. Jahrhundert. 2. Aufl. 2000; Bd. 2: 17. und 18. Jahrhundert. 1994; Bd. 3: 19. und 20. Jahrhundert. 1999. – J. Schildt, Abriß der Geschichte der dt. Sprache. Zum Verhältnis von Gesellschafts- und Sprachgeschichte. Berlin 1976. – W. Schmidt, Geschichte der deutschen Sprache. Hg. v. H. Langner/N. R. Wolf. 10. Aufl. Stuttgart 2007. – F. Tschirch, Geschichte der dt. Sprache. 2 Bde. 2. Aufl. Berlin 1971 ff. – J. T. Waterman, History of the German Language. 2nd pr. Seattle–London 1967.

G. Feudel (Hrsg.), Studien zur Geschichte der dt. Sprache. Berlin 1972. – H. Wellmann, Sprachgeschichtsschreibung und Historische Grammatik, in: WiWo 22, 1972, 198–221. – H. Wolf, Zur Periodisierung der deutschen Sprachgeschichte, in: GRM 21, 1971, 78–105.

Historische Grammatik des Deutschen

R. v. Kienle, Historische Laut- und Formenlehre des Dt. Tübingen 1960. – H. Paul, Dt. Grammatik. 5 Bde. Halle 1916 ff. – W. Wilmanns, Dt. Grammatik 4 Bde. Straßburg 2. Aufl. 1911 ff.

W. Herrlitz, Historische Phonologie des Dt. Teil I. Tübingen 1970. – H. Penzl, Vom Urgermanischen zum Neuhochdeutschen. Eine historische Phonologie. Berlin 1975. – H. Penzl, Geschichtliche dt. Lautlehre. München 1969. – W. G. Moulton, Zur Geschichte des dt. Vokalsystems, in: Beitr. 63, Tübingen 1961, 1–35.

O. Behaghel, Dt. Syntax. Eine geschichtliche Darstellung. 4 Bde. Heidelberg 1923 ff. – I. Dal, Kurze dt. Syntax. 3. Aufl. Tübingen 1966. – R. P. Ebert, Historische Syntax des Deutschen. Stuttgart 1978. – W. Henzen, Dt. Wortbildung. 3. Aufl. Tübingen 1965.

Historische Lexikologie des Deutschen

Fr. Dornseiff, Bezeichnungswandel unseres Wortschatzes, Lahr 1955. – G. Fritz, Bedeutungswandel im Dt. Neuere Methoden der diachronen Semantik. Tübingen 1972. – G. Fritz, Historische Semantik. Stuttgart 1998. – G. Fritz, Einführung in die historische Semantik. Tübingen 2005. – Probleme der Lexikologie und Lexikographie. Düsseldorf 1976. – O. Reichmann, Germanistische Lexikologie. Stuttgart 1976. – H. Wellmann, Historische Semantik (1968–1973), in: WiWo 24, 1974, 194–213, 268–285.
B. Carstensen, Deutsche Transferenzen in anderen Sprachen, in: LGL. 510–512. – F. Maurer/H. Rupp (Hrsg.), Dt. Wortgeschichte. 2 Bde. 3. Aufl. Berlin 1974. – A. Schirmer/W. Mitzka, Dt. Wortkunde, Kulturgeschichte des dt. Wortschatzes. 5. Aufl. (SG 929). Berlin 1965. – E. Schwarz, Kurze dt. Wortgeschichte. Darmstadt 1967. – F. Seiler, Die Entwicklung der dt. Kultur im Spiegel des dt. Lehnwortes. 4 Bde. Halle 1910 ff. – Duden. Etymologie. Herkunftswörterbuch der dt. Sprache. Mannheim 1963. – F. Kluge: Etymologisches Wörterbuch der deutschen Sprach3. 24. Aufl. v. E. Seebold. Berlin/New York 2002. – W. Pfeifer, Etymologisches Wörterbuch der deutschen Sprache. 5. Auf. München 2000. – J. u. W. Grimm, Dt. Wörterbuch. 32 Bde. Leipzig 1854–1963. – H. Paul/H. Henne, Dt. Wörterbuch. 10. Aufl. Tübingen 2002 – F. Schulz/O. Basler, Dt. Fremdwörterbuch. Straßburg 1913 ff.
A. Bach, Dt. Namenkunde, 5 Bde. Heidelberg 1952 ff. – R. Fischer/E. Eichler/H. Naumann/H. Walther, Namen dt. Städte. Berlin 1963. – W. Fleischer, Die dt. Personennamen. Berlin 1968. – M. Gottschald, Die dt. Personennamen. (SG 422) 2. Aufl. Berlin 1955. – E. Schwarz, Orts- und Personennamen, in: DPhA I, 1523–1598. – G. Bauer, Deutsche Namenkunde. 2. Aufl. Berlin 1998.

Deutsche Dialektologie

Dialektologie. Ein Handbuch zur deutschen und allgemeinen Dialektforschung. Hg. v. W. Besch/U. Knoop [u. a.]. 2 Teilbde. Berlin/New York 1982/1983.

A. Bach, Dt. Mundartforschung. 2. Aufl. Heidelberg 1950. – J.
Goossens, Strukturelle Sprachgeographie, Heidelberg 1969. – J.
Goossens, Areallinguistik, in: LGL 319–326. – G. Hard, Zur
Mundartgeographie. Ergebnisse, Methoden, Perspektiven. Düsseldorf 1966. – W. Henzen, Schriftsprachen und Mundarten. Ein
Überblick über ihr Verhältnis und ihre Zwischenstufen im Dt.
2. Aufl. Zürich – Leipzig 1954. – H. Löffler, Probleme der Dialektologie. Eine Einführung. Darmstadt 1974. – H. Löffler, Dialektologie. Tübingen 2003. – W. Mitzka (Hrsg.), Wortgeographie und Gesellschaft. Berlin 1968. – W. Mitzka, Stämme und
Landschaften in dt. Wortgeographie, in: DWg II, 647–698. – H.
Niebaum/J. Macha, Einführung in die Dialektologie des Deutschen. 2. Aufl. Tübingen 1999. – V. M. Schirmunski, Dt. Mundartkunde. Vergleichende Laut- und Formenlehre der dt. Mundarten. Berlin 1962.
H. Beckers, Westmitteldeutsch, in: LGL 336–340. – W. Foerste,
Geschichte der niederdt. Mundarten, in: DPhA I, 1729–1898. –
W. Kleiber, Westoberdeutsch, in: LGL 355–362. – H. Kloss,
Deutsche Sprache im Ausland, in: LGL 377–388. – E. Kranzmayer, Historische Lautgeographie des gesamtbairischen Dialektraumes. Wien 1956. – W. Mitzka, Hochdt. Mundarten, in: DPhA I,
1599–1728. – H. Niebaum, Westniederdeutsch, in: LGL
327–331. – W. Putschke, Ostmitteldeutsch, in: LGL 341–351. –
D. Stellmacher, Ostniederdeutsch, in: LGL 332–335. – E. Straßner, Nordoberdeutsch, in: LGL 352–354. – P. Wiesinger, Die
deutschen Sprachinseln in Mitteleuropa, in: LGL 367–376.
J. Eichhoff: Wortatlas der deutschen Umgangssprachen. Bd. 4 Bde.
Bern/München 1977/1978/1993/2000. – P. Kretschmer, Wortgeographie der hochdt. Umgangssprache. 2. Aufl. Göttingen
1969. – W. Mitzka, Handbuch zum Dt. Sprachatlas. Marburg
1952. – W. Mitzka/L. E. Schmitt, Dt. Wortatlas. Gießen
1951 ff. – G. Wenker/F. Wrede/W. Mitzka/B. Martin, Dt.
Sprachatlas. Marburg 1927 ff.

Zu Kapitel I

H. Hettrich, Die Indogermanen in Archäologie und Sprachwissenschaft. Unveröff. Manuskr. Würzburg 2006a. – H. Hettrich,
Stammen die europäischen Sprachen aus Anatolien. Unveröff.
Manuskr. Würzburg 2006b. – H. Hettrich, Beschreibung des

Faches Vergleichende Sprachwissenschaft. www.vergl-sprach-wissenschaft.phil1.uni-wuerzburg.de/fach.htm (03.07.08). – H. Krahe, Sprache und Vorzeit. Vorgeschichte nach dem Zeugnis der Sprache. Heidelberg 1954. – H. Krahe, Indogermanische Sprachwissenschaft. 2 Bde. 4. Aufl. (SG 59, 64). Berlin 1962/63. – H. Krahe, Einleitung in das vergleichende Sprachstudium. Innsbruck 1970. – V. Pisani, Indogermanisch und Europa. München 1974. – W. Porzig, Die Gliederung des indogermanischen Sprachgebiets. Heidelberg 1954. – F. Stroh, Indogermanische Ursprünge, in: DWg 1, 3–34.

K. R. Bahnick, The determination of stages in the historical development of the Germanic languages by morphological criteria: an evaluation. The Hague – Paris 1973. – F. van Coetsem, Zur Entwicklung der germ. Grundsprache, in: KGgPh 1–93. – C. J. Hutter, Die germ. Sprachen, Ihre Geschichte in Grundzügen. Budapest 1975. – H. Krahe, Germ. Sprachwissenschaft. 2 Bde. 5. Aufl. (SG 238, 780). Berlin 1963/65. – W. Krause, Runen. (SG 1244/1244a) Berlin 1969. – H. Kuhn, Zur Gliederung der germ. Sprachen, in: ZdA 86, 1955, 1–47. – R. Ris/E. Seebold, Dt. Gesamtsprache und germ. Sprachen, in: LGL 398–404. – L. Rösel, Die Gliederung der germ. Sprachen nach dem Zeugnis ihrer Flexionsformen. Nürnberg 1962. – L. E. Schmitt (Hrsg.). Kurzer Grundriß der germ. Philologie bis 1500. Bd. 1: Sprachgeschichte. Berlin 1970. – E. Schwarz, Germ. Stammeskunde. Heidelberg 1956. – J. Weisweiler, Dt. Frühzeit, in: DWg 1, 55–133.

F. van Coetsem, The Germanic consonant shift, compensatory processes in language, in: Lingua 30, 1972, 203–215. – E. Esau, The Germanic consonant shift. Substratum as an explanation for the first sound shift, in: Orbis 22, 1973, 454–473. – J. Fourquet, Die Nachwirkungen der 1. und 2. Lautverschiebung, in: ZMaf 22, 1954, 1–33. – L. L. Hammerich, Die germ, und die hochdt. Lautverschiebung, in: Beitr. 77, 1955, 1–29, 165–203. – F. Simmler, Die westgerm. Konsonantengemination. München 1974. – N. R. Wolf, Sprachgeschichte zwischen Philologie und Linguistik. In: Schnee von gestern? Die historische Dimension im Studium der Germanistik. Hg. v. O. Grossegesse/E. Koller. Braga 2006, 39–52. – N. R. Wolf, Das Mitteldeutsche als Übergangslandschaft. Oder: Dialektologische Überlegungen zur 2. Lautverschiebung. In: Strukturen und Funktionen in Gegenwart und Geschichte. Fs. F. Simmler. Hg. v. C.

Wich-Reif. Berlin 2007, 31–42. – N. R. Wolf, Von der Lust, in einem Sprachatlas zu lesen. In: Sprachgeographie digital. Die neue Generation der Sprachatlanten. Hg. von S. Elspaß/W. König. Hildesheim/Zürich/New York 2008 (Germanistische Linguistik 190–191), 213–229.

Th. Frings, Germania Romana. 2. Aufl. Halle 1966. – K. Heeroma, Zur Raumgeschichte des Ingwäonischen, in: ZDL 39, 1972, 267–283. – W. Jungandreas, Westfränkisch? In: Leuvense Bijdr. 61, 1972, 213–230. – G. Lerchner, Studien zum nordwestgerm. Wortschatz. Ein Beitrag zu den Fragen um Aufbau und Gliederung des Germ. Halle 1965. – Th. L. Markey, Germanic dialect grouping and the position of ingvaeonic. Innsbruck 1976. – F. Maurer, Nordgermanen und Alemannen. 3. Aufl. Berlin 1952. – F. Petri, Zum Stand der Diskussion über die fränkische Landnahme und die Entstehung der germ.-roman. Sprachgrenze. Darmstadt 1954. – B. Schützeichel, Das westfränkische Problem. in: Dt. Wortforschung in europ. Bezügen, hrsg. v. L. E. Schmitt, Bd. 2, Gießen 1963, 470–523. – R. Schützeichel, Die Grundlagen des westlichen Mitteldeutschen. 2. Aufl. Tübingen 1976. – N. Törnquist, Gibt es tatsächlich eine westgerm. Spracheinheit? In: NphM 75, 1974, 386 ff.

P. Ramat, Das Friesische. Innsbruck 1976. – P. Scardigli, Die Goten. München 1973. – E. Wessén, Die nordischen Sprachen. Berlin 1968.

Zu Kapitel II

H. Moser. Dt. Sprachgeschichte der älteren Zeit, in: DPhA I, 694–812. – St. Sonderegger, Althochdeutsche Sprache und Literatur. Berlin 1974. 3. Aufl. 2003. – St. Sonderegger, Althochdeutsch, in: LGL 404–411. – St. Sonderegger, Althochdeutsch, in: KGgPh 1, 211–252. – N. R. Wolf, Althochdeutsch – Mittelhochdeutsch. Heidelberg 1981.

W. Braune/E. A. Ebbinghaus, Ahd. Lesebuch. 14. Aufl. Tübingen 1962. – W. Braune/H. Eggers, Ahd. Grammatik. 13. Aufl. Tübingen 1975. – W. Braune/I. Reiffenstein, Althochdeutsche Grammatik I. Laut- und Formenlehre. 15. Aufl. Tübingen 2004. – E. Förstemann, Altdt. Namenbuch. 3. Aufl. Bonn 1913 ff. – E. Karg-Gasterstädt/Th. Frings/R. Große, Ahd. Wörterbuch. Berlin 1952 ff. – R. Schützeichel, Ahd. Wörterbuch.

5. Aufl. Tübingen 1995. – T. Starck/J. C. Wells, Ahd. Glossen-
wörterbuch. Heidelberg 1972 ff.

G. Baesecke, Das Nationalbewußtsein der Deutschen des Karolin-
gerreiches nach den zeitgenössischen Benennungen ihrer Spra-
che, in: Th. Mayer (Hrsg.), Der Vertrag von Verdun 843, 1943. –
W. Betz, Karl d. Gr. und die Lingua Theodisca, in: B. Bischoff
(Hrsg.), Karl d. Gr., Bd. II, Düsseldorf 1965, 300–306. – H.
Eggers (Hrsg.), Der Volksname „Deutsch". Darmstadt 1970. –
H. M. Heinrichs, Überlegungen zur Frage der sprachlichen
Grundschicht im Mittelalter, in: ZMaf 28, 1961, 97–153. – K.
Matzel, Karl d. Gr. und die lingua theodisca, in: Rhein. Viertel-
jahrsbll. 34, 1970, 172–189. – W. Mitzka, Die mittelfränk. Denk-
mäler der ahd. Literatur, in: ZMaf 30, 1963, 31–36. – P. v. Polenz,
Karlische Renaissance, karlische Bildungsreformen und die
Anfänge der dt. Literatur, in: Mitt. d. Marburger Universitäts-
bundes 1959, H. 1/2, 27–39. – St. Sonderegger, Reflexe gesprochener Sprache in d. ahd. Literatur, in: Frühmittelalterliche Studien, Bd. 5, Berlin 1971, 176–193. – St. Sonderegger, Das Ahd.
der Vorakte der älteren St. Galler Urkunden, in: ZMaf 28, 1961,
251–286. – K. Wagner, Schriftsprache und Mundart in ahd. Zeit,
in: DU 8, 1956, H. 2, 14–23.

F. van Coetsem, Generality in language change. The case of the
OHG German vowel shift, in: Lingua 35, 1975, 1–34. – U. Förs-
ter, Der Verfallsprozeß der ahd. Verbalendungen. Tübingen
1966. – O. Höfler, Die 2. Lautverschiebung bei Ost- und West-
germanen, in: Beitr. 79, 1957, 161–350. – H. Kuhn, Zur 2. Lautverschiebung im Mittelfränkischen, in: ZdA 105, 1976, 89–99. –
G. Lerchner, Zur 2. Lautverschiebung im Rheinisch-Westmit-
teldt. Halle 1971. – W. Mitzka, Zur Frage des Alters der hochdt.
Lautverschiebung, in: Erbe der Vergangenheit, Festschr. K.
Helm, Tübingen 1951, 63–70. – W. Mitzka, Die ahd. Lautverschiebung und der ungleiche fränk. Anteil, in ZdA 83, 1951,
107–113. – W. Mitzka. Ostgermanische Lautverschiebung? In:
ZdA 96, 1967, 247–259. – H. Penzl, Lautsystem und Lautwandel in den ahd. Dialekten. München 1971. – I. Rauch. The OHG
Diphthongization. The Hague – Paris 1967. – F. van der Rhee,
Die hochdt. Lautverschiebung in den Langobardischen Geset-
zen, in: Neophilologus 60, 1976, 397–411. – O. W. Robinson,
Abstract phonology and the history of umlaut, in: Lingua 37,
1975, 1–29. – R. Schützeichel, Neue Funde zur Lautverschie-

bung im Mittelfränk., in: ZdA 93, 1964, 19–30. – St. Sonderegger, Die Umlautfrage in den germ. Sprachen, in: Kratylos 4,
1959, 1–12. – A. Szulc, Diachronische Phonologie und Morphologie des Ahd. Warszawa 1974. – P. Valentin, Phonologie de l'al-
lemand ancien. Les systèmes vocaliques. Paris 1969.

E. Bolli, Die verbale Klammer bei Notker. Berlin 1975. – O. Weinreich, Die Suffixablösung bei den nomina agentis während der
ahd. Periode. Berlin 1971. – D. Wunder, Der Nebensatz bei
Otfrid. Heidelberg 1965.

W. Baetke, Die Aufnahme des Christentums durch die Germanen.
Ein Beitrag zur Frage nach der Germanisierung des Christentums. Darmstadt 1950. – W. Betz, Lehnwörter und Lehnprägungen im Vor- und Frühdt., in: DWg 1, 135–163. – H. Burger, Zeit
und Ewigkeit. Studien zum Wortschatz der geistlichen Texte des
Alt- und Frühmhd. Berlin 1972. – J. Jaehrling, Die philosophi-
sche Terminologie Notkers. Berlin 1969. – A. Lötscher, Seman-
tische Strukturen im Bereich der alt- und mhd. Schallwörter.
Berlin 1973. – I. Reiffenstein, Die ahd. Kirchensprache, in: Ger-
manistische Abhandlungen, Innsbruck 1959, 41–58. – H. F.
Rosenfeld, Klassische Sprachen und dt. Gesamtsprache, in:
LGL 474–484. – J. Trier, Der dt. Wortschatz im Sinnbezirk des
Verstandes. Die Geschichte eines sprachlichen Feldes von den
Anfängen bis zum Beginn des 13. Jh. Heidelberg 1974.

G. Cordes, Altsächsisch, in: LGL 411–415. – Th. Frings/G. Lerchner, Niederländisch und Niederdt. Berlin 1966. – F. Holthausen,
Altsächsisches Elementarbuch. Heidelberg 1921. – F. Holthausen, Altsächsisches Wörterbuch. Köln 1954. – W. Krogmann,
Altsächsisch und Mittelniederdt., in: KGgPh 1, 288–346. – E.
Booth, Saxonica. Beiträge zur niedersächsischen Sprachgeschichte. Lund 1949.

Zu Kapitel III

O. Ehrismann/H. Ramge, Mittelhochdeutsch. Einführung in das
Studium der dt. Sprachgeschichte. Tübingen 1976. – K. B. Lind-
gren, Mittelhochdeutsch, in: LGL 415–418. – H. Moser, Dt.
Sprachgeschichte der älteren Zeit. VI: Hochmittelalterliches Dt.
VII: Spätmittelalterliches Dt. in: DPhA I, 748–805. – E. Oksaar,
Mittelhochdeutsch. Stockholm 1965. – G. Schieb, Mittelhoch-
deutsch, in: KGgPh 1, 347–385.

H. de Boor/R. Wisniewski, Mhd. Grammatik. (SG 1108). 6. Aufl. Berlin 1969. – A. Mihm, Zur Geschichte der Auslautverhärtung und ihrer Erforschung. In: Sprachwissenschaft 29, 2004, 133–206. – H. Paul/H. Moser/I. Schröbler, Mhd. Grammatik. 21. Aufl. Tübingen 1975. – H. Paul/I. Schröbler/P. Wiehl/S. Grosse: Mittelhochdeutsche Grammatik. 24. Auf. Tübingen 1998. – H. Paul/T. Klein/H.-J. Solms/K.-P. Wegera, Mittelhochdeutsche Grammatik. 25. Aufl. Tübingen 2007. – H. Stopp/H. Moser, Flexionsklassen der mhd. Substantive in synchronischer Sicht, in: ZdPh 86, 1967, 70–101. – H. Stopp, Veränderungen im System der Substantivflexion zum Althochdeutschen bis zum Neuhochdeutschen. In: Studien zur Literatur und Sprache des Mittelalters. Fs. Hugo Moser. Berlin 1974, 324–344. – N. R. Wolf, Zur mittelhochdeutschen Verbflexion in synchronischer Sicht. In: The German Quarterly 44, 1971, 153–167.

Benecke/Müller/Zarncke. Mhd. Wörterbuch. 3 Bde. Leipzig 1854–61. – M. Lexer, Mhd. Handwörterbuch. 3 Bde. Leipzig 1872–78. – M. Lexer, Mhd. Taschenwörterbuch. 32 Aufl. Stuttgart 1966. – M. Lexer, Mhd. Taschenwörterbuch in der Ausgabe letzter Hand. Hg. v. E. Koller/W. Wegstein/N. R. Wolf. Stuttgart 1989. – E. Koller/W. Wegstein/N. R. Wolf, Neuhochdeutscher Index zum mittelhochdeutschen Wortschatz. Stuttgart 1990.

H. Freytag, Frühmittelhochdeutsch, in: DWg 1, 165–188. – H. Götz, Leitwörter des Minnesanges. Berlin 1957. – P. Katara, Das französische Lehngut in mhd. Denkmälern von 1300–1600. Helsinki 1966. – H. Kunisch, Spätes Mittelalter (1250–1500), in: DWg 1, 255–322. – E. Öhmann, Der romanische Einfluß auf das Dt. bis zum Ausgang des Mittelalters, in DWg 1, 323–396. – I. Rosengren, Semantische Strukturen. Eine quantitative Distributionsanalyse einiger mhd. Adjektive. Kopenhagen–Lund 1966. – L. Seiffert, Wortfeldtheorie und Strukturalismus. Studien zum Sprachgebrauch Freidanks. Stuttgart 1968. – D. Wiercinski, Minne. Herkunft und Anwendungsschichten eines Wortes. Köln–Graz 1964 – E. Wießner/H. Burger, Die höfische Blütezeit, in: DWg 1, 189–253. O. Ehrismann, Ehre und Mut, Âventiure und Minne. Höfische Wortgeschichte aus dem Mittelalter. München 1995.

H. Kloocke, Der Gebrauch des substantivierten Infinitivs im Mhd. Göppingen 1974. – G. Lüers, Die Sprache der dt. Mystik des

Mittelalters im Werk der Mechthild v. Magdeburg. 1926. – J. Quint, Mystik und Sprache, Ihr Verhältnis zueinander, insbesondere in der spekulativen Mystik Meister Eckharts, in: Altdt. und altndl. Mystik. Darmstadt 1964. 113–151. – G. Stötzel, Zum Nominalstil Meister Eckharts. Die syntaktischen Funktionen grammatischer Verbalabstrakta, in: WiWo 16, 1966, 289–309.

K. Bischoff, Sprache und Geschichte an der mittleren Elbe und unteren Saale. Köln/Graz 1967. – Th. Frings, Die Grundlagen des Meißnischen Dt. Sprache und Geschichte im mitteldt. Osten, in: Th. Frings, Sprache und Geschichte III. Halle 1956. – W. Mitzka, Die Ostwanderung der dt. Sprache, in: Die Höhere Schule 10, 1957, 81–89. – W. Mitzka, Grundzüge nordostdt. Sprachgeschichte. 2. Aufl. Marburg 1959.

G. Bellmann, Slawische Sprachen und dt. Gesamtsprache, in: LGL 503–509.– G. Bellmann, Slavoteutonica. Lexikalische Untersuchungen zum slaw.-dt. Sprachkontakt im Ostmitteldt. Berlin 1971. – H.H. Bielfeldt, Die Entlehnung aus den verschiedenen slaw. Sprachen im Wortschatz der nhd. Schriftsprache. Berlin 1965.

H.M. Heinrichs, Sprachschichten im Mittelalter, in: Nachr. der Gießener Hochschulgesellschaft 31, 1962, 93–107. – E. Öhmann, Hochsprache und Mundarten im Mhd., in: DU 8, 1956, 24–35. – L.E. Schmitt, Die sprachschöpferische Leistung der dt. Stadt im Mittelalter, in: Beitr. 66, 1942, 196–226.

H. Bach, Die thüringisch-sächsische Kanzleisprache bis 1825. Kopenhagen 1937, 1943. – K. Burdach, Vom Mittelalter zur Reformation. 1893 ff. – J. Erben (Hrsg.), Ostmitteldt. Chrestomatie. Proben der frühen Schreib- und Druckersprache des mitteldt. Ostens. Berlin 1961. – Th. Frings/L.E. Schmitt, Der Weg zur Hochsprache, in: Jb. d. dt. Sprache 2, 1944, 67–121. – M.M. Guchmann, Der Weg zur dt. Nationalsprache. Berlin 1964. – K.B. Lindgren, Die Ausbreitung der nhd. Diphthongierung bis 1500. Helsinki 1961. – H. Lüdtke, Ausbreitung der nhd. Diphthongierung? In: ZMaf 35, 1968, 97–109. – L.E. Schmitt, Die dt. Urkundensprache in der Kanzlei Kaiser Karls IV. Halle 1936. – L.E. Schmitt, Untersuchungen zu Entstehung und Struktur der ‚nhd. Schriftsprache‘. Bd. I: Sprachgeschichte des Thür.-Obersächsischen im Spätmittelalter. Die Geschäftssprache von 1300–1500. Köln–Graz 1966. – H. Moser, Die Kanzlei Maximilians I. Graphematik eines Schreibusus. Teil I: Untersuchungen.

Teil II: Texte. Innsbruck 1977. – H. Moser, Geredete Graphie.
Zur Entwicklung orthoepischer Normvorstellungen im Frühneuhochdeutschen. In: ZfdPh 106,1987, 379–399. – I Reiffenstein, Die Anfänge der neuhochdeutschen Diphthongierung im
Bairischen. In: Sprache und Name in Mitteleuropa. Fs. M. Hornung. Hg. v. H. D. Pohl. Wien 2000, 325–333.

W. Besch, Sprachlandschaften und Sprachausgleich im 15. Jh. Studien zur Erforschung der spätmhd. Schreibdialekte und zur Entstehung der nhd. Schriftsprache. München 1967. – F. Maurer
(Hrsg.), Vorarbeiten und Studien zur Vertiefung der südwestdt.
Sprachgeschichte. Stuttgart 1965. – R. Schützeichel, Mundart,
Urkundensprache und Schriftsprache. Studien zur Sprachgeschichte am Mittelrhein. Bonn 1960. – R. Schützeichel, Zur
Entstehung der nhd. Schriftsprache, in: Nass. Annalen 78, 1967,
75–92. – E. Skála, Das Regensburger und das Prager Dt., in: Zs.
f. bayer. Landesgesch. 31, 1968, 84–103. – E. Strassner, Gra-
phemsystem und Wortkonstituenz. Schreibsprachliche Entwicklungstendenzen vom Frühnhd. zum Nhd., untersucht an
Nürnberger Chroniktexten. Tübingen 1977. – N. R. Wolf,
Regionale und überregionale Norm im späten Mittelalter. Graphematische und lexikalische Untersuchungen zu deutschen
und niederländischen Schriftdialekten. Innsbruck 1975.

K. Bischoff, Über die Grundlagen der mnd. Schriftsprache, in: Niederdt. Jb. 1962 9 ff. – J. Goossens (Hrsg.), Niederdeutsch. Sprache und Literatur. Eine Einführung. Bd. I: Sprache. Neumünster
1973. – J. E. Härd, Mittelniederdt., in: LGL 418–421. – A.
Lasch, Mnd. Grammatik. Halle 1914. – A. Lasch/C. Borch-
ling/G. Cordes, Mnd. Handwörterbuch. Neumünster 1928 ff. –
H. H. Munske, Germanische Sprachen und dt. Gesamtsprache,
in: LGL 485–494.

A. van Loey, Altndl. und Mittelndl., in: KGgPh 1, 253–287. – M.
Schönfeld, Historische Grammatica van het Nederlands.
6. Aufl. von A. van Loey. Zutphen 1959. – J. Verdam, Middelne-
derlandsch Handwoordenboek. 2. Aufl. s'Gravenhage 1932.

H. P. Althaus, Yiddish, in: Th. A. Sebeok (ed.), Current trends in
linguistics, vol. 9, The Hague 1972, 1345–1382. – F. J. Beranek,
Jiddisch, in: DPhA I, 1955–1998. – S. Landmann, Jiddisch.
München 2. Aufl. 1965. – J. Weissberg, Jiddisch. Eine Einführung. Bern/Frankfurt [u. a.] 1988.

Zu Kapitel IV

W. Besch, Frühneuhochdeutsch, in: LGL 421–430. – J. Erben, Frühneuhochdeutsch, in: KGgPh 1, 386–440. – G. Schieb, Die dt. Sprache zur Zeit der frühbürgerlichen Revolution, in: ZPSK 28, 1975, 532–559. – A. Schirokauer, Frühneuhochdeutsch, in: DPhA I, 885–930.

A. Götze, Frühnhd. Lesebuch. 3. Aufl. Göttingen 1942. – A. Götze, Frühnhd. Glossar. 6. Aufl. Bonn 1960. – V. Moser, Historisch-grammatische Einführung in die frühnhd. Schriftdialekte. 2. Aufl. Darmstadt 1971. – O. Reichmann/K.-P. Wegera, Frühneuhochdeutsches Lesebuch. Tübingen 1988. – U. Goebel/O. Reichmann, Frühneuhochdeutsches Wörterbuch. Berlin/New York 1989 ff.

W. Fleischer, Strukturelle Untersuchungen zur Geschichte des Nhd. (Sber. d. Sächs. Ak. D. Wiss., Ph.-hist. Kl., Bd. 112, H. 6). Berlin 1966. – H. Hotzenköcherle, Entwicklungsgeschichtliche Grundzüge des Nhd., in: WiWo 12, 1962, 321–331. – V. Moser, Frühnhd. Grammatik. Heidelberg 1929 ff. – H. Moser/H. Stopp, Grammatik des Frühnhd. 1. Bd., 2. Teil II. Heidelberg 1974. – I. T. Piirainen, Graphematische Untersuchungen zum Frühnhd. Berlin 1968. – O. Reichmann/K.-P. Wegera, Frühneuhochdeutsche Grammatik. Von R. P. Ebert/O. Reichmann/H.-J. Solms/K.-P. Wegera. Tübingen 1993. – M. Reis, Lauttheorie und Lautgeschichte. Untersuchungen am Beispiel der Dehnungs- und Kürzungsvorgänge im Dt. München 1974. – A. Woronow, Die Pluralbildung der Substantive in der dt. Sprache des 14. bis 16. Jh., in: Beitr. 84, Halle 1962, 173–198. – W. Rettig, Sprachsystem und Sprachnorm in der dt. Substantivflexion. Tübingen 1972.

W. G. Admoni, Der Umfang und die Gestaltungsmittel des Satzes in der dt. Literatursprache bis zum Ende des 18. Jh., in: Beitr. 89, Halle 1966, 144–199. – W. Alberts, Einfache Verbformen und verbale Gefüge in zwei Augsburger Chroniken des 15. Jh. Göttingen 1976. – C. Biener, Veränderungen am dt. Satzbau im humanistischen Zeitalter, in: ZdPh 78, 1959, 72–82. – R. Bock, Zum Gebrauch der gliedsatzähnlichen Konstruktion, Ersparung der temporalen Hilfsverben „haben" und „sein"' in den Flugschriften der Epoche der frühbürgerlichen Revolution, in: ZPSK 28, 1975, 560–573. – J. Erben, Grundzüge einer Syntax der Sprache Luthers. Berlin 1954. – R. Große, Hypotaxe bei

Luther, in: Beitr. 92, 1970. – G. Kettmann/J. Schildt (Hrsg.), Zur Ausbildung der Norm der dt. Literatursprache auf der syntaktischen Ebene. Der Einfachsatz. Berlin 1976. – F. Maurer, Untersuchungen über die dt. Verbstellung in ihrer geschichtlichen Entwicklung. Heidelberg. 1926. – L. Saltveit, Studien zum dt. Futur. Bergen–Oslo 1962. – B. Stolt, Der prädikative Rahmen und die Reihung. Stockholm 1966. – H. Weber, Das erweiterte Adjektiv- und Partizipialattribut im Dt. München 1970. – O. Putzer, Konjunktionale Nebensätze und äquivalente Strukturen in der Heinrich von Langenstein zugeschriebenen ‚Erkenntnis der Sünde'. Wien 1979.

H. F. Rosenfeld, Humanistische Strömungen, in: DWg 1, 399–508. – H. F. Rosenfeld. Klassische Sprachen und dt. Gesamtsprache, in: LGL 474–484.

A. Schirokauer, Der Anteil des Buchdrucks an der Bildung des Gemeindeutschen, in: Dt. Vierteljahresschrift 25, 1951, 317–350. – H. Volz, Bibel und Bibeldruck in Deutschland im 15. und 16. Jh. Mainz 1960. – H. Volz (Hrsg.), Vom Spätmhd. zum Frühnhd. Synoptischer Text des Propheten Daniel in 6 dt. Übersetzungen des 14. bis 16. Jh. Tübingen 1963. – St. Werbow, „Die gemeine teutsch". Ausdruck und Begriff, in: ZdPh 82, 1963, 44–63. – M. Giesecke, Der Buchdruck in der frühen Neuzeit. Frankfurt (Main) 1991.

Luthers Sprachschaffen. Gesellschaftliche Grundlagen – Geschichtliche Wirkungen. 3 Bde. Hg. v. J. Schildt. Berlin 1984 (Linguistische Studien A 119/I-III). – M. Luther, Ausgewählte dt. Schriften, hrsg. v. H. Volz. 2. Aufl. Tübingen 1966. – W. G. Admoni, Luthers Arbeiten an seinen Handschriften und Drucken in grammatischer Sicht, in: Beitr. 92, Halle 1970, 45–80. – B. Arndt, Luthers dt. Sprachschaffen. Berlin 1962. – E. Arndt, Luther im Lichte der Sprachgeschichte in: Beitr. 92, Halle 1970, 1–20. – H. Bach, Laut- und Formenlehre der Sprache Luthers. Kopenhagen 1934. – H. Bach, Handbuch der Luthersprache. Laut- und Formenlehre in Luthers Wittenberger Drucken bis 1545. Bd. I: Vokalismus. Kopenhagen 1974. – J. Erben, Luther und die nhd. Schriftsprache, in: DWg 1, 509 bis 581. – G. Feudel, Luthers Ausspruch über seine Sprache. Ideal oder Wirklichkeit? In: Beitr. 99, Halle 1970, 61–75. – G. F. Merkel, Vom Fortleben der Lutherischen Bibelsprache im 16. und 17. Jh., in: ZdS 23, 1967, 3–12. – W. Schenker, Die Sprache Huldrych Zwinglis im

Kontrast zur Sprache Luthers. Berlin 1977. – B. Stolt, Die Sprachmischung in Luthers Tischreden. Stockholm 1964. – F. Tschirch, Die Sprache der Bibelübersetzung Luthers damals und heute, in: F. Tschirch, Spiegelungen, Berlin 1966, 53–108. – H. Wolf, Die Sprache des Johannes Mathesius. Köln–Wien 1969.

K. v. Bahder, Zur Wortwahl in der frühnhd. Schriftsprache. Heidelberg 1925. – J. Dückert (Hrsg.). Zur Ausbildung der Norm der dt. Literatursprache auf der lexikalischen Ebene (1470–1730). Berlin 1976. – G. Ising, Über die Erforschung der Ausgleichsvorgänge bei der Herausbildung des schriftsprachlichen Wortschatzes, in: FuF 38, 1964, 240–243. – H.O. Spillmann, Untersuchungen zum Wortschatz in Thomas Müntzers dt. Schriften. Berlin 1971.

W. Besch, Deutscher Bibelwortschat in der frühen Neuzeit. Auswahl–Abwahl–Veralten. Frankfurt (Main)/Berlin [u. a.] 2008. – E. A. Blackall, Die Entwicklung des Dt. zur Literatursprache 1700–1775. Stuttgart 1966. – F. Kluge, Von Luther bis Lessing. 5. Aufl. Straßburg 1918. – A. Langen, Dt. Sprachgeschichte vom Barock bis zur Gegenwart, in: DPhA I, 931–1396. – I. T. Piirainen, Dt. Standardsprache des 17./18. Jh., in: LGL 430–437. – H. Trümpy, Schweizerdt. Sprache und Literatur im 17. u. 18. Jh. Basel 1955.

R. Baudusch-Walker, Klopstock als Sprachwissenschaftler und Orthographiereformer, Berlin 1958. – F. H. Huberti, Leibnizens Sprachverständnis, in: WiWo 16, 1966, 361–375. – E. Ising, Zur Entwicklung der Sprachauffassung in der Frühzeit der dt. Grammatik, in: FuF 34, 1960, S. 367–374. – E. Ising, Wolfgang Ratkes Schriften zur dt. Grammatik. Berlin 1959. – E. Ising, Die Anfänge der volkssprachlichen Grammatik in Deutschland und Böhmen (Aelius Donatus). T. I. Berlin 1966. – M. H. Jellinek, Geschichte der nhd. Grammatik von den Anfängen bis auf Adelung. 2 Bde. Heidelberg 1913/1914. – H. Moser, Sprachgesellschaften. In: Reallexikon der deutschen Literaturgeschichte. 2. Aufl. Bd. 4. Berlin/New York 1984, 122–132. – V. Moser, Dt. Orthographiereformen des 17. Jh., in: Beitr. 60, 1936; 70, 1948; 71, 1949. – K. F. Otto, Die Sprachgesellschaften des 17. Jh. Stuttgart 1972. – C. Stoll. Sprachgesellschaften im Deutschland des 17. Jh. München 1973. – W. R. Weber, Das Aufkommen der Substantivgroßschreibung im Dt. Bern 1958. – I. Weithase, Zur Geschichte der gesprochenen dt. Sprache. Tübingen 1961.

I. Eichler/G. Bergmann, Zum Meißnischen Dt. Die Beurteilung des Obersächsischen vom 16. bis zum 19. Jh., in: Beitr. 89, Halle 1968, 1–57. – H. Henne, Das Problem des Meißnischen Dt. oder „Was ist Hochdeutsch" im 18. Jh., in: ZMaf 35, 1968, 109–129. – D. Nerius, Untersuchungen zur Herausbildung einer nationalen Norm der dt. Literatursprache im 18. Jh. Halle 1967.

J. Chr. Adelung, Grammatisch-kritischen Wörterbuchs der Hochdt. Mundart. 4 Bde. Leipzig 1774. – J. H. Campe, Wörterbuch der dt. Sprache 6. Bde. Braunschweig 1807. – H. Henne, Semantik und Lexikographie. Untersuchungen zur lexikalischen Kodifikation der dt. Sprache. Berlin 1972. – H. Henne (Hrsg.), Dt. Wörterbücher des 17. und 18. Jh. Einführung und Bibliographie. Hildesheim 1975. – G. Ising, Die Erfassung der dt. Sprache des ausgehenden 17. Jh. in den Wörterbüchern M. Kramers und K. Stielers. Berlin 1956. – W. Kuhberg, Verschollenes Sprachgut und seine Wiederbelebung in nhd. Zeit, Frankfurt 1933. – A. Langen, Der Wortschatz des 18. Jh., in: DWg 2, 31–244. – N. Osman, Kleines Lexikon untergegangener Wörter seit Ende des 18. Jh. München 1971.

K. Daniels, Erfolg und Mißerfolg der Fremdwortverdeutschungen von J. H. Campe, in: Mspr. 69, 1959, 46–54, 105–114, 141–146. – B. Erämetsä, Englische Lehnprägungen in der dt. Empfindsamkeit des 18. Jh. Helsinki 1955. – P. F. Ganz, Der Einfluß des Englischen auf den dt. Wortschatz 1640–1815. Berlin 1957. – A. Kirkness, Zur Sprachreinigung im Dt. 1789–1871. Eine historische Dokumentation. 2 Bde. Tübingen 1975. – B. Kratz, Dt.-französ. Lehnwortaustausch, in: WgG 446–487. – H. Lüdtke, Romanische Sprachen und dt. Gesamtsprache, in: LGL 495–502.

H. Arens, Verborgene Ordnung. Die Beziehungen zwischen Satzlänge und Wortlänge in dt. Erzählungsprosa vom Barock bis heute. Düsseldorf 1965. – H. Blume, Deutsche Literatursprache des Barock, in: LGL 523–529. – W. Flemming/U. Stadler, Barock, in: DWg 2, 3–30. – Goethe-Wörterbuch. Stuttgart 1966 ff. – H. Henne, Hochsprache und Mundart im schlesischen Barock. Studien zum literarischen Wortschatz. Köln–Graz 1966. – F. Kainz, Klassik und Romantik. in: DWg 2, 245–491. – A. Langen, Der Wortschatz des dt. Pietismus. 2. Aufl. Tübingen 1968. – A. Langen, Klopstocks sprachgeschichtliche Bedeutung, in: WiWo 3, 1952/53, 330–346. – D. Narr, Zur Sprache des ‚phi-

losophischen Jh.', in: WiWo 13, 1963, 129–141. – J. Reichel,
Dichtungstheorie und Sprache bei Zinzendorf. Bad Homburg
1969. – R. Rieve, Sentiment und sentimental, in: Europäische
Schlüsselwörter, Bd. 2, München 1964, 167–189. – K. L. Schneider, Klopstock und die Erneuerung der dt. Dichtersprache im
18. Jh. Heidelberg 1065. – J. Stenzel, Zeichensetzung. Stilunter-
suchungen an dt. Prosadichtung. Göttingen 1966. – M. Wind-
fuhr, Die barocke Bildlichkeit und ihre Kritiker. Stuttgart 1966.

Zu Kapitel V

Allgemeines

P. Braun, Entwicklungstendenzen der deutschen Gegenwartssprache. Sprachvarietäten. 4. Aufl. Stuttgart [u. a.] 1991. – H. Eggers,
Dt. Sprache im 20. Jh. München 1973. – H. Eggers. Dt. Stan-
dardsprache des 19./20. Jh., in: LGL. 437–442. – Entwicklungs-
tendenzen in der deutschen Gegenwartssprache. Hg v. K.-E.
Sommerfeldt. Leipzig 1988. – H. Glinz, Dt. Standardsprache der
Gegenwart, in: LGL 442–457. – A. Langen, Dt. Sprach-
geschichte vom Barock bis zur Gegenwart. in: DPhA I,
931–1396. – L. Mackensen, Die dt. Sprache unserer Zeit. 2. Aufl.
Heidelberg 1970. – U. Schmitz, Sprache in modernen Medien.
Einführung in Tatsachen und Theorien, Themen und Thesen.
Berlin 2004.

Grammatik

W. G. Admoni, Der dt. Sprachbau. 2. Aufl. Moskau/Leningrad
1966. – H. Brinkmann, Die dt. Sprache. Gestalt und Leistung.
2. Aufl. Düsseldorf 1971. – Duden-Grammatik der dt. Gegenwartssprache, bearb. v. P. Grebe. 3. Aufl. Mannheim 1973. –
Duden. Die Grammatik. 7. Aufl. Mannheim [u. a.] 2005. – J.
Erben, Dt. Grammatik. 11. Aufl. München 1972. – H. Glinz,
Dt. Grammatik. 2 Bde. Frankfurt 1971. – Grundzüge einer deutschen Grammatik. Hg. v. K. E. Heidolph/W. Flämig/W. Motsch.
Berlin 1981. – G. Helbig/J. Buscha, Dt. Grammatik. Leipzig
1972. – O. I. Moskalskaja, Grammatik der dt. Gegenwartssprache. Moskau 1971. – W. Schmidt, Grundfragen der dt. Grammatik. Eine Einführung in die funktionale Sprachlehre. 2. Aufl.
Berlin 1966. G. Zifonum/L. Hofmann/B. Strecker, Grammatik
der deutschen Sprache. Berlin/New York 1997.

T. A. Hall, Phonologie. Berlin/New York 2000. – H. Pilch, Das Lautsystem der hochdt. Umgangssprache, in: ZMaf 23, 1966, 247–266. – H. H. Wängler, Grundriß einer Phonetik des Dt. Marburg 1960.
W. G. Admoni, Die Entwicklungstendenzen des dt. Satzbaues von heute. München 1972. – D. Clément/W. Thümmel, Grundzüge einer Syntax der dt. Standardsprache. Frankfurt 1975. – H. Eggers, Wandlungen im dt. Satzbau, in: DU 13, 1961, H. 5, 47–68. – U. Engel, Syntax der dt. Gegenwartssprache. Berlin 1977. – H. W. Eroms, Syntax der deutschen Sprache. Berlin/ New York 2000. – H. Glinz, Dt. Syntax. 3. Aufl. Stuttgart 1970. – G. Helbig, Kleinere Schriften zur Grammatik. München 2004. – H. J. Heringer, Theorie der dt. Syntax. 2. Aufl. München 1973. – H. J. Heringer, Dt. Syntax. (SG) Berlin 2. Aufl. 1972. – F. Hundsnurscher, Syntax, in LGL, 184–220. – H. Weber, Synpleremik II: Morphemik, in: IGL, 163–174. – H. Weber, Kleine generative Syntax des Dt. Tübingen 1977.
W. Boettcher/H. Sitta, Dt. Grammatik III: Zusammengesetzter Satz und äquivalente Strukturen. Frankfurt 1972. – K. Brinker, Das Passiv im heutigen Dt. Düsseldorf–München 1971. – K. H. Daniels, Substantivierungstendenzen in der dt. Gegenwartssprache. Düsseldorf 1963. – W. Flämig, Untersuchungen zum Finalsatz im Dt. Berlin 1964. – H. Gelhaus, Das Futur in ausgewählten Texten der geschriebenen dt. Sprache der Gegenwart. Studien zum Tempussystem. München 1975. – E. Grubačič, Untersuchungen zur Frage der Wortstellung in der dt. Prosadichtung der letzten Jahrzehnte. Zagreb 1965. – U. Hauser/G. Hoppe, Die Vergangenheitstempora in der dt. geschriebenen Sprache der Gegenwart. Düsseldorf–München 1972. – H. J. Heringer, Die Opposition von „kommen" und „bringen" als Funktionsverben. Düsseldorf 1968. – W. Herrlitz, Funktionsverbgefüge vom Typ „in Erfahrung bringen". Tübingen 1973. – S. Jäger, Der Konjunktiv in der dt. Sprache der Gegenwart. Düsseldorf 1971. – I. Ljungerud, Zur Nominalflexion in der dt. Literatursprache nach 1900. Lund 1955. – P. v. Polenz, Funktionsverben im heutigen Dt. Sprache in der rationalisierten Welt. Düsseldorf 1963. – P. v. Polenz, „erfolgen" als Funktionsverb substantivischer Geschehensbezeichnung, in: ZdS 20, 1964. 1–19. – R. Rath, Die Partizipialgruppe in der dt. Gegenwarts-

sprache. Düsseldorf 1971. – D. Wunderlich, Tempus und Zeitreferenz im Dt. München 1970.
Jürgen Dittmann/Claudia Schmidt (Hg.), Über Wörter. Grundkurs Linguistik. Freiburg i. B. 2002. – Deutsche Wortbildung. Typen und Tendenzen in der Gegenwartssprache. Eine Bestandsaufnahme des Instituts für dt. Sprache, Forschungsstelle Innsbruck. 1. Hauptteil: I. Kühnhold/H. Wellmann, Das Verb. 2. Hauptteil: H. Wellmann, Das Substantiv. 3. Hauptteil: I. Kühnhold/O. Putzer/H. Wellmann, Das Adjektiv. 4. Hauptteil: L Ortner/E. Müller-Bollhagen, Substantivkomposita. 5. Hauptteil: M. Pümpel-Mader/E. Gassner-Koch/H. Wellmann, Adjektivkomposita und Partizipialbildungen. Morphem- und Sachregister zu Bd. 1–3. Von I. Kühnhold/H.-P. Prell. Düsseldorf 1973/1975/1978/1991/1992/1984. – L. M. Eichinger, Deutsche Wortbildung. Tübingen 2000. – J. Erben, Einführung in die dt. Wortbildungslehre. 5. Aufl. Berlin 2006. – W. Fleischer, Wortbildung der dt. Gegenwartssprache. 5. Aufl. Leipzig 1982. – W. Fleischer/I. Barz, Wortbildung der deutschen Gegenwartssprache. 2. Aufl. Tübingen 1995. – B. Naumann, Wortbildung in der dt. Gegenwartssprache. 2. Aufl. Tübingen 1986. – P. v. Polenz, Synpleremik I: Wortbildung, in: LGL 145–163.
M. Clyne, Ökonomie. Mehrdeutigkeit und Vagheit bei Komposita in der dt. Gegenwartssprache, insbes. in der Zeitungssprache, in: Mspr. 78, 1968, 122–126. – V. Ehrich, Zur Syntax und Semantik von Substantivierungen im Dt. Kronberg 1976. – H. Esau, Nominalization and complementation in modern German. Amsterdam 1973. – H. Günther, Das System der Verben mit „be-" in der dt. Sprache der Gegenwart. Tübingen 1974. – R. Hotzenköcherle, Gegenwartsprobleme im dt. Adjektivsystem, in: NphM 69, 1968, 1–28. – G. Inghult, Die semantische Struktur desubstantivischer Bildung auf „-mäßig". Stockholm 1975. – W. Kürschner, Zur syntaktischen Beschreibung dt. Nominalkomposita. Tübingen 1974. – B. Paraschkewoff, Zur Entstehungs- und Entwicklungsgeschichte der Bildungen auf „-weise", in: Beitr. 97, 1976, 165–211. – P. v. Polenz, Ableitungsstrukturen dt. Verben, in: ZdS 24, 1968, 1–15, 129–160. – L. Weisgerber, Verschiebungen in der sprachlichen Einschätzung von Menschen und Sachen. Köln–Opladen 1958. – L. Weisgerber, Vierstufige Wortbildungslehre, in: Mspr. 74, 1964, 2–12.

Wortschatz

Duden. Das große Wörterbuch der dt. Sprache. 6 Bde. Mannheim 1976 ff. 3. Aufl. 2000. – R. Klappenbach/W. Steinitz (Hrsg.), Wörterbuch der dt. Gegenwartssprache. Berlin 1961 ff. – H. Küpper, Wörterbuch der dt. Umgangssprache. 5 Bde. Hamburg 1955 ff. – W. Sanders, Wörterbuch der dt. Sprache. 3 Bde. Leipzig 1876. – Wahrig, Deutsches Wörterbuch. 8. Aufl. Gütersloh [u. a.] 2006. – S. A. Wolf, Wörterbuch des Rotwelschen. Dt. Gaunersprache. Mannheim 1956.

A. Iskos/A. Lenkowa, Dt. Lexikologie. 2. Aufl. Leningrad 1963. – O. Reichmann, Germanistische Lexikologie. Stuttgart 1976. – T. Schippan, Lexikologie der deutschen Gegenwartssprache. 2. Aufl. Tübingen 2002.

H. Burger, Phraseologie. 3. Aufl. Berlin 2007. – W. Fleischer, Phraseologie der deutschen Gegenwartssprache. 2. Aufl. Tübingen 1997. – W. Friederich, Moderne dt. Idiomatik. 2. Aufl. München 1976. – D. Heller, Idiomatik, in: LGL 175–183. – L. Röhrich, Lexikon der sprichwörtlichen Redensarten. Freiburg 1973 ff. – L. Röhrich, Das große Lexikon der sprichwörtlichen Redensarten. Freiburg 1991 ff.

H. Moser, Neuere und neueste Zeit, in: DWg 2, 529–645. – F. Tschirch, Bedeutungswandel im Dt. des 19. Jh., in: ZdWf 16, 1960, 7–24. – K. Wagner, Das 19. Jh., in: DWg 2, 493–528.

P. Braun (Hg.), Fremdwortdiskussion. München 1979. – K. Heller, Das Fremdwort in der dt. Sprache der Gegenwart. Leipzig 1966. – J. Iluk, Zur Fremdwort- und Lehnwortfrage, in: Mspr. 84, 1974, 287–290. – A. Kirkness/W. Müller, Fremdwortbegriff und Fremdwörterbuch, in: DS 4/1975, 299–313. – L. Mackensen, Traktat über Fremdwörter, Heidelberg 1972. – H. Möcker, Wie ,international' kann unsere Rechtschreibung gemacht werden? Beobachtungen und Überlegungen zur ,Eindeutschung' von Fremdwörtern, in: Mspr 85, 1975, 379–399. – P. v. Polenz, Fremdwort und Lehnwort sprachwissenschaftlich betrachtet, in: Mspr. 77, 1967, 65–80. – G. Schank, Vorschlag zur Erarbeitung einer operationalen Fremdwortdefinition, in: DS 2/1974, 67–88. – G. Wienold, Sprachlicher Kontakt und Integration, in: ZMaf 35, 1968, 209–218.

E. Alanne, Das Eindringen von Fremdwörtern in den Wortschatz der dt. Handelssprache des 20. Jh., in: NphM 65, 1964, 332–360. – A. Burger, Die Konkurrenz englischer und französischer Fremdwörter in der modernen dt. Pressesprache, in: Mspr 76, 1966, 33–48. – B. Carstensen, Englische Einflüsse auf die dt. Sprache nach 1945. Heidelberg 1965. – B. Carstensen/H. Galinski, Amerikanismen der dt. Gegenwartssprache. Entlehnungsvorgänge und ihre stilistischen Aspekte. Heidelberg. 2. Aufl. 1967. – M. Clyne, Kommunikation und Kommunikationsbarrieren bei englischen entlehnungen im heutigen dt., in: ZGL 1, 1973, 163–177. – D. Duckworth, Der Einfluß des Englischen auf den dt. Wortschatz seit 1945, in: ZdS 26, 1970, 9–31. – H. Fink, Amerikanismen im Wortschatz der dt. Tagespresse. München 1960. – H. Galinski, Amerikanisch-dt. Sprach- und Literaturbeziehungen. Systematische Übersicht und Forschungsbericht 1945–1970. Frankfurt 1975. – G. Kristensson, Angloamerikanische Einflüsse in DDR-Zeitungstexten. Stockholm 1977. – H. H. Munske, Germanische Sprachen und dt. Gesamtsprache, in: LGL 485–494. – F. und I. Neske, Wörterbuch englischer und amerikanischer Ausdrücke in der dt. Sprache. München 1970. – A. W. Stanforth, Dt.-englischer Lehnwortaustausch, In: WgG 526–560. – A. Urbanová, Zum Einfluß des amerikanischen Englisch auf die dt. Gegenwartssprache, in: Mspr 76, 1966, 97–114. – N. R. Wolf, Anglizismen (bzw. Fremdwörter) im Sprachgebrauch. Eine Wortmeldung in einer immer wiederkehrenden Debatte. In: Etymologie, Entlehnungen und Entwicklungen. Fs. J. Koivulehto. Hg. v. I. Hyvärinen/P. Kallio/J. Korhonen. Helsinki 2004, 459–470.

K. Hengst, Zum Einfluß des Russischen auf die dt. Gegenwartssprache, in: Zs. f. Slawistik 16, 1971, 3–13. – I. Kraft, Zum Gebrauch des attributiven Adjektivs in beiden Teilen Deutschlands mit bes. Ber. des russischen Spracheinflusses, in: Mspr 78, 1968, 65–78. – H. Lehmann, Russisch-dt. Lehnbeziehungen im Wortschatz offizieller Wirtschaftstexte der DDR. Düsseldorf 1972. – J. Nyvelius, Russischer Spracheinfluß im Bereich der Landwirtschaft der DDR, in: Mspr 80, 1970, 16–29.

Stile und Textsorten

B. Sandig, Stilistik. Berlin 1977. – B. Sandig, Textstilistik des Deutschen. Berlin/New York 2006. – H.-W. Eroms, Stil und Stilistik. Berlin 2008. – K. Adamzik (Hg.), Textsorten. Tübingen 2000. – B. U. Grosse, Texttypen: Lingustik gegenwärtiger Kommunikationsakte. Theorie und Deskription. Stuttgart 1974. – B.

Gülich/W. Raible (Hrsg.), Textsorten. Frankfurt 1972. – W. Fleischer/G. Michel, Stilistik der dt. Gegenwartssprache. Leipzig 1975. – Linguistische Probleme der Textanalyse. (Jahrbuch 1973) Düsseldorf 1975. – E. Riesel/E. Schendels, Dt. Stilistik. Moskau 1975. – B. Sowinski, Dt. Stilistik. Frankfurt 1973. – E. Werlich. Typologie der Texte. Frankfurt 1975.

Literaturstil – sprachwissenschaftlich. Fs. H.-W. Eroms. Hg. v. T. A. Fritz/G. Koch/I. Trost. Heidelberg 2008. – Variation im heutigen Deutsch: Perspektiven für den Sprachunterricht. Hg. v. E. Neuland. Frankfurt (Main) u. a. 2006. – W. Brandt, Das Wort „Klassiker". Wiesbaden 1976. – K. Daniels (Hrsg.), Über die Sprache. Erfahrungen und Erkenntnisse dt. Dichter und Schriftsteller des 20. Jh. Bremen 1966. – K. Eibl. Dt. Literatursprache der Moderne, in: LGL 545–550. – W. Frühwald, Dt. Literatursprache von der Klassik bis zum Biedermeier, in: LGL 531–538. – L. Giesz, Phänomenologie des Kitsches. Heidelberg 1980. – L. Harig, Tendenzen dt. Literatursprache der Gegenwart, in: LGL 556–560. – H. Heißenbüttel, Tendenzen dt. Literatursprache der Gegenwart, in: LGL 551–555. – W. Killy, Deutscher Kitsch. Göttingen 1961. – E. Leibfried, Dt. Literatursprache vom Jungen Deutschland bis zum Naturalismus, in: LGL 539–544. – A. Liede, Dichtung als Spiel. 2 Bde. Berlin 1963. – H. J. Mähl, Die Mystik der Worte. Zum Sprachproblem in der modernen-dt. Dichtung, in: WiWo 13, 1963, 289–303. – G. Schmidt-Henkel u. a. (Hrsg.), Trivialliteratur. Berlin 1964. – H. Weinrich, Semantik der kühnen Metapher, in: Dt. Vierteljahrsschrift 37, 1963, 325–344. – H. Weinrich, Linguistische Betrachtungen zur modernen Lyrik, in: Akzente 15, 1968, 24–42.

F. J. Berens, Analyse des Sprachverhaltens im Redekonstellationstyp ‚Interview'. München 1975. – St. Böhm u. a., Rundfunknachrichten, in: A. Rucktäschel (Hrsg.), Sprache und Gesellschaft, München 1972, 153–194. – R. Harweg, Die Rundfunknachrichten, in: Poetica 2, 1968, 1–14. – E. Mittelberg, Wortschatz und Syntax der Bild-Zeitung. Marburg 1967. – N. Nail, Sprachgebrauch in Rundfunknachrichten, in: ZGL 4, 1976, 41–54. – B. Sandig, Syntaktische Typologie der Schlagzeile. München 1970. – E. Straßner (Hrsg.), Nachrichten. Entwicklungen-Analysen-Erfahrungen. München 1975.

W. Brandt, Die Sprache der Wirtschaftswerbung, in: Germanistische Linguistik 1/2, 1973, 1–290. – D. Flader, Strategien der

Werbung. Ein linguistisch-psychoanalytischer Versuch zur Rekonstruktion der Werbewirkung. Kronberg 1974. – N. Janich, Werbesprache. 4. Aufl. Tübingen 2005. – J. Möckelmann/S. Zander, Form und Funktion der Werbeslogans. Göppingen 1970. – P. Nusser (Hrsg.), Anzeigenwerbung. Ein Reader für Studenten und Lehrer. München 1975. – R. Römer, Die Sprache der Anzeigenwerbung. Düsseldorf 2. Aufl. 1971. – B. Stolt/J. Trost, Hier bin ich – wo bist du? Eine Analyse von Heiratsanzeigen aus der Wochenzeitung „Die Zeit". Kronberg 1977.

K. Korn, Sprache in der verwalteten Welt. Olten–Freiburg 2. Aufl. 1959. – H. Kolb, Sprache in der unverstandenen Welt, in: ZdfW 17, 1961, 149–163. – H. Kolb, Der ‚inhumane Akkusativ‘, in: ZdWf 16, 1960, 168–177. – H. Wagner, Dt. Verwaltungssprache. Düsseldorf 1970.

K. Baumgärtner, Zur Syntax der Umgangssprache in Leipzig. Berlin 1959. – U. Bichel, Umgangssprache, in: LGL 275–278. – U. Bichel, Problem und Begriff der Umgangssprache in der germanistischen Forschung. Tübingen 1973. – R. Fiehler [u. a.], Eigesnchaften gesprochener Sprache. Tübingen 2004. – Gesprochene Sprache (Jahrbuch 1972). Düsseldorf 1974. – C. Leska, Vergleichende Untersuchungen zur Syntax gesprochener und geschriebener dt. Gegenwartssprache. in: Beitr. 87, Halle 1965, 427–464. – E. Riesel, Stilistik der dt. Alltagsrede. Moskau 1964. – H. Rupp, Gesprochenes und geschriebenes Dt., in: WiWo 15, 1965, 19–29. – G. Schank/G. Schoenthal, Gesprochene Sprache. Eine Einführung in Forschungsansätze und Analysemethoden. Tübingen 1976 – G. Schulz. Die Bottroper Protokolle. Parataxe und Hypotaxe. München 1973. – J. Schwitalla, Gesprochenes Deutsch. 3. Aufl. Berlin 2006. – H. Steger, Gesprochene Sprache, in: Satz u. Wort im heutigen Dt., 1967, 259–291. – D. Stellmacher, Studien zur gesprochenen Sprache in Niedersachsen. Marburg 1977. – Texte gesprochener dt. Standardsprache. Erarbeitet im Institut für dt. Sprache, Forschungsstelle Freiburg. München 1975 ff. – B. Wackernagel-Jolles, Untersuchungen zur gesprochenen Sprache. Beobachtungen aus Verknüpfungen spontanen Sprechens. 1971. B. Wackernagel-Jolles (Hrsg.), Aspekte der gesprochenen Sprache. Deskriptions- und Quantifizierungsprobleme. Göppingen 1973. – K. R. Wagner, Die Sprechsprache des Kindes. Düsseldorf 1974. – A.

Weiss, Syntax spontaner Gespräche. Einfluß von Situation und
Thema auf das Sprachverhalten. Düsseldorf 1975. – H. Zimmer-
mann, Zu einer Typologie des spontanen Gesprächs, Baseldt.
Umgangssprache. Bern 1965.

Gruppensprachen
K. H. Bausch, Soziolekte, in: LGL 254–262. – H. Bausinger, Sub-
kultur und Sprache, in: Sprache und Gesellschaft, Düsseldorf
1971, 45–62. – D. Möhn, Sondersprachen, in: LGL 279–282. –
H. Steger, Gruppensprachen, in: ZMaf 31, 1964, 125–138.
Fachsprachen. Ein internationales Handbuch zur Fachsprachenfor-
schung und Terminologiewissenschaft. Hg. v. L. Hoffmann
[u. a.]. 2 Bde. Berlin/New York 1998/1999. – E. Barth, Fachsprache. Eine Bibliographie, in: Germanistische Linguistik 3/1971. –
K. Bausch/W. Schewe/H. Spiegel (Hrsg.), Fachsprachen. Terminologie. Struktur. Normung. Berlin–Köln 1976. – E. Beneš,
Fachtext, Fachstil und Fachsprache, in: Sprache und Gesell-
schaft, Düsseldorf 1971, 118–132. – E. Beneš, Die sprachliche
Kondensation im heutigen dt. Fachstil, in: Linguistische Studien
III, Düsseldorf 1973, 40–50. – L. Drozd/W. Seibicke. Dt. Fach-
und Wissenschaftssprache. Wiesbaden 1973. – H. Gipper, Zur
Problematik der Fachsprachen in: Festschrift H. Moser, Düsseldorf 1969, 66–81. – H. R. Fluck, Fachsprachen. Einführung und
Bibliographie. München 1976. – W. v. Hahn, Fachsprachen, in:
LGL 283–286. – L. Hoffmann, Kommunikationsmittel Fachsprache. Eine Einführung. Berlin 1976. – L. Mackensen, Sprache
und Technik. Lüneburg 1954. – D. Möhn, Fach- und Gemeinsprache, in: WgG 315–348. – D. Möhn, Sprachliche Sozialisa-
tion und Kommunikation in der Industriegesellschaft. Objekte
der fachsprachlichen Linguistik, in: Mspr 85, 1975, 169–185. – J.
Petöfi/A. Podlech/E. v. Savigny (Hrsg.). Fachsprache –
Umgangssprache, Kronberg 1975. – T. Roelcke, Fachsprachen.
2. Aufl. Berlin 2005.
E. Beneš, Syntaktische Besonderheiten der dt. wissenschaftlichen
Fachsprache, in: DaF 3, 1966, 26–35. – H. Erk, Zur Lexik wissenschaftlicher Fachtexte. Substantive – Frequenz und Verwendungsweise. München 1975. – W. Fleischer, Zur linguistischen
Charakterisierung des Terminus in Natur- und Gesellschafts-
wissenschaften, in: DaF 10, 1973, 193–203. – K. Möslein, Einige
Entwicklungstendenzen in der Syntax der wissenschaftlich-

technischen Literatur seit dem Ende des 18. Jh., in: Beitr 94, Halle 1974, 156–198. – G. Schade, Einführung in die dt. Sprache der Wissenschaften. Ein Lehrbuch für Ausländer. Berlin 1969. – R. Wimmer, Umgang mit Termini, in: Akten des 10. Linguistischen Kolloquiums, Tübingen 1975, 1, 337–346.

H. Dankert, Sportsprache und Kommunikation. Tübingen 1969. – G. Gerneth u. a., Zur Fußballsprache, in: LuD 2. 1971, 200–218. – P. Schneider, Die Sprache des Sports. Terminologie und Präsentation in Massenmedien. Düsseldorf 1974.

H. Küpper, Am A ... der Welt. Landserdeutsch 1939–1945. Hamburg 1970. – G. Loose. Soldatensprache des 2. Weltkrieges, in: JEGPh 46, 1947, 279–289. – M. Mechow, Zur dt. Soldatensprache des 2. Weltkrieges, in: ZdS 27, 1971, 81–100.

E. Bornemann, Sex im Volksmund. Die sexuelle Umgangssprache des dt. Volkes. Wörterbuch und Thesaurus. Reinbeck 1971. – E. Bornemann, Unsere Kinder im Spiegel ihrer Lieder, Reime, Verse und Rätsel. Olten–Freiburg 1973. – M. u. H. Küpper, Schülerdeutsch. Düsseldorf 1972. – R. Wenzel (Hrsg.), Sprache und Sexualität. Texte zur Analyse und Diskussion. Frankfurt 1975.

Soziale Aspekte

H. Bausinger, Dialekte, Sprachbarrieren, Sondersprachen. Frankfurt 1972. – G. Ising (Hrsg.), Aktuelle Probleme der sprachlichen Kommunikation. Soziolinguistische Studien zur sprachlichen Situation in der DDR. Berlin 1974. – M. Hartig/U. Kurz, Sprache als soziale Kontrolle. Neue Ansätze zur Soziolinguistik. Frankfurt 1971. – P. v. Polenz, Idiolektale und soziolektale Funktionen von Sprache, in: Leuvense Bijdr. 63, 1974, 1–112.

U. Ammon, Dialekt, soziale Ungleichheit und Schule. Weinheim 1972. – U. Ammon, Dialekt und Einheitssprache in ihrer sozialen Verflechtung. Eine empirische Untersuchung. Weinheim 1973. – B. Badura/P. Gross, Sprachbarrieren, in: LGL 262–270. – W. Besch, Dialekt als Barriere bei der Erlernung der Standardsprache, in: Linguistische Probleme der Textanalyse (Jahrbuch 1973), Düsseldorf 1975, 150–165. – H. Bühler, Sprachbarrieren und Schulanfang. 2. Aufl. Weinheim 1972. – Dialekt als Sprachbarriere? Ergebnisbericht einer Tagung zur alemannischen Dialektforschung. Tübingen 1973. – J. Hasselberg/K. P. Wegera, Diagnose mundartbedingter schulschwierigkeiten und ansätze

zu ihrer überwindung, in: WiWo 25, 1975, 243–255. – U. Oevermann, Sprache und soziale Herkunft. Berlin 1970.
M. Clyne, Zum Pidgin-Dt. der Gastarbeiter, in: ZMaf 35, 1968, 130–139. – N. Dittmar/W. Klein, Untersuchungen zum Pidgin-Dt. spanischer und italienischer Arbeiter in der Bundesrepublik, in: A. Wierlacher (Hrsg.), Jahrbuch Dt. als Fremdsprache I, 1975, 170–194. – I. Keim, Gastarbeiterdeutsch. Tübingen 1978. – I. Keim, Untersuchungen zum Deutsch türkischer Arbeiter. Tübingen 1984. – I. Keim, Die 'türkischen Powergirls'. Lebenswelt und kommunikativer Stil einer Migrantinnengruppe in Mannheim. Tübingen 2007. – W. Klein (Hrsg.), Sprache ausländischer Arbeiter, in: Zs. f. Linguistik und Literaturwissenschaft 5/1975, H. 18. – J. Meisel, Der Erwerb des Dt. durch ausländische Arbeiter, in: LB 38/1975, 59–69. – W. Schenker, Zur sprachlichen Situation der italienischen Gastarbeiterkinder in der dt. Schweiz, in: ZDL 40, 1973, 1–15.
S. Grosse [u. a.]: „Denn das Schreiben gehört nicht zu meiner täglichen Beschäftigung". Der Alltag kleiner Leute in Bittschriften, Briefen und Berichten aus dem 19. Jahrhundert. Ein Lesebuch. Bonn 1989. – H. Bausinger, Sprachmoden und ihre gesellschaftliche Funktion, in: Gesprochene Sprache (Jahrbuch 1972), Düsseldorf 1974, 245–266. – M. Gasser-Mühlheim, Soziale Aufwertungstendenzen in der dt. Gegenwartssprache. Bern 1972. – D. Möhn, Sprachwandel und Sprachtradition in der Industrielandschaft, in: Verhandl. d. 2. Intern. Dialektologenkongresses, Wiesbaden 1967/68, 561–568. – E. Oksaar, Berufsbezeichnungen im heutigen Dt. Soziosemantische Untersuchungen. Düsseldorf 1974. – U. Quasthoff, Soziales Vorurteil und Kommunikation. Eine sprachwissenschaftliche Analyse des Stereotyps. Frankfurt 1973. – I. Radtke, Soziolinguistik von Stadtsprachen. Tendenzen soziolinguistischer Forschungen in der BRD, in: Germanistische Linguistik 4/1972, 441–517. – P. Schönbach, Sprache und Attitüden. Über den Einfluß der Bezeichnungen „Fremdarbeiter" und „Gastarbeiter" auf Einstellungen gegenüber ausländischen Arbeitern. Bern 1970. – K. Spalding, Die sprachliche Aufwertung als neues Tabu, in: Mspr 83, 1973, 185–195.

Metasprachliche Aktivitäten

W. Betz, Sprachlenkung und Sprachentwicklung, in: Sprache und Wissenschaft, Göttingen 1960, 85–100. – S. Jäger, Sprachplanung, in: Mspr 79, 1969, 42–52. – P. Jung, Sprachgebrauch – Sprachautorität – Sprachideologie. Heidelberg 1974. – H. Moser, Sprache – Freiheit oder Lenkung? Zum Verhältnis von Sprachnorm, Sprachwandel, Sprachpflege, Mannheim 1967. – Sprachnorm, Sprachpflege, Sprachkritik (Jahrbuch 1966/67) Düsseldorf 1968. – W. Tauli, Introduction to a Theory of Language Planning. Uppsala 1968.

B. Boesch, Sprachpflege in der Schweiz, in: Sprachnorm, Sprachpflege, Sprachkritik (Jahrbuch 1966/67). Düsseldorf 1968, 220–235. – G. Decsy, Die linguistische Struktur Europas. Vergangenheit – Gegenwart – Zukunft. Wiesbaden 1973. – H. Dunger, Die dt. Sprachbewegung und der Allgemeine Dt. Sprachverein 1885–1910. Berlin 1910. – Geschichte und Leistung des Dudens, hrsg. v. Bibliographischen Institut. Mannheim 1968. – M. Hornung, Sprachpflege in Österreich, in: Sprachnorm – Sprachpflege – Sprachkritik (Jahrbuch 1966/67). Düsseldorf 1988, 215–219. – H. Kloß, Die Entwicklung neuer germanischer Kultursprachen. München 1952. – G. Kolde, Sprachberatung: Motive und Interessen der Fragesteller, in: Mspr 86, 1976, 20–47. – Sprache, Sprachgeschichte, Sprachpflege in der dt. Schweiz. 60 Jahre dt.-schweizerischer Sprachverein. Zürich 2. Aufl. 1964. – O. Steuernagel, Die Einwirkungen des dt. Sprachvereins auf die dt. Sprache. Berlin 1926.

J. Erben, Zur Normierung der nhd. Schriftsprache, in: Festschrift K. Bischoff, Köln 1975, 117–129. – K. Gloy, Sprachnormen, Probleme ihrer Analyse und Legitimation (Forschungsber. Universität Konstanz 13). 1974. S. – Jäger, Standardsprache, in: LGL 271–274. – U. Knoop, Sprachnorm und Verstehen, in: Mspr 85, 1975, 234–243. – G. Kolde, Sprachnormen und erfolgreiches Sprachhandeln, in: ZGL 3, 1975, 149–174. – G. Lotzmann (Hrsg.), Sprach- und Sprechnormen – Verhalten und Abweichung. Tagungsbericht. Heidelberg 1974. – J. M. Meisel, Sprachnorm in Linguistik und ‚Sprachpflege‘, in: LB 13/1971, 8–14. – D. Nerius, Zur Sprachnorm im gegenwärtigen Dt., in: Beitr. 95, Halle 1974, 319–338. – P. v. Polenz, Sprachnormung und Sprachentwicklung im neueren Dt., in: DU 16, 1964, H. 4, 67–91, – P. v. Polenz, Sprachnorm, Sprachnormung. Sprachnormenkritik, in: LB 17/1972, 76–84. – G. Presch/K. Gloy, Sprachnormen. 3 Bde. Stuttgart–Bad Cannstatt 1976. – H. Steger, Sprachverhalten – Sprachsystem – Sprachnorm, in: Dt. Ak. f.

Sprache u. Dichtung Darmstadt, Jahrbuch 1970, 11–32. – F. Winterling (Hrsg.), Sprachnorm und Gesellschaft. Texte zur Theorie und Praxis sprachlicher Normierung und sprachlicher Lenkung. Frankfurt 1974.

Die Rechtschreibreform. Pro und Kontra. Hg. v. H.-W. Eroms/ H. H. Munske. Berlin 1997. –

G. Augst (Hrsg.), Dt. Rechtschreibung mangelhaft? Materialien und Meinungen. Heidelberg 1974. – G. Bauer, Einige Grundsätze im Kampf um die vereinfachte Rechtschreibung, in: LB 25/1973, 103–110. – A. Digeser, Groß- oder Kleinschreibung? Beiträge zur Rechtschreibreform. Göttingen 1974. – Die dt. Rechtschreibreform, in: DU 7, 1955, H. 3. – G. Drosdowsky, Möglichkeiten und Grenzen einer Reform der Fremdwortorthographie, in: Jb. f. Internat. Germanistik 6, 1974, 2, 8–19. – Duden, Rechtschreibung der dt. Sprache und der Fremdwörter. 17. Aufl. Mannheim 1973. – Empfehlungen des Arbeitskreises für Rechtschreibregelungen vom 15.10.1958 (authentischer Text). Mannheim 1959. – P. Grebe (Hrsg.), Akten zur Geschichte der dt. Einheitsschreibung (1870–1880). Mannheim 1963. – W. Histand (Hrsg.), Rechtschreibung. Müssen wir neu schreiben lernen? Weinheim 1974. – J. Knobloch, Ist die Rechtschreibreform in einer Sackgasse angelangt? in: Mspr 85, 1975, 130–132. – M. Mangold, Laut und Schrift im Dt. Mannheim 1961. – H. H. Munske, Orthographie als Sprachkultur. Frankfurt (Main) [u. a.] 1997. – W. Veith/F. Beersmans, Materialien zur Rechtschreibung und ihrer Reform. Wiesbaden 1973. – L. Weisgerber, Die Grenzen der Schrift. Köln–Opladen 1955. – L. Weisgerber, Die Verantwortung für die Schrift – 60 Jahre Bemühungen um eine Rechtschreibreform. Mannheim 1964. – W. Wurzel, Konrad Duden und die deutsche Orthographie. 100 Jahre ‚Schleizer Duden‘, in: ZPSK 28, 1975, 179–209. – E. Wüster, Der Streit um die Großschreibung, in: Mspr 84, 1974, 73–76.

Duden – Aussprache-Wörterbuch. Bearb. v. M. Mangold. Mannheim 1962. – Duden. Aussprachewörterbuch der deutschen Sprache. 5. Aufl. Mannheim [u. a.] 2003. – K. Kohler, Dt. Hochlautung, in: Mspr 80, 1970, 238–247. – W. König, Atlas zur Aussprache des Schriftdeutschen in der Bundesrepublik Deutschland. 2 Bde. Ismaning 1989. – E. M. Krech (Hrsg.), Wörterbuch der dt. Aussprache. Leipzig 1964. – H. Krech (Hrsg.), Beitr. zur

dt. Ausspracheregelung. 1961. – A. Littmann, Die Problematik
der dt. Hochlautung, in: Deutschunterricht für Ausländer 15,
1965, 65–89. – G. Lotzmann, Zur Norm und Realisation der dt.
Hochlautung, in: WiWo 17, 1967, 228–238. – F. Schindler, Beiträge zur dt. Hochlautung. Hamburg 1974. – Th. Siebs, Dt. Aussprache, reine und gemäßigte Hochlautung mit Aussprachewörterbuch, hg. v. H. de Boor/H. Moser/C. Winkler, 19. Aufl.
Berlin 1969. – D. Stellmacher, Die Kodifikation der dt. Hochlautung, in: ZDL 42, 1975, 27–38. – G. Ungeheuer, Duden, Siebs
und WDA: Drei Wörterbücher der dt. Hochlautung, in: Festschrift f. H. Moser, Düsseldorf 1969, 202–217. – Chr. Winkler,
Zur Frage der dt. Hochlautung, in: Satz und Wort im heutigen
Dt. (Jahrbuch 1965/66), Düsseldorf 1967, 313–328.

L. Drozd, Zum Gegenstand und zur Methode der Terminologielehre, in: Mspr 85, 1975, 109–117. – R. Gutmacher u. a., Empirische Terminologieforschung, in: Mspr. 86, 1976, 355–367. – I.
Ischreyt, Studien zum Verhältnis von Sprache und Technik.
Institutionelle Sprachlenkung in der Terminologie der Technik.
Düsseldorf 1965. – E. Wüster, Internationale Sprachnormung in
der Technik. 3. Aufl. Bonn 1900. – E. Wüster, Grundsätze der
fachsprachlichen Normung, in: Mspr 81, 1971, 289–295. – E.
Wüster, Die Allgemeine Terminologielehre, in: Linguistics 119,
1974, 61–106.

F. Handt (Hrsg.). Deutsch – gefrorene Sprache in einem gefrorenen
Land? Berlin 1964. – K. Korn, Sprache in der verwalteten Welt.
Olten–Freiburg 2. Aufl. 1959. – K. Kraus, Die Sprache (Werke
Bd. III). 2. Aufl. München 1954. – F. Mauthner, Beiträge zu einer
Kritik der Sprache. 3 Bde. Stuttgart 1901/02. – D. Sternber-
ger/G. Storz/W. E. Süskind, Aus dem Wörterbuch des Unmenschen. Neue erw. Ausg. mit Zeugnissen des Streits über Sprachkritik. Hamburg–Düsseldorf 1968. – H. Weigel, Die Leiden der
jungen Wörter. Ein Antiwörterbuch. Zürich–München 1974.

W. Betz, Möglichkeiten und Grenzen der Sprachkritik, in: STZ 25,
1968, 7–27. – W. Beutin, Sprachkritik – Stilkritik. Eine Einführung. Stuttgart 1976. – K. Bühring, Allgemeine Semantik:
Sprachkritik und Pädagogik. Düsseldorf 1973. – K. Daniels,
Sprachwissenschaft und Sprachkritik. Tagung der „Kommission
für Fragen der Sprachentwicklung", in: DS, 1975, 368–371. – H.
Henne, Punktuelle und politische Sprachlenkung. Zu 13 Aufl.
von G. Wustmanns „Sprachdummheiten", in: ZdS 21, 1966,

175–184. – H. J. Heringer, Karl Kraus als Sprachkritiker, in: Mspr 77, 1967, 256–262. – T. Ickler, Die Ränder der Sprache. Heidelberg 1978. – J. Kühn, Gescheiterte Sprachkritik. Fritz Mauthners Leben und Werk. Berlin 1975. – B. M. G. Nickisch, Gutes Deutsch? Kritische Studien zu den maßgeblichen praktischen Stillehren der dt. Gegenwartssprache. Göttingen 1975. – P. v. Polenz. Sprachkritik und Sprachnormenkritik, in: G. Nickel (Hrsg.), Angewandte Sprachwissenschaft und Deutschunterricht. München 1973, 118–167.

Sprache in der Politik

B. Badura, Sprachbarrieren. Zur Soziologie der Kommunikation. Stuttgart/Bad Cannstadt 1971. – B. Badura/K. Gloy (Hrsg.), Soziologie der Kommunikation. Stuttgart–Bad Cannstadt 1972. – W. Dieckmann, Sprache in der Politik. Einführung in die Pragmatik und Semantik der politischen Sprache. Heidelberg 1969. – U. Engel/O. Schwencke (Hrsg.), Gegenwartssprache und Gesellschaft. Beiträge zu aktuellen Fragen der Kommunikation. Düsseldorf 1972. – U. Erckenbrecht, Politische Sprache. Marx, Rossi-Landi. Agitation. Kindersprache. Eulenspiegel. Comics. Gießen 1975. – H. W. Eroms, Zur Analyse politischer Sprache, in: LuD 17, 1974, 1–16. – H. Haarmann, Soziologie und Politik der Sprachen Europas. München 1975. – G. Kaltenbrunner (Hrsg.), Sprache und Herrschaft. Die umfunktionierten Wörter. Freiburg 1975. – G. Klaus, Die Macht des Wortes. 4. Aufl. Berlin 1960. – G. Klaus, Sprache der Politik. Berlin 1971. – H. L. Koppelmann, Nation, Sprache und Nationalismus. Leiden 1956. – J. Kopperschmidt, Allgemeine Rhetorik. Einführung in die Theorie der persuasiven Kommunikation. Stuttgart 1973. – H. Lübbe, Der Streit um Worte. Sprache und Politik. Bochum 1967. – L. Mackensen, Verführung durch Sprache. Manipulation als Versuchung. München 1973. – E. Pankoke, Sprache in ‚sekundären Systemen‘, in: Soziale Welt 17, 1967, 253–273. – R. Römer, Gibt es Mißbrauch der Sprache? in: Mspr 80, 1970, 73–85. – A. Rucktäschel (Hrsg.), Sprache und Gesellschaft. München 1972. – W. Schmidt (Hrsg.), Sprache und Ideologie. Beiträge zu einer marxistisch-leninistischen Sprachwirkungsforschung. Halle 1972. – E. Topitsch, Über Leerformeln. Zur Pragmatik des Sprachgebrauchs in der Philosophie und politischen Theorie, in: Probleme der Wissenschaftstheorie,

Wien 1960, 233–263. – H. Weinrich. Linguistik der Lüge. Hei-
delberg 1966. – T. D. Weldon, Kritik der politischen Sprache.
Neuwied 1962. – G. Wersig, Inhaltsanalyse. Berlin 1968.
O. Brunner/W. Conze/R. Kosellek, Geschichtliche Grundbegriffe.
Historisches Lexikon zur politisch-sozialen Sprache in
Deutschland. Band 1. 2. Stuttgart 1972, 1975. – H. Grünert
(Hrsg.), Politische Reden in Deutschland. Frankfurt 1974. – O.
Ladendorf, Historisches Schlagwörterbuch, Straßburg 1906. –
R. M. Meyer, 400 Schlagworte, Leipzig 1910. – Kleines politi-
sches Wörterbuch. Berlin 1973.
H. Bott, Die Volksfeind-Ideologie. Zur Kritik rechtsradikaler Pro-
paganda. Stuttgart 1969. – J. Kleinstück, Verfaulte Wörter.
Demokratie – Modernität – Fortschritt. Stuttgart 1974. – E.
Leinfellner, Der Euphemismus in der politischen Sprache. Berlin
1971. – J. Schlumbohm, Freiheitsbegriff und Emanzipationspro-
zeß. Zur Geschichte eines politischen Wortes. Göttingen 1973.
Chr. Cobet, Der Wortschatz des Antisemitismus in der Bismarck-
zeit. München 1973. – W. Dieckmann, Information oder Über-
redung. Zum Wortgebrauch der politischen Werbung in
Deutschland seit der Französischen Revolution. Marburg
1964. – H. Grünert, Sprache und Politik. Untersuchungen zum
Sprachgebrauch der ‚Paulskirche‘. Berlin 1974. – J. Schlumbohm, Freiheit. Die Anfänge der bürgerlichen Emanzipations-
bewegung in Deutschland im Spiegel ihres Leitwortes. Düsseldorf 1975. – W. Wülfing, Schlagworte des Jungen Deutschland,
in: ZdS 21–24, 1965–1969.
C. Berning, Die Sprache des Nationalsozialismus, in: ZdS 16–19,
1960–1963. – C. Berning, Vom „Abstammungsnachweis" zum
„Zuchtwart". Vokabular des Nationalsozialismus. Berlin
1964. – C. Schmitz-Berning, Vokabular des Nationalsozialismus. Berlin/New York 1998. –
K. Burke, Die Rhetorik in Hitlers „Mein Kampf". Frankfurt
1967. – W. Dahle, Der Einsatz einer Wissenschaft. Eine sprachinhaltliche Analyse militärischer Terminologie in der Germanistik 1933–1945. Bonn 1969. – K. Ehlich (Hg.), Sprache im
Faschismus. Frankfurt (Main) 1989. –
B. Glunk, Erfolg und Mißerfolg der nationalsozialistischen Sprachlenkung, in: ZdS 22–27, 1966–1971. – V. Klemperer, LTI. Die
unbewältigte Sprache. Aus dem Notizbuch eines Philologen.
3. Aufl. Darmstadt 1966. – H. Neuhaus, Der Germanist Dr. phil.

Joseph Goebbels. Bemerkungen zur Sprache in seiner Dissertation aus dem Jahre 1922, in: ZdPh 93, 1974, 398–416. – P. v. Polenz, Sprachpurismus und Nationalsozialismus, in: Nationalismus in Germanistik und Dichtung, Berlin 1967, 79–112: und in: Germanistik – eine dt. Wissenschaft, Frankfurt 1967, 111–165. – E. Seidel/I. Seidel-Slotty, Sprachwandel im Dritten Reich. Halle 1961. – D. Sternberger/G. Storz/W. E. Süskind, Aus dem Wörterbuch des Unmenschen. Neue erw. Ausgabe. Düsseldorf 1968. – B. v. Wiese/R. Henß (Hrsg.), Nationalismus in Germanistik und Dichtung, Berlin 1967. – L. Winkler, Studie zur gesellschaftlichen Funktion faschistischer Sprache. Frankfurt 1970.

T. W. Adorno, Jargon der Eigentlichkeit. 3. Aufl. Frankfurt 1967. – B. Brunotte, Rebellion im Wort. Eine zeitgeschichtliche Dokumentation. Flugblatt und Flugschrift als Ausdruck jüngster Studentenunruhen. Frankfurt 1973. – H. Glaser, Das öffentliche Deutsch. Frankfurt 1972. – W. F. Haug, Der hilflose Antifaschismus. Frankfurt 1967. – W. Heilmann (Hrsg.), Bibliographie zum öffentlichen Sprachgebrauch in der Bundesrepublik Deutschland und in der DDR. Düsseldorf 1976. – H. Hoppenkamps, Information oder Manipulation? Untersuchungen zur Zeitungsberichterstattung über eine Debatte des Dt. Bundestages. Tübingen 1977. – G. Korlén. „Mitteldeutschland" – Sprachlenkung oder Neutralismus? in: Moderna Språk 59, 1965, 37–55. – A. D. Nunn, Politische schlagwörter in deutschland seit 1945. Gießen 1974. – E. Schlottke, „Mitteldeutschland". Semantische und psycholinguistische Untersuchungen zur jüngsten Wortgeschichte. München 1970. – W. Sucharowski. „Liberal" im gegenwärtigen Sprachgebrauch. München 1975. – E. Uhlig, Studien zur Grammatik und Syntax der gesprochenen politischen Sprache des Dt. Bundestages. Marburg 1972. – U. Widmer, 1945 oder die ‚Neue Sprache'. Düsseldorf 1966. – H. D. Zimmermann, Die politische Rede. Sprachgebrauch Bonner Politiker. Stuttgart 1969. – W. Schneider, Speak German! Warum Deutsch manchmal besser ist. Reinbek 2008.

Das Aueler Protokoll. Dt. Sprache im Spannungsfeld zwischen West und Ost. Düsseldorf 1964. – H. Bartholmes, Das Wort „Volk" Im Sprachgebrauch der SED. Düsseldorf 1964. – W. Betz, Zwei Sprachen in Deutschland. Der zweigeteilte Duden, in: Fr. Handt (Hrsg.), Dt. – gefrorene Sprache? Berlin 1964,

155–163. 164–178. – W. Dieckmann, Kritische Bemerkungen
zum sprachlichen Ost-West-Problem, in: ZdS 23, 1967,
136–165. – W. Fleischer, Wortschatz der deutschen Sprache in
der DDR. Leipzig 1987. – K. H. Ihlenburg, Entwicklungstendenzen des Wortschatzes in beiden dt. Staaten, in: Weimarer
Beitr. 10, 1964, 372–397. – G. Korlén, Führt die politische Teilung Deutschlands zur Sprachspaltung? in: Satz und Wort im
heutigen Dt. (Jahrbuch 1965/66), Düsseldorf 1967, 36–54. – S.
Marx-Nordin, „Sozialismus" und „sozialistisch" in der politischen Sprache der DDR. (Forschungsber. D. Inst. F. dt. Sprache
17). Mannheim 1974. – W. Oschlies, Würgende und wirkende
Wörter. Deutschsprechen in der DDR. Berlin 1989. – Th. Pels-
ter, Die politische Rede im Westen und Osten Deutschlands.
Düsseldorf 1966. – H. H. Reich, Sprache und Politik. Untersuchungen zu Wortschatz und Wortwahl des offiziellen Sprachgebrauchs in der DDR. München 1968. – Th. Schippan, Die
Rolle der politischen und philosophischen Terminologie im
Sprachgebrauch beider dt. Staaten und ihre Beziehungen zum
allgemeinen Wortschatz, in: Wiss. Zs. d. Karl-Marx-Universität
Leipzig 17, 1968, 177–183.

Abkürzungen zur Bibliographie

Beitr	Beiträge zur Geschichte der dt. Sprache und Literatur
DaF	Deutsch als Fremdsprache
DPhA	Deutsche Philologie im Aufriß, hrsg. v. W. Stammler. 3 Bde. 2. Aufl. Berlin 1957 ff.
DS	Deutsche Sprache. Zeitschrift für Theorie, Praxis, Dokumentation
DU	Der Deutschunterricht. Beiträge zu seiner Praxis und wissenschaftlichen Grundlegung
DUfA	Deutschunterricht für Ausländer
DWg	Deutsche Wortgeschichte. (Grundriß der germanischen Philologie 17). Hrsg. v. Fr. Maurer und H. Rupp. 3 Bde. 3. Aufl. Berlin 1974
FuF	Forschungen und Fortschritte
GRM	Germanisch-romanische Monatsschrift
JEGPh	The Journal of English and Germanic Philology
KGgPh	Kurzer Grundriß der germanischen Philologie bis 1500, hrsg. v. L. E. Schmitt
LGL	Lexikon der germanistischen Linguistik, hrsg. v. H. P. Althaus, H. Henne, H. E. Wiegand. Tübingen 1973
LuD	Linguistik und Didaktik
Mspr	Muttersprache. Zeitschrift zur Pflege und Erforschung der dt. Sprache
NphM	Neuphilologische Mitteilungen
SG	Sammlung Göschen
STZ	Sprache im technischen Zeitalter
WgG	Wortgeographie und Gesellschaft, hrsg. V. W. Mitzka. Berlin 1968
WiWo	Wirkendes Wort
ZdA	Zeitschrift für dt. Altertum und dt. Literatur
ZDL	Zeitschrift für Dialektologie und Linguistik
ZdPh	Zeitschrift für dt. Philologie
ZdS	Zeitschrift für dt. Sprache

ZdWf	Zeitschrift für dt. Wortforschung
ZGL	Zeitschrift für germanistische Linguistik
ZMaf	Zeitschrift für Mundartforschung
ZPSK	Zeitschrift für Phonetik, Sprachwissenschaft und Kommunikationsforschung

Abkürzungen und Symbole im Text

Adj.	Adjektiv	ir.	irisch
Adv.	Adverb	isl.	isländisch
ags.	angelsächsisch (= altenglisch)	ital.	italienisch
ahd.	althochdeutsch	Jh.	Jahrhundert
am.	amerikanisch	kelt.	keltisch
an.	altnordisch	lat.	lateinisch
as.	altsächsisch (= altniederdeutsch)	Lv.	Lautverschiebung
bair.	bairisch (sprachlich-ethnographisch)	md.	mitteldeutsch
		mhd.	mittelhochdeutsch
dt.	deutsch	mnd.	mittelniederdeutsch
engl.	englisch	mnl.	mittelniederländisch
frk.	fränkisch	nd.	niederdeutsch
frz.	französisch	ndl.	niederländisch
germ.	germanisch	nhd.	neuhochdeutsch
got.	gotisch	od.	oberdeutsch
grch.	griechisch	omd.	ostmitteldeutsch
hd.	hochdeutsch	pl.	Plural
idg.	indogermanisch (= ie.)	röm.	römisch
ie.	indoeuropäisch (= idg.)	rom.	romanisch
ill.	illyrisch	sg.	Singular
ind.	indisch	westf.	westfälisch

*	erschlossene oder konstruierte objektsprachliche Einheit
≠	ist nicht gleich mit …, steht in Opposition zu …
<>	graphematische Einheit
//	phonematische Einheit
[ ]	phonetische Transskription
þ	stimmloser dentaler Engelaut (Reibelaut, Frikativ)
ð	stimmhafter dentaler Engelaut (Reibelaut, Frikativ)
χ	stimmloser palatovelarer Engelaut (Reibelaut, Frikativ)

Die anderen phonetischen Buchstaben entsprechen der Lautschrift der International Phonetic Association.

Register